Marianne Gruber und Manfred Müller (Hg.)

VERSCHLOSSEN
MIT SILBERNEM SCHLÜSSEL

Literatur aus Armenien, Aserbaidschan, Georgien

edition KAPPA

scriptor mundi

wird herausgegeben von Helmuth A. Niederle

Die vorliegende Publikation wurde durch
die Österreichische Bundesregierung über das
Know-How-Center des Österreichischen
Städtebundes gefördert.

Die Deutsche Bibliothek - CIP - Einheitsaufnahme

Verschlossen mit silbernem Schlüssel :
Literatur aus Armenien, Aserbaidschan, Georgien /
Marianne Gruber / Manfred Müller (Hg.)
- 1. Aufl. München; Wien: ed. KAPPA, 2000
ISBN 3-932000-52-8

edition KAPPA, Verlag für Kultur und Kommunikation,
München - Wien
copyright © der Texte bei deren Übersetzern, der Vorwörter
bei deren Verfassern
Umschlaggestaltung: Götze + Brachtl, München
ISBN 3-932000-52-8
Die Herausgeber sowie der Verlag danken den Inhabern
der Rechte für die Genehmigung zum Abdruck der Texte.
Rechteinhaber, die nicht ermittelt werden konnten, werden
gebeten, sich an die Herausgeber zu wenden.

VERSCHLOSSEN
MIT SILBERNEM SCHLÜSSEL

Literatur aus Armenien, Aserbaidschan, Georgien

Geöffnet mit silbernem Schlüssel

Die vorliegende Anthologie ist Armenien, Aserbaidschan und Georgien gewidmet. Diesen drei Ländern galt die besondere Aufmerksamkeit der Organisation für Sicherheit und Zusammenarbeit in Europa (OSZE) im Jahr 2000 - Schwierigkeiten sollten behoben, möglichen zukünftigen Krisen sollte vorgebeugt werden.

Das war ein guter Grund, zu fragen, was von diesen uralten, hoch entwickelten Kulturen in unserem Allgemeinwissen geblieben ist. Es war nicht viel. Dass Prometheus am Kaukasus angeschmiedet war, ist bekannt, schon weniger, dass Kolchis, die Heimat Medeas, in Georgien liegt. Der eine oder andere wird die Reiseberichte Alexandre Dumas' kennen oder wissen, dass Bertha von Suttner in Georgien für längere Zeit ihre Heimat fand. Armenien ist Lesern durch Franz Werfels „Die 40 Tage des Musa Dagh" und Musikliebhabern über Chatschaturians Kompositionen bekannt. Alles andere scheint überdeckt von Schlagzeilen über militärische Auseinandersetzungen, Putschversuche oder Erdbebenkatastrophen.

Die Mythen der drei Länder kennen zumeist nur Spezialisten, die neuere Literatur liegt, wenn sie übersetzt wurde, in erster Linie in russischer Sprache vor und in einigen, oft Jahrzehnte alten Anthologien der ehemaligen DDR. Die Literatur der armenischen Diaspora nimmt eine gewisse Ausnahmestellung ein, das übrige Schrifttum Armeniens teilt hingegen das Schicksal der Nachbarn. Bedingt durch die politische Situation des 20. Jahhunderts ist der Transkaukasus halb vergessenes Europa, seine Kultur ein „verschlossenes Tor".

Literatur ist ein wunderbarer Schlüssel, dieses Tor zu öffnen, hat man einmal die Sprachbarriere überwunden.

Wer Menschen verstehen will, muss auch ihre Gesänge und ihre Verwundungen verstehen, muss ihre Bräuche, ihre Geschichte, ihre Mythen, - ihre Literatur kennen. Sie zeigt nicht nur, was vor langer Zeit geschehen ist, was früher gedacht wurde und jetzt empfunden wird, sie reflektiert das Gezeigte, verändert es dadurch und macht es zugänglicher.

Bei der Suche nach Texten stellte sich heraus, dass ohne große Mühe sofort ein mehrbändiges Werk hätte publiziert werden können. Es ist immer wieder aus den Literaturen Armeniens, Aserbaidschans und Georgiens übersetzt worden, nur sind die Bücher und Zeitschriften größtenteils nicht mehr zugänglich. In den Schubladen liegen und warten unzählige Manuskripte, die in der Hoffnung auf ein zukünftiges Interesse entstanden sind. Der Transkaukasus sucht Europa, und dieses Buch ist eine erste, bescheidene Antwort.

Ein großer Dank gilt Nelly Amaschukeli, die in Tbilissi lebt, Wilayet Hadschiyev, der Professor für Germanistik in Baku ist, und dem Armenier Raffi Kantian, der seit langem in Deutschland beheimatet ist. Diese drei haben jeweils für ihr Land die Vorauswahl der abgedruckten Texte getroffen und viele davon auch selbst übersetzt. Ohne sie hätte dieses Buch nicht entstehen können.

Ein großer Dank gilt auch Brigitte Lederer, Germanistin und Philosophin, die an der Universität in Jerewan und Baku unterrichtet hat und deren Hilfe unentbehrlich war. Er gilt dem

Verleger Bernd Schmidt, ohne dessen Entgegenkommen dieses Buch ebenfalls nicht möglich gewesen wäre und, last but not least, gilt er Frau Botschafter Heidemaria Gürer, auf deren Anregung hin und mit deren Hilfe die Anthologie entstanden ist.

Der Titel der Anthologie, ein Vorschlag Raffi Kantians, entstammt einem Gedicht von Sayat Nowa. Dieser Dichter hat im 18. Jahrhundert gelebt und in den Sprachen aller drei Länder geschrieben. Er ist in Tbilissi beigesetzt, wo von 1914 an jahrzehntelang jedes Jahr im Mai das ihm gewidmete „Rosenfest" stattgefunden hat, an dem Armenier, Aserbaidschaner und Georgier gemeinsam teilgenommen haben.

Marianne Gruber, Manfred Müller

PS: Bei der Schreibweise der Namen wurden die gebräuchlichsten Versionen gewählt. Lektorat und Überarbeitung der Texte durch die Herausgeber.

Armenien

Ein Blatt, übriggeblieben vom weisen Zweig der Alten Welt

Armenier sind geschichtsbewusst. Grundlos ist das nicht, schließlich können sie auf eine über 2500-jährige Vergangenheit zurückblicken. Die Parther, die Sassaniden, Alexander der Große, Rom, Byzanz, die Kreuzritter, das Osmanische Reich, mit allen hatten die Armenier in dieser oder jener Form etwas zu tun, und meist waren es eher unerfreuliche, wenn nicht sogar tragische Begegnungen. Das prägt. Zudem sind die Armenier das älteste christliche Volk der Welt und datieren ihre Christianisierung auf das Jahr 301 n.Chr., die 1700-Jahre-Feiern stehen also vor der Tür.

Für die Literatur diente und dient diese uralte Geschichte als Humus, wenngleich schriftliche literarische Zeugnisse uns erst ab dem 5. Jahrhundert n. Chr. erreicht haben. Zurückzuführen ist das auf die Erfindung des armenischen Alphabets durch Mesrop Maschtotz im Jahre 405. Der Hintergrund: Das Evangelium sollte, um die griechischen und syrischen Einflüsse zurückzudrängen, dem Volk auf Armenisch vorgetragen werden. Maschtotz und seine Schüler beendeten diese „Königin der Bibelübersetzungen" 432, also über 1000 Jahre vor Luther. Was als Einzelaktion begann, ging in die armenische Kulturgeschichte als „Übersetzerbewegung" ein. Bald konnte man eine Vielzahl von weiteren Texten, religiöse, philosophische und andere, auf Armenisch lesen. Die Übersetzer bestimmten in erheblichem Maße die eigenständige armenische literarische Produktion mit. Sie wurden im alten Armenien so hoch geschätzt, dass man eigens für sie zwei, bis heute gültige Feiertage einrichtete. Einige Übersetzer wurden sogar heiliggesprochen. Manche der übersetzten Texte gibt es nur noch in armenischer Sprache, die Originale sind verschollen.

Parallel zu den Übersetzungen begannen Mesrob Maschtotz und seine Eleven eigenständige Schöpfungen religiösen Inhalts. Vornehmlich waren dies sog. Scharakane, Kirchenhymnen, die, entstanden im Zeitraum 5.-15. Jh., bis heute in der Armenisch-Apostolischen Kirche gesungen werden. Bald gesellten sich Historiographen zu ihnen, darunter Movses Chorenatzi, der „armenische Herodot", dem wir auch die schriftliche Fixierung der vorchristlichen Mythen und Legenden der Armenier verdanken. Klöster, die in großer Zahl entstanden, waren Kulturzentren. In einem solchen Zentrum, im Kloster Narek, lebte und wirkte der größte Dichter der mittelalterlichen armenischen Literatur, Gregor von Narek. Sein „Buch der Elegien", im ausgehenden 10. Jh. entstanden, wurde für die Armenier so etwas wie eine zweite Bibel, der sogar heilende Wirkungen zugesprochen wurden.

Neben der schriftlich fixierten Literatur wurden Legenden mündlich tradiert, so das im 9./10. entstandene und erst im späten 19. Jh. schriftlich festgehaltene Volksepos „Dawit von Sassun".

Permanente Kriege und Überfälle haben schon immer zu Emigrationen geführt; so waren etwa die Armenier, die nach Galizien kamen und dort bei der Gründung der Stadt Lwow mithalfen, Emigranten. Mitte des 11. Jahrhunderts zog die Eroberung der damaligen armenischen Hauptstadt Ani durch Byzanz und der anschließende Einfall des Turkstammes der

Seldschuken in Anatolien eine der größeren Auswanderungswellen nach sich. Ihr ist die Entstehung des Königreichs Armenisch-Kilikien an der Südostküste Anatoliens zu verdanken, wo eine neue kulturelle Blüte zu verzeichnen war. Nerses Schnorhali, Geistlicher und Dichter, gehört zu den überragenden Gestalten jener Epoche. Mit dem Untergang dieses Reiches im Jahre 1375 ging die Staatlichkeit Armeniens für lange Zeit zu Ende, ein schleichender kultureller Niedergang nahm seinen Lauf.

Die literarische Produktion kam nie gänzlich zum Stillstand, doch gab es inhaltliche Veränderungen: Immer stärker rückten weltliche Themen in den Vordergrund, wie etwa bei Nahapet Kutschak, der die Liebe besang. Zahllose Barden zogen durchs Land, deren bedeutendster Vertreter, der geniale Sayat Nowa, modern gesprochen, multikulturell war: Er dichtete und sang im ausgehenden 18. Jh. gleichermaßen auf Armenisch - seine Muttersprache -, Georgisch und Tatarisch - jene Turksprache, die in das heutige Aserbaidschanisch mündete.

Schon vor Sayat Nowas Geburt hatte eine Entwicklung eingesetzt, die in die literarische Moderne führen sollte. Der 1700 in Konstantinopel (Istanbul) gegründete armenisch-katholische Mechitaristenorden, letztendlich in Venedig und in Wien sesshaft geworden, sollte dabei Pionierarbeit leisten. Wieder standen Übersetzungen am Anfang: die französischen Aufklärer, aber auch die antiken Autoren und Philosophen wurden ein weiteres Mal ins Armenische übertragen. Begünstigt durch die Erfahrungen armenischer Studenten, die vielfach in Paris, Leipzig, Berlin oder St. Petersburg studierten und dort mit den neuesten politischen und literarischen Entwicklungen konfrontiert waren, führten diese Übersetzungen im 19. Jahrhundert zu neuen literarischen Strömungen in den Siedlungszentren der Armenier, vor allem in Istanbul im Westen und in Tibilissi im Osten. Aber es waren nicht nur formale Wandlungen, die sich vollzogen. Auch die Sprache emanzipierte sich. Das Altarmenische, das im 5./6. Jh. seine Glanzzeit erlebte und seither seine Stellung in der Literatur hartnäckig behauptete, wurde im späten 19. Jh. endgültig verdrängt, auch dank der tatkräftigen Hilfe der seit 1792 existierenden armenischen Presse und des bereits seit 1512 von den Armeniern betriebenen Buchdrucks. Die Volkssprache wurde in den Rang der Literatursprache erhoben.

Doch die politischen Umwälzungen ließen keine ruhige literarische Entwicklung zu. Im Osmanischen Reich führten die unhaltbaren Zustände in den von den Armeniern bewohnten Provinzen zur Entstehung der „Armenischen Frage", die die internationale Politik erstmals auf der Berliner Konferenz thematisierte. Die Unwilligkeit, durch die imperialen Mächte aufoktroyierte Reformen zu Gunsten der Armenier durchzuführen, waren damals wie später die Auslöser repressiver Maßnahmen, deren blutigste die Armeniermassaker der Jahre 1895/96 waren. Eine „Endlösung" der Armenischen Frage sollte der 1915 von den Jungtürken organisierte Genozid sein, Franz Werfels „Die vierzig Tage des Musa Dagh" liegt eine Episode dieser Vernichtung zugrunde.

Diese tragischen Entwicklungen drückten nicht nur der Thematik der Literatur ihren Stempel auf, sie führten auch zu einem fürchterlichen Aderlass. Ein gutes Beispiel hierfür ist der Lyriker Daniel Varuschan, der in seinem ersten Gedichtband

„Erschütterungen" die Massaker von 1895/96 thematisierte und einige Jahre später selbst zu den unzähligen Opfern des Genozids zählte.

Die Überlebenden wurden in alle Winde vertrieben, einige von ihnen, wie zum Beispiel der nach Frankreich emigrierte Schahan Schahnur, gehörten zu den Pionieren der nunmehr sich etablierenden Diasporaliteratur. Andere, wie der wie durch ein Wunder gerettete Hakop Mnzuri, evozierten in ihren überaus präzisen und detailbesessenen Erzählungen die untergegangene und seither armenierfreie Heimat. Sowjetarmenien bot nur eine relative Sicherheit, denn viele Autoren wurden Opfer des stalinistischen Terrors. Die Literatur konnte sich dort nur innerhalb vorgegebener Bahnen entwickeln.

Welche Chancen die junge und freie Republik Armenien der Literatur wird bieten können, wird nicht zuletzt von der Lösung der überaus schwierigen politischen wie wirtschaftlichen Probleme in Armenien wie im Südkaukasus abhängig sein.

Raffi Kantian

Mesrop Maschtotz
(362 - 440)

Erbarme Dich

Aus dem Zyklus der Fastenhymnen[1] -

Nahe bin ich dem Untergang, hilf mir, gütiger Schiffsherr,
denn schwer geworden sind mir die Lasten der Sünden.

Gott, eile mir zu helfen,
weil die Tiefen des Bösen mich hinunterziehen in Abgründe,
aber du Schiffsherr, reiche auch mir die Hand.

Rette aus Gefahr mich Schiffbrüchigen, aus den Wellen des Meeres hier,
weil ich verloren gehe durch die Sünden meiner Gesetzlosigkeit.

---

[1] Das Scharakan ist eine Sammlung der armenischen kanonischen Kirchenhymnen, die aus dem 5. bis 15. Jahrhundert stammen. Diese Hymnen werden bis heute in den Gottesdiensten der Armenischen Apostolischen Kirche gesungen und daneben auch sehr häufig als Thesaurus für die Dichtung, Predigt und Meditation genutzt. Diese geistlichen Lieder stammen ursprünglich als antiphonale Gesänge zu den bestimmten

biblischen Oden und Psalmen, deren Incipes Quelle für die Bezeichnung der Scharakane sind. Sie werden nach dem aus der byzantinischen Hymnographie bekannten 8 Kirchentönen gesungen (vgl. byz.-gr. Oktoechos: 4 Grund- und 4 Plagaltöne). Zu den ältesten Schichten der Kirchenpoesie zählen Pascha- (Fastenzeit vor Ostern) und Weihnachtshymnen. Traditionell werden die Ersteren dem Erfinder des armenischen Alphabets Mesrop Maschtotz (361-440) und die Letzteren einem anderen symbolträchtigen Namen der armenischen mittelalterlichen Literatur, Movses Chorenatzi oder Kertogh (5./8 Jh.), zugeschrieben. Weiters sind die Marienhymnen zu erwähnen, die für die armenische Hymnendichtung von besonderer Bedeutung sind.

Movses Kertogh
(um 470 - 530)

Lasst uns preisen

Aus dem Kanon auf die Geburt Christi am achten Tag[1] -

Licht aus dem Lichte, vom Vater gesandt und Körper geworden von der heiligen Jungfrau,
dass du wiedererneuerst den verderbten Adam.

Du Gott, auf Erden bist erschienen und mit den Menschen gezogen,
und hast gerettet den Erdkreis vom Fluche Adams.

Dich vom Himmel hat bezeugt deines Vaters Stimme, die sagt: „Dies ist mein Sohn",
und der heilige Geist hat dich offenbart, in taubengestaltiger Erscheinung.

---

[1] Siehe Fußnote bei Mesrop Maschtotz

Gregor von Narek
(951 - ca. 1010)

Buch der Elegien (Ausschnitt)

Hör mich an, Gott,
Der Du bist der Gott des Fleisches und der Seele
Nach unserem heiligen Glauben,
Und geduldig und barmherzig,
Wie der hl. Johannes es sagt,
Begnade mich, damit ich mit der Gnade Deines Willens
Diese Bittschrift voller Klagen vollende.
Und wenn die Zeit der Ernte kommt,
Web ich mit Tränen meine Worte
Auf dem Weg zu Deinem Hort.
Mach mich glücklich voller Buße
Mit den Früchten der Seligkeit, den Bündeln der Güte.

Verstocke nicht mein Herz, so wie Du's an Israel getan hast,
Und lass meine Augen nicht versiegen, Allgütiger!
Erhöre mich weisen Bittsteller, Mächtiger und Barmherziger,
Noch vor dem Himmel, den Himmel vor der Erde
Und sie vor dem Korn, dem Wein und der Olive
Und diese vor Israel.
Und mögen Deiner Engel Bitten an Dich
Mich mehr erregen als die der Verdorbenen.

Du bist der Schöpfer und ich der Lehm.
Teile Dich mir mit noch am Anfang meiner Klagen,

Damit ich mich stärke für den Tag,
An dem der Himmel sich wird öffnen,
Damit ich dann nicht überrascht, unfähig das Licht zu genießen,
Nicht wie Wachs zerfließe zu nichts.
Nimm Dich meiner an, mich Entrechteten,
So wie ein jeder es sich wünscht,
Und gib mir Kraft, dem Entrechteten, und Leben dem Verbrauchten vor Gewissenspein,
Nicht weil ich Dich gesucht mit Inbrunst.
Nimm meine Bitten als Pfand
Und schenk mir die Güte Deiner Gnade.
Nimm an das Wenige des Schwachen
Und schenk viel durch Deine Macht.
Gib mir die Kraft zur Buße
Durch den Atem, den eingehauchten,
Mit Deinen göttlichen Sprüchen, die ich vernahm.

Möge die Offenbarung Jesajas, o Du Wohltäter,
Mit Deiner Wahrheit erstrahlen,
In dem Du mir bei meinem verdienten Tode
Für mein verlorenes Kupfer das Gold Deiner Gnade,
Für das schmucklose Eisen,
Das schwarze, das feurige Kupfer
Libanons, dieses Zeichen der Tugend, gibst.

Warum verstockst Du mein unglückliches Herz,
Befreist es von Angst, Du unaussprechlich Furchtbarer?
Enthalte mir meiner Arbeit Lohn nicht vor

Wie dem, der unfruchtbare Felder sät.
Möge ich nicht in Wehen liegen und doch nicht gebären,
Wehklagen und nicht weinen,
Denken und nicht stöhnen,
Bewölken und nicht regnen,
Gehen und nicht ankommen,
Du mich rufen und ich Dich nicht hören können,
Dich anflehen und unbeachtet bleiben,
Jammern und nicht Dein Erbarmen finden,
Dich bitten und keine Hilfe erhalten,
Opfern und es nicht genießen können,
Dich sehen und leer ausgehen.

Erhöre mich, Allmächtiger, noch vor meinem Anruf,
Schlage mich nicht für meine säumige Schuld
Nach der Zahl der sündigen Tage,
Die ich, Sünder, verbrachte.

Errette mich, Mitleidvoller, erhöre mich, Barmherziger,
Sei gnädig, Vergeber, verschone mich, Nachsichtiger,
Nimm mich in Schutz, Beschützer, sei gütig, Mächtiger,
Befreie mich, Allmächtiger, erwecke mich, Erneurer,
Richte mich auf, Schrecklicher, erleuchte mich, Himmlischer,
Heile mich, Erfinderischer, vergib mir, Unergründlicher,
Belohne mich, Großzügiger, begnade mich, Großherziger,
Sei mir wohlgesonnen, Makelloser, nimm mich an,
Vergebender,
Vergib mir meine Sünden, Gesegneter.

Nerses Schnorhali
(wahrsch. 1102 - 1173)

Jesus, der Sohn

Mit furchtbarer Stimme riefst du
Und sprachest aus das „Eli, Eli".
Da zitterten die Festen der Erde,
die hohen Berge wankten,
das Zelt des alten Bundes
zerriss von oben bis nach unten,
auftaten sich die Gräber,
der Heil'gen Leiber standen auf.
Der Sonne Licht verhüllte sich,
der Mittag ward zur Finsternis,
es wechselt' die Gestalt der Mond,
nahm Blutesfarbe an;
denn ihrem Herrn entblößt am Kreuz
zu schauen, konnten sie nicht ertragen.
Die unvernünftigen Elemente bebten
statt der vernunftbegabten Welt.
Bewege denn, da sich die Felsen selbst bewegten,
das unbewegte Herz zum Guten hin
und meine Seele, die in Sünden ist erstorben,
erweck gleich jenen Toten.
Sowie der Vorhang ward zerrissen
Ob Adams Schuld,
zerreiß die alte Urkund' meiner Schuld,
wasch meiner Sünde Schuldbuch ab.

Da dort das Leuchtende verfinstert ward,
verjag von mir die Schar der Finsternis.
Sowie es licht ward um die neunte Stunde,
schaff wieder Licht in mir.
Der du am Kreuze wardst entblößt
für deines Erstgeschaffenen Blöße,
verhülle mich mit deiner Glorie
am großen Tage des Gerichtes.

Nahapet Khutschak
(16. Jhdt.)

Vier Hayrens

1

Ich weiß, du kennst viele Weisen,
    mach mir ein Lied, ein Gedicht,
singe von unseren Tagen,
    von unsren Menschen ganz schlicht.
Bring deine Worte in Verse,
    sei freundlich in deinem Bericht,
du weißt, ich bin hier ein Fremdling,
    kränke den Wanderer nicht.

2

Deine Augen gleichen dem Meer,
    das wich vor Ägyptens Mauern,
dein Haar ist den Wellen gleich,
    die leise im Winde lauern.
Du reifst wie der Apfel rot,
    kannst wie die Weide dich kauern,
übertriffst noch der Rose Glut,
    deren Düfte die Welt durchschauern.

3

Du bist wie duftendes Ambra,
    du bist wie Rubin und Smaragd,
übergossen mit Rosenwasser

wie aus einem Katarakt.
„So sei meine Brust dein Garten,
    da du solches zu mir gesagt,
tritt ein, ich öffne die Knöpfe,
    und nimm dir, so viel dir behagt!"

4

In dieser Nacht, gleich dem Meere
    uferlos, saß ich und spann,
Ich musst an den Liebsten denken
    und hab alles fortgetan.
Schnell nahm ich einen Krug Wein mir
    und klopfte beim Liebsten dann:
„Mach auf, es ist Schnee gefallen,
    die Füßchen frieren mir an!"

Sayat Nowa
(1712 - 1795)

Du weinst mit der Nachtigall,
du blühst wie der Rose Pokal,
dich netzte ihr duftender Strahl,
        der Rose Strahl.

        Es gleicht dir keine,
        nicht eine, nicht eine,
        einzig bis du.

Deine Schönheit herrscht überall,
wie Silber dein Lockenfall,
deine Haut wie ein Seidenschal,
        Seidenschal.

        Es gleicht dir keine,
        nicht eine, nicht eine,
        einzig bis du.

Du bist Sonne und Mond zumal,
meine Schwüre sind ohne Zahl,
dein Gewand gürtet edles Metall,
        edles Metall.

        Es gleicht dir keine,
        nicht eine, nicht eine,
        einzig bis du.

Dein Kleid ist Rubin und Opal,
du weinst mit der Nachtigall,
dein Gesicht trägt ein Schönheitsmal,
          ein Schönheitsmal.

          Es gleicht dir keine,
          nicht eine, nicht eine,
          einzig bis du.

Die Berge beweinen die Nacht
Meines Leids. Was hast du gemacht?
Hast Sayat von Sinnen gebracht,
          von Sinnen gebracht.

          Es gleicht dir keine,
          nicht eine, nicht eine,
          einzig bis du.

Bedros Turian
(1851 - 1871)

Mein Tod

Wenn der blasse Todesengel vor
Mir steht mit dunklem Lächeln,
Und ich fortgehe samt den Schmerzen,
Dann wisst, es gibt mich noch.

Wenn am Kopfende meines Betts
Eine Kerze dünn und blass
Verstrahlt ihr kaltes Licht,
Dann wisst, es gibt mich noch.

Wenn man mit tränennasser Stirn
Mich wickelt in das kalte Tuch
Und bettet in den dunklen Sarg,
Dann wisst, es gibt mich noch.

Wenn dunkel Glocken läuten,
Der Tod den Tönen spottet,
Lautlos mein Sarg getragen wird,
Dann wisst, es gibt mich noch.

Wenn Todeslieder singen jene
Mit schwarzem Gewand und finstrem Blick
Und ergießen Weihrauch und Gebete,
Dann wisst, es gibt mich noch.

Wenn sie glätten dieses Grab,
Die Liebsten sich entfernen
Und weinen und trauern,
Dann wisst, es gibt mich noch.

Wenn aber vergessen wird
Mein Grab, dies Häufchen Erde,
Und schwindet die Erinnerung,
Dann erst bin ich fort.

Sibil
(1863 - 1934)

Leben!

Warum denken, sprechen, schreiben,
Die Winde des Universums befragen,
Wenn die Schreie, die Fragen auch
Erlöschen, schmelzen, verdampfen
Im Schlund des großen Lochs.

Warum denken, sich bemühen, warum,
Wenn unbegreiflich sind und dunkel
Die Geheimnisse, die das Leben verzehren,
Wenn die Mühen des schwachen Geistes
Für immer nutzlos vergehen.

Warum gebären, Leben einhauchen
Den Gefühlen des heißen Herzens,
Wenn von den Krallen der Zeit
Irgendwann zerfetzt, sie doch
Dem Vergessen zum Futter werden.

Warum stöhnen, warum keuchen,
Wenn Schreie, selbst wenn grenzenlos,
Nicht einmal kurz anhalten können
Die Armut, deren Wogen Gewittern gleich
Die ganze Welt ertränken.

Warum lieben von ganzem Herzen,
Wenn unmöglich, dem Schoß zu ersparen
Die Sorgen, Schmerzen, Wunden,
Und dem Tod zu verbieten, dass er fortreißt
Unbarmherzig den Liebsten.

Warum leben, vergießen Tränen,
Wenn man denen nicht sagen kann,
Die Hunger und Durst plagen:
„Hier mein Leib, hier mein Blut,
Nehmt und esst und lebt."

Howhannes Tumanian
(1869 - 1923)

Bruder Axt

Ein Mann suchte Arbeit, zog hinaus in die weite Welt. Er kam in ein Dorf. Er sah die Menschen dort das Holz mit der Hand in Stücke brechen.
Er sagte: „Warum brecht ihr das Holz mit der Hand? Habt ihr keine Axt?"
Sie fragten: „Was ist eine Axt?"
Der Mann nahm die Axt vom Gürtel, hackte das Holz, stapelte es. Die Bauern sahen das, liefen aufgeregt zum Dorfplatz, riefen: „Kommt her, seht, was Bruder Axt getan hat!"
Die Bauern umlagerten den Besitzer der Axt, baten, flehten ihn an, beschenkten ihn reichlich, nahmen ihm die Axt ab.
Sie nahmen ihm die Axt ab, um der Reihe nach ihr Holz zu hacken.
Am ersten Tag war der Bürgermeister dran. Kaum hatte er zum Schlag ausgeholt, da verletzte er sich schon am Fuß. Schreiend lief er zum Dorfplatz: „Kommt her, kommt her! Bruder Axt ist außer sich, er hat mich in den Fuß gebissen!"
Die Bauern kamen angerannt, ein jeder packte einen Knüppel, drosch auf die Axt ein. Sie droschen und droschen, dann sahen sie, nichts hatte sich getan, stapelten das Holz über der Axt auf, zündeten es an.
Es brannte lichterloh, die Flammen loderten, und als das Feuer erlosch, schauten sie nach der Axt. Sie glühte. Nun schrien die

Bauern: „Bruder Axt ist wütend, schaut her, wie er glüht. Es dauert nicht lange, und er straft uns. Was sollen wir tun?"
Sie grübelten hin, sie grübelten her, beschlossen die Axt einzusperren.
Sie brachten sie zum Kornhaus des Bürgermeisters. Das Kornhaus war voller Stroh. Kaum hatten sie die Axt eingesperrt, schon brannte es, die Flammen stiegen zum Himmel.
Erschrocken liefen die Bauern zum Besitzer, sagten: „Um Gottes willen, bring Bruder Axt zur Vernunft!"

Awetik Issahakian
(1875 - 1957)

Die große Wahrheit

Es war einmal ein reicher Mann. Er beschloss, sich ein großes Haus bauen zu lassen. Bald standen viele Bauarbeiter für Lohn und Brot in seinen Diensten. Er erhob sich frühmorgens noch vor den Arbeitern, um den Bau zu beaufsichtigen, abends setzte er sich erst nach ihnen zur Ruhe.

Die Arbeiter verrichteten ihr Tagewerk gewissenhaft, und so wuchs das Haus Tag um Tag in die Höhe. Aber dem reichen Mann kam es so vor, als ginge die Arbeit sehr schleppend voran und das Haus gewänne überaus langsam an Höhe. Er hatte den Eindruck, dass die Tage sehr kurz waren, jedenfalls kürzer als sonst. Kaum ging die Sonne auf, war es auch schon Mittag, die Mittagspause der Arbeiter stand an, und plötzlich läuteten die Kirchenglocken zu Abend, die Sonne ging allzu rasch unter.

Es war furchtbar, zwar hatten die Arbeiter nichts geschafft, aber der Tagelohn musste bezahlt werden. Was das wohl bedeutete? Wollte ihm jemand Knüppel zwischen die Beine werfen? Läutete die Kirchenglocke absichtlich morgens so spät und abends so früh? Was war mit der Sonne los? Sie war natürlich unbestechlich, aber warum zog sie ihre lange Bahn von Ost nach West in so kurzer Zeit? Der reiche Mann war zu Tode betrübt, er befahl den Bauarbeitern energisch und flink zu arbeiten, nicht nachzulassen und stets fleißig zu sein. Er ärgerte sich über einen jeden, schimpfte mit ihnen, drohte mit Lohnkürzung und Entlassung.

Seine Befehle wurden auf den Punkt genau ausgeführt, aber ihm schien immer noch, dass die Arbeit kaum Fortschritte machte, das Haus nur langsam an Höhe gewann, während der Feierabend im Nu vor der Tür stand, und er widerwillig in den Geldbeutel greifen musste, um mit schmerzverzerrtem Gesicht den Tagelohn auszuzahlen. Mittlerweile war er der Ansicht, dass sein Vorhaben eine ausgemachte Dummheit war und lediglich dazu diente, sein Geld hinauszuwerfen.

* * *

Jahre später erstürmte der Feind die Stadt, wo unser schwerreicher Mann lebte.

Der Feind erbeutete sein Hab und Gut, brandschatzte die ganze Stadt, raubte bis auf den letzten Pfennig alles, was die Bewohner der Stadt besaßen, viele von ihnen wurden massakriert, ebenso viele wurden gefangen genommen, einige, dem Schwert und Feuer gerade eben entronnen, konnten fliehen.

Der ehemals reiche Mann, jetzt ausgeraubt und arm, zog in ein anderes Land, in eine fremde, blühende Stadt.

Um seine Familie ernähren zu können, war er gezwungen, sich als Bauarbeiter zu verdingen.

Beim Sonnenaufgang ging er zur Arbeit, beim Sonnenuntergang kam er zurück. Aber wie unerträglich lang waren die Tage, wie schwer die Arbeit! Die Zeit schien still zu stehen. Unvorstellbar lang war es her, dass es hell geworden war, und es war immer noch nicht Mittag, die Sonne ergoss ihre ganze Glut auf seinen Rücken. Wie müde er war, hungrig, durstig! Der Tag trat auf der Stelle, das Haus jedoch nahm mit jeder Stunde Gestalt an, wuchs in die Höhe.

Wann würden die Kirchenglocken endlich zu Abend läuten, damit er den Tagelohn ausgezahlt bekam, und sein gequälter Körper sich ausruhen konnte?

Konnte es sein, dass man gegen ihn konspirierte und die Kirchenglocken deswegen morgens so früh und abends so spät läuten ließ? Aber die Sonne, sie war natürlich unbestechlich, warum zog sie ihre Bahn von Ost nach West so langsam wie eine Schildkröte? Wann würde sie endlich im Westen ankommen?

Und als er eines Tages entkräftet zu Boden fiel und sich das Gezeter des herzlosen Bauherren anhören, seine Wut ertragen musste, da erst nahm er die unbarmherzige und rücksichtslose Art der Herrschenden und die bittere Lage der Arbeiter und der Gequälten wahr. Da erst begriff er und spürte mit allen Fasern seines Herzens die große Wahrheit des Lebens, die die Herren niemals begriffen und die Reichen niemals gespürt hatten.

Daniel Varuschan
(1884 - 1915)

Mohnblumen

Schwester, pflück die Mohnblumen im Felde dort -
Sie bluten wie Herzen ohne Wonne.
Aus ihrem Kelche wohlgeformt
Trinken wir die Wogen der Sonne.

Sie lodern so sehr als ob
Da Felder brennen in der Ferne.
Aus ihrem Kelch, dem feuernen,
Trinken wir die Funken der Sterne.

Pflück sie, Schwester, die wie Wachteln in Not
Sich ducken im Weizen, der ruht.
Aus ihrem Kelche funkelnd rot
Trinken wir der Furche Blut.

Gebückt über Lerchennestern rauschen sie hin
Und her in Schwärmen und funkeln jählings.
Aus ihrem Kelche aus Rubin
Trinken wir den Schwur des Frühlings.

Pflück, Schwester, pflück die Flammen, nicht den Mohn,
Füll deine Schürze mit ihrer Glut.
Aus ihrem Kelch, dem hohen,
Trinken wir des Sommers Glut.

Schau, sie blühen wie deine Lippen weich
Und tuscheln mit dem Weizen im Wechsel.
Aus ihrem Kelche Scharlach gleich
Trinken wir der Ähren Rätsel.

Pflück sie, Schwester, wir binden uns einen Kranz
Für das morgige Fest der Freundschaft.
Und aus diesem Kelch bei unserem Tanz
Trinken wir den Wein der Leidenschaft.

Misak Medsarenz
(1886 - 1908)

Namenlos

Wilde Blume, wie ruft man dich?
Im Schatten der Hecke, dicht
Bewachsen mit Hagebutten sitzt du,
Wilde Blume, wie ruft man dich?

Nach Mastix duftest du, nach Milch,
Weiße Blume, wie ruft man dich?
Beim Wehen des süßen Winds,
Sag, friert es dich nicht?

Stolze Blume, wie nennt sich
Die Fee, die berührte dich,
Und zog Amberwolken schwarz
Und süß mit sich?

Du, Blume, wie nennt sich
Das Frösteln, das dir gab der Wind,
Und die Stimme, die rufet mich?

Hagop Mnzuri
(1886 - 1978)

Das Gold

Am Haus der Haynenz kam ein Mann um die Ecke. Er ging zum Misthaufen am hinteren Ende des weiten Hinterhofs. Hühner hatten sich auf den Brunnen gesetzt. Unentwegt waren sie in Bewegung. Sie hielten nach Körnern Ausschau. Der Mann blieb stehen. Woran dachte er? Warum blieb er stehen? Warum kam er überhaupt her?
Jetzt bog er nach links ab. Zur Rechten hatte er das Weizenfeld von Parsegh, zur Linken den mit Gras zugewachsenen Garten von Giragos. Zwischen Feld und Garten war ein schmaler Damm. Alle drei, das Feld, der Garten und der Damm, mündeten in den Weg, der vom Dorf kommend unterhalb der Tennen eine Schleife bildete. Es war Mai. Die Ähren im Feld, das Gras im Garten und auf dem Damm waren hoch gewachsen, sie erreichten das Kinn des Mannes. Im Gras blühten rote, gelbe, violette Blumen. Der Mann bahnte sich mit beiden Armen einen Weg durch das hohe Gras und blieb auf halbem Wege auf dem Damm stehen. Im Garten standen zwei Bäume. Sie schmiegten sich an die Mauer. Der eine war eine Ölweide mit gelber Rinde, der andere ein Holunderbaum, eigentlich ein sehr groß geratener Strauch, mit grauer Rinde. Ihre Zweige waren ineinander gewachsen. Beide Bäume blühten, die Ölweide hatte kleine gelbe, der Holunder handtellergroße weiße Blüten, die wie Sträuße von den Zweigen herabhingen. Bienen schwirrten

umher. Vom Bienenstock der Haynenz bis zur Ölweide und dem Holunder hatten sie oberhalb der Gräser eine Brücke gebildet. Sie setzten sich auf die Blüten, saugten deren Nektar aus, flogen davon und kamen wieder zurück.

An der Kleidung konnte man erkennen, wer der Mann war. Es war Wosik. Sein Vater, Aghwederonz Garabed, ging nach dem Tod seiner Frau nach Istanbul und kehrte nicht mehr zurück. Dort heiratete er ein zweites Mal: eine Armenierin aus dem Stadtteil Yeniköy[1], die ihm vier Söhne gebar. Die Vier betrieben zusammen bei Rumelihisar[2] am Meer eine ererbte Bäckerei. Das Familienhaus aber befand sich nach wie vor im Dorf. Die Sippe war groß, umfasste 21 Personen. Die Brüder gingen abwechselnd nach Istanbul. Wosik war eine Woche vor Ostern, am Palmsonntag, aus Istanbul zurückgekehrt. Er hatte Gold mit, hatte es in Istanbul zusammengespart. Jeder wusste das, jeder sprach davon. Er kleidete sich nicht auf traditionelle Weise, sondern auf städtische Art. Es war kein Maßanzug. Er hatte sie denen abgekauft, die in den Palästen und Villen in Rumelihisari und Emirgan[3] dienten. Der Anzug war ein wenig zu groß, aber wen kümmerte das? Er war sehr dünn. Er war der dünnste unter den Männern des Dorfes. Man konnte seine Knochen einzeln abzählen. Niemand wusste den Grund. Aber alle bewunderten die Röte seiner Wangen, seiner Hände. Er hatte die Angewohnheit, unentwegt zu schniefen, auch wenn er nicht erkältet war. Fast immer bewegte er den Mund, kaute an irgendetwas herum, auch wenn sein Mund leer war. Er sprach mit niemandem. Nach seiner Rückkehr aus Istanbul wurde das noch ausgeprägter. Er ging durch die Gassen, zog an den Frauen vorbei, die vor den Hauseingängen saßen und ihm nachschauten,

an den Männern, die entweder entlang der Ringmauer der Kirche oder am Eingang der Schule standen, er grüßte sie nicht einmal. Zu Hause sprach er auch nicht, weder mit seiner Frau noch mit seinem Sohn oder seiner Schwiegertochter, allenfalls wechselte er ein paar Worte. Es gab dafür keinen Grund. Das war seine Art.
Er blieb vor der Gartenmauer stehen, die mit dornigem Unkraut zugewachsen war. Er drehte sich ein paar Mal um, schaute sich alles genau an. Er wartete. Es war klar, dass er von niemandem beobachtet werden wollte. Wer sollte um diese Morgenstunde auch schon da sein? Jetzt fühlte er sich sicher. Er entfernte das Unkraut von der hohen Mauer aus weißem, leicht zerbrechlichem, ohne Mörtel aufgeschichtetem Kalkstein. Er entfernte einen Stein, dann einen zweiten und einen dritten. Minuten verstrichen. Man konnte nicht sehen, was er danach tat. Später legte er die Steine an ihre Plätze zurück, kehrte um, bahnte sich mit beiden Armen einen Weg durch das hohe Gras und bog am Haus der Haynenz ins Dorf ein.
Kalos Baba, dem Flurhüter, fehlten die Worte. Er hatte sich an jenem Tag wie sonst auch die Felder angeschaut, war dann bei der Kirchenruine auf dem Hügel gestanden und sah alles, was Wosig tat.
„Warum kam Wosig her? Warum ging er fort? Was hatte er an der Gartenmauer von Giragos zu schaffen? Hat er etwas genommen oder versteckt? Was hat er versteckt? Das habe ich nicht begriffen."
Er konnte nicht mehr warten, er lief mit großen Schritten den Hügel hinunter, so wie er es immer dann tat, wenn er in Eile war. Er war alt, siebzig Jahre, aber er war kräftig gebaut, er

hatte die Stimme eines jungen Menschen, und wenn er einmal brüllte, hörte man das noch auf dem hintersten Feld.

Er erreichte den Weg, durchquerte das Weizenfeld von Parsegh. Obwohl er jedem Störenfried sonst „Lasst die Felder in Ruhe" zurief, blieb er jetzt selbst dort stehen, wo Wosig zuvor war. Er entfernte die Kalksteine. Es war das erste Mal in seinem Leben, dass er so etwas tat. Seine Hände zitterten, sein Herz klopfte wild. Was, wenn jemand ihn dort überraschte? Was sollte er dann sagen? Davor hatte er Angst. Aber er staunte nicht wenig. In der Mauer war nichts. Bis auf eine braune Schieferplatte, wie sie im Awasan-Gebirge vorkommen und aus denen Schuljungen ihre Tafeln anfertigten, worauf sie Zahlen und Buchstaben schrieben. „Die nehme ich mit", sagte er und entfernte sie. Jetzt begriff er, warum Wosig gekommen war. In der Mauer war ein Loch, darin sah er einen glänzenden Beutel aus schwarzer Atlasseide. Er berührte ihn. Es war Geld drin. Die Atlasseide und die Goldstücke glitten durch seine Finger.

„Das ist Wosigs Gold. Wosig versteckt sein Gold hier. Er ist hierher gekommen, um sich davon zu überzeugen, dass es noch da ist, dass niemand es angefasst hat. Dann ist er beruhigt nach Hause gegangen", sagte der Flurhüter.

Was sollte er jetzt tun? Er war unschlüssig. „Ich schaffe es fort", dachte er zuerst. „Ich lasse es hier", dachte er später. Zum Schluss meinte er: „Ich nehme es mit. Warum bin ich überhaupt vom Hügel hinuntergegangen? Warum habe ich die Mauer abgebaut? Wosig geht wieder nach Istanbul und kann sich bald neues Gold besorgen." Er packte den Beutel in die Tasche seiner Pluderhose. Die Tasche war jetzt schwer und prall. Wie sein Herz klopfte! Ihm schien, als würde es ihm aus dem Brustkorb hinausspringen.

Er konnte nicht mehr bleiben. Er musste sich beeilen. Er musste fort. Er legte die Schieferplatte an ihren Platz zurück, so wie er sie vorgefunden hatte. Das Loch war zugedeckt. Er schichtete die Mauersteine auf. Man konnte fast nichts mehr merken. Er durchquerte noch einmal Parseghs Weizenfeld. „Meinetwegen wird es ein weiteres Mal zertreten", dachte er. Er war nicht bei Sinnen. Wie er schließlich zur Kirche auf dem Hügel kam, wusste er später nicht mehr. Wo sollte er auch sonst hingehen in seinem Zustand?

Die Kirche hatte nur noch drei, aus mächtigen Steinen errichtete Mauern, sie hatte kein Dach, auch keine Tür. Innen war sie leer. Sie sei früher eine Festung gewesen, erzählte man sich. Wie hatte man die gewaltigen Steine auf den Hügel geschafft? Wie hatte man daraus die Mauern der Festung errichtet? Es gab dort einen Korianderbusch. Seine Blätter waren hart wie Metall. Darauf waren rote Punkte. Wie kam der Koriander dorthin? Wie konnte er inmitten der Felsen existieren?

Er nahm den Beutel aus der Tasche. Hier war er sicher. Keine Menschenseele war zu sehen. Wer sollte bei der Kirchenruine auf dem Hügel auch schon sein? Und selbst wenn jemand käme, was sollte er hier tun? Er öffnete den Beutel nicht. Packte ihn wieder in seine Tasche. „Gegenüber dem Dorf geht es nicht, das Dorf muss außer Sichtweite sein", dachte er.

Er ging hinunter zum Brachland hinter dem Hügel. Die Felder waren nicht bestellt. Die Erde ruhte und es wuchs Gras. Bald wird man hier das Gras schneiden, dachte er, Furchen ziehen, die im Sommer unter der Sonne brennen, im Herbst wird man säen, im nächsten Jahr ernten. Vom Brachland stieg er auf den Südhang eines Hügels, der sich auf dem Feld von Gotschenz befindet. Er suchte sich einen Platz und setzte sich. Der Weg führte zum Kreuzstein[4].

Hier schüttete er den Inhalt des Beutels aus. Ein Haufen Gold lag vor ihm auf dem sandigen Boden. Wie schön der leere Beutel aus Atlasseide roch! Genau in dem Augenblick stellte sich ein Vogel vor ihm auf. Der Vogel schaute unentwegt ihn und die Goldstücke an. Als wäre er ein Mensch, interessierte er sich für das, was sein Gegenüber tat. Kalos Baba versuchte, mit seinem Stock den Vogel zu verscheuchen, aber er blieb da. Was er auch tat, der Vogel blieb da. Die Blicke des Vogels ängstigten ihn. Er konnte die Goldstücke nicht zählen. Seine Finger zitterten. Sein ganzer Körper zitterte. Er versuchte es noch einmal, aber vergebens. „Dann zähle ich sie eben nicht", sagte er und packte sie erneut in den Beutel.

Wo sollte er sie verstecken? Im Haus hatte er keine Möglichkeit dazu. Sie hatten keinen Hof, keinen Stall. Keine Kühe, keine Kälber. Keinen Platz für die Schafe, keine Scheune. Keine Backstube, kein Lager für Weizen und Mehl. Alles was sie hatten, war eine ebenerdige Hütte mit der Feuerstelle am anderen Ende. Da drinnen war es so dunkel, dass man bei geschlossener Tür nicht einmal die Augen der anderen sah.

Sie waren zu dritt. Er, seine Frau Chudig, sein um einige Jahre jüngerer Bruder Boghos. Boghos' Frau war gestorben. Er hatte eine Tochter, die im Dorf Mareg bei Kemach verheiratet war.

Kalos selbst hatte zwei Töchter. Auch sie waren verheiratet und lebten ebenfalls in den Dörfern um Kemach. Die eine im Oberen Pakaritsch, die andere im Unteren Pakaritsch. Sein Bruder Boghos war ein stiller Mensch, jede Arbeit, die man ihm gab,

erledigte er ohne Murren und wenn es sein musste, bis spät in die Nacht.
Sie gaben ihm kein Geld. Wie denn auch? Sie hatten selbst nichts. Ein wenig grob gemahlener Weizen, Linsen, eine Schürze voller Walnüsse, Joghurt oder Mehl. Was man Boghos auch vorsetzte, er aß es. Wenn sie keine Suppe hatten, aß er Zwiebel und Brot. Er aß sehr viel Brot. Bei jeder Mahlzeit vertilgte er zwei, drei Brote. Aber auch die doppelte Menge hätte er mühelos verschlungen. Er war wie ein Tier. Was man ihm in den Futtertrog packte, aß er hastig auf. Kalos Babas Frau Chudig schwatzte genauso viel wie die Nachbarin Markrid. Diese hatte wenigstens ein wenig Verstand. Chudig hingegen schwatzte und schwatzte und fand kein Ende. Sie redete unentwegt dummes Zeug. Wie hätte er seiner Frau und dem Bruder vertrauen und die Goldstücke nach Hause bringen sollen?
Das Versteck sollte in der Nähe des Brachlandes liegen. Nicht gegenüber dem Dorf, sondern weit weg davon. Auch weit weg von der Kirche. Er stand auf. Schaute sich die Felder an. Auf dem Damm bei dem Feld von Schechenz sah er ein Loch. Es war so etwas wie ein Schlangennest, aber es war leer. Die Öffnung war rund, als wäre sie von Menschenhand gemacht. Der Damm war hoch. Noch besser. Vor dem Damm stand eine Zypresse. Noch war sie klein, aber sie würde wachsen und ein riesiger Baum werden. Den Beutel mit den Goldstücken stopfte er in das Loch. Habt ihr je gesehen, was Maulwürfe tun? Sie schichten die Erde zu kleinen Hügeln auf und wühlen unentwegt weiter. Er nahm etwas Erde und stopfte damit das Loch zu. Aus dem Loch wurde ein kleiner Hügel. Es gab kein Loch mehr. Wer es auch suchte, fände es nicht mehr. Es war die

gleiche rötliche Erde wie die der Felder. Die Stelle konnte man nur noch anhand der kleinen Zypresse finden. Und das wusste nur er. Wenn es die Zypresse nicht gäbe, würde auch er den Platz nicht finden.

Er war beruhigt. Er ging in Richtung der Kirchenruine. Die Misthaufen am Rande des Dorfes lagen direkt gegenüber. Mutter Koppal, Knar und die schwatzhafte Markrid saßen vor ihren Häusern. Mutter Pektsi trennte mit dem Sieb die Spreu von der Gerste oder vom Weizen.

Er stieg hinauf. Über die Tennen, über das Dorf hinaus. Da blieb er wie angewurzelt stehen. Er schaute auf die Felder hinab. Auf die grünen Weizen- und Gerstenfelder. Auf die wogenden Felder. Er musste jedem seine Anwesenheit kundtun. Er richtete seinen Blick auf die Felder jenseits des Baches.

„Ihr da, Schwiegertöchter der Galenz", schrie er so kräftig wie er konnte, „der Maulesel frisst die Gerste…"

Die Schwiegertöchter mähten das Gras, das auf dem Damm wuchs. Sie schauten in Richtung der Felder beim Friedhof.

„Mutter Dschuhar,…was machst du da? Deine Kuh ist in den Beeten jenseits des Baches…Hütet man so die Kühe?", schrie er.

Zwei Kinder liefen im Feld von Tomas. Sie hatten den Geißbart gesehen, der inmitten des Weizens gewachsen war und fast die gleiche Höhe erreichte wie der Weizen. Die Kinder rupften ihn aus, brachen die Zweige ab. Wie gut er schmeckte! Sie aßen ihn mitsamt der Erde, die noch daran hing.

„Heda, ihr Kinder", rief er mit seiner kräftigen Stimme, „raus mit euch! Zertrampelt das Feld nicht!"

Die Kinder taten wie befohlen. Sie wussten ja nicht, dass er

Barseghs Feld zertrampelt hatte, sonst hätten sie geantwortet: „Warum hast du Onkel Barseghs Feld gleich zweimal zertrampelt?"
Zehn Tage gingen ins Land.
Wosig kam wieder am Haus der Haynenz um die Ecke. Er ging zum Misthaufen am Rand des Dorfes und wartete. Wieder liefen die Hühner um ihn herum. Sie suchten nach Körnern. Es verging eine Minute, dann eine zweite und eine dritte. Er drehte sich nach links. Zu seiner Rechten war wieder Parseghs Weizenfeld, zur Linken der mit Gras überwucherte Garten von Giragos. Er war auf dem Damm. Mit beiden Armen bahnte er sich einen Weg durch das hohe Gras. Das Gras wie der Weizen reichten ihm bis zum Kinn. Nur sein Kopf ragte hinaus. Er blieb vor der Mauer stehen. Die Bienen waren fort. In der Ferne hörte man ihr Summen. Sie hingen an der Ölweide. Er entfernte die dornigen Gewächse und vergewisserte sich, dass die Wand unberührt hatte. Sie war so, wie er sie hinterlassen hatte. „Ich kehre lieber zurück", dachte er. „Nein, nein, wenn ich schon hier bin, schaue ich nach", entschied er. Dann entfernte er erst einen, dann einen zweiten und einen dritten Stein. Er schaute nach. Die Schieferplatte lag genauso da, wie er sie hingelegt hatte. „Gut, gut", sagte er. Er hob die Schieferplatte hoch. Er erschrak, konnte seinen Augen nicht glauben. Der Beutel mit den Goldstücken war nicht da. Mit seinen Fingern suchte er jeden Winkel des Loches ab. Nein, die Goldstücke waren nicht da. Jemand hatte sie mitgenommen. Ihm war, als hätte man ihm mit dem Vorschlaghammer einen Schlag versetzt. Um ihn herum verdunkelte sich alles. Fast wäre er hingefallen. Er lehnte sich an die Mauer. Jetzt ging es ihm etwas besser. Er lief

davon. Wohin nur? Er ging zur Tenne am Dorfende. Mutter Koppal, Mutter Knar, Mutter Markrid, die Schwätzerin, saßen vor ihren Haustüren.

„Mein Gold, mein Gold", schrie er, „mein Beutel ist fort, man hat ihn gestohlen."

„Was redest du da, Amira[5]", sagten die Mütter, sprangen auf und umringten ihn. „Wosig Amira, von welchem Gold redest du?" Sie gaben ihm Wasser.

„Ich habe es in der Mauer von Giragos versteckt, weil ich nicht wollte, dass jemand etwas davon erfährt." Bisher hatte er niemandem davon erzählt. Selbst seiner Frau und seinem Sohn nicht. Jetzt sagte er es jedem.

„Mach dir nichts daraus, Hauptsache du lebst, Wosig Amira, was sollen wir machen? Willst du dich deswegen umbringen?", sagten die Frauen und versuchten ihn zu trösten.

Er blieb nicht bei ihnen. Er konnte nicht. Er ging zur Mauer. Die Greisinnen mit ihm. Wer die Nachricht im Dorf herumerzählte, wusste keiner. Aus allen Ecken kamen sie: Frauen, Männer, Kinder. Sie schauten sich alles an. Was hätten sie tun sollen? Sie packten Wosig an den Armen. Er wankte. Das Blut war ihm aus dem Gesicht, den Händen gewichen. Sie waren ganz gelb. Nun sprach er nicht mehr. Sie brachten ihn nach Hause, setzten ihn hin, gaben ihm zu trinken. Pater Boghos las aus der Bibel. Wosig schaute ihn nur an. Alle bekreuzigten sich und sorgten dafür, dass auch Wosig sich bekreuzigte.

„Hattest du viele Goldstücke?", fragten sie.

Er antwortete nicht. Er nickte lediglich mit dem Kopf. Jeder dachte „Du hast ein Haus, eine Frau, einen Sohn. Warum hast du das Gold nicht in deinem Haus versteckt, hast es nicht den

Deinen gegeben, damit sie es aufbewahren?" Gesagt haben sie aber nichts.

„Der Dieb muss einer aus dem Dorf sein", sagten sie. Aber wer das sein könnte, wussten sie nicht.

Sie befragten auch den Flurhüter Vater Kalos.

„Du bist den ganzen Tag mehr als wir alle unterwegs, mehr als jeder von uns, gehst an den Feldern, den Tennen, den Beeten vorbei. Wer kann das gemacht haben, was meinst du? Wer könnte das gewesen sein?"

„Was soll ich sagen? Ich will niemanden beschuldigen. Wie ihr, sage auch ich: Es ist einer aus unserem Dorf. Wenn ich es wissen würde, hätte ich es euch gesagt, und hätte ich ihn beim Klauen erwischt, hätte ich ihn gepackt und euch ausgehändigt."

Sie gingen auseinander. Ein jeder ging an seine Arbeit. Wosigs Familienangehörige, seine Frau, sein Sohn, seine Brüder blieben bei ihm. Sie brachten ihn zu Bett.

„Was passiert ist, ist passiert. Was sollen wir tun? Bleib du am Leben, denk nicht daran, mach dir keine Sorgen, schlafe, ruhe dich aus", sagten sie.

In der Nach hatte Wosig einen Schlaganfall. Er schrie. Sie eilten herbei, scharten sich um ihn. Das rechte Bein, der rechte Arm, die Zunge waren gelähmt.

Außer „Mein Gold, mein Gold" konnte er nichts sagen.

Er wurde nicht gesund. Jeden Morgen zogen sie ihm seine Kleider an, setzten ihn vor die Tür.

Jedem, der vorbeiging, sagte er immerzu „Mein Gold, mein Gold". Mehr aber nicht.

Den Dieb fanden sie nicht. Der Frühling ging zu Ende, der Sommer folgte. Sie mähten das Gras auf den Hängen, trockneten und lagerten es in den Heuhütten. In die brachliegenden Felder zogen sie Furchen ein, die Furchen brannten unter der Sonne. Sie brachten das Getreide ein, droschen es auf der Tenne, die Ernte brachten sie in die Speicher, das Stroh lagerten sie in den Scheunen.

Vater Kalos hatte nun nichts mehr zu tun. Ihm stand als Flurhüter ein Anteil am Weizen zu, den gaben sie ihm. Er ging zu seinem Versteck. Setzte sich auf dem Damm. Zwar hatten sie Furchen in die Äcker gezogen, aber den Damm nicht berührt. Wer zog schon Furchen in den Damm? Er ließ das Gold im Versteck. Wo sollte er es auch hinbringen? Jetzt war er genauso reich wie der Stepanyan aus Ersnga[6] und die anderen, er hatte einen Beutel voll Gold. Aber davon konnte er nicht ein einziges Stück ausgeben. Jeder in der Umgebung wusste, dass er keinen Pfennig besaß. Wenn aus Ersnga der Hauptmann hoch zu Rosse zum Steuereintreiben ins Dorf kam, ritt er an seinem Haus vorbei. Sie hatten nicht einmal ein Bett, sie schliefen auf dem Heu, deckten sich mit einer Decke zu. Wenn er nur eines der Goldstücke ausgeben würde, könnte er sich alles kaufen. Doch damit hätte er sich verraten, dann würden sie wissen, dass er der Dieb war. Jetzt begriff er, was er angerichtet hatte. Er bereute seine Tat.

Eines Abends sagten sie, Vater Galos sei erkrankt. Niemand schenkte dem Glauben. Er war in seinem Leben nicht ein einziges Mal krank gewesen. Jeder, der am nächsten Morgen zu ihm ging, sah, wie er auf dem Rücken lag. Er starrte die Decke, die Balken, die Querbalken, die trockenen Zweige des Rebstocks an. Sah er sie überhaupt? Oder schlief er mit offenen Augen?

„Das Gold, das Gold! Geht hin und bringt das Gold her", sagte er.

Sein Bruder, der auf seiner Decke saß, und Mutter Chudig, die den Kranken nicht aus den Augen ließ, lachten.

„Sag, wo ist das Gold? Wir gehen hin und bringen es", sagte Mutter Chudig und erzählte es jedem Besucher. „Er träumt. Die ganze Zeit sagt er 'Das Gold, das Gold! Geht hin und bringt das Gold!' Er sieht es vor seinen Augen. Und wenn wir ihn fragen, wo das Gold ist, weiß er es nicht."

Vater Kalos starb noch vor Wosig. Wosigs Gold blieb im Schlangennest liegen, im Damm. Eines der Felder auf beiden Seiten des Damms gehörte Galenz, das andere Gotschenz. Wenn einer der beiden eines Tages sein Feld verkauft, werden beide Felder einem Bauern allein gehören. Dann wird er den Damm pflügen und der Beutel mit Gold wird ihm gehören. Aber wann?

---

[1] Vorort von Istanbul, liegt am Bosporus.
[2] s. Fußnote 1.
[3] s. Fußnote 1.
[4] Aus Stein behauene Kreuze, deren dekorative Vielfalt beeindruckend ist; eine parallele Entwicklung kann man in Irland beobachten.
[5] Ursprünglich eine Bezeichnung für wohlhabende und einflussreiche Armenier mit guten Beziehungen zum Sultan, hier als Zeichen der Ehrerbietung.
[6] Armenische Bezeichnung für die ostanatolische Stadt Erzincan.

Schahan Schahnur
(1903 - 1974)

Der Wächter vom Jardin de Luxembourg

Ein grundlegender Unterschied trennt mich von meinem Patron. Während er ein gebürtiger Pariser ist, groß gewachsen, bin ich einfach Emile. Während er eine ehrbare und finanziell abgesicherte Person ist, bin ich einfach Emile.
Mein Name ist Emile, seit sechzehn Monaten. Es wäre richtiger zu sagen: seit sechzehn Monaten und ein paar Tagen. Davor hieß ich Jean-Pierre, Armand oder Robert, Namen, die mir an früheren Arbeitsplätzen gegeben worden sind, mit einer Art von Gesetzmäßigkeit. Die Franzosen sprechen meinen eigentlichen Namen so aus, dass es unmöglich ist, ihn in irgendeiner Sprache aufzuschreiben.
Fremde Namen sind wie ein Paar Schuhe, bei dem ein Schuh zu eng und der andere zu weit ist. Aber ich habe mich schneller an das Hinken als an das richtige Arbeiten gewöhnt. Ich bin gegen das Arbeiten. Das ist eine prinzipielle Angelegenheit. Ich bin dagegen.
Es war ein trügerischer Tag. Der Himmel versprach strahlende Sonne, obwohl er gemeinerweise dann doch meine Füße nässte. Als wir um die Mittagszeit zu Tisch saßen, bestellte ich einen kräftigen Aperitif. Zuerst immer so etwas, das mich befähigt, die Segel aufzuziehen und den Horizont zu erweitern. Mein Patron jedoch, der wie jeder Pariser ständig von Ozeanen und Meeren träumt, bestellte sich eine Flasche Mineralwasser.

Sobald er sein eingegrenztes Meer ausgetrunken hatte, sagte er zu mir:

„Monsieur Emile, so und so."

Wie es schien, war die Sache wichtig. Daher ging ich nach drei Tagen in den Jardin de Luxembourg, mit mir vier Arbeiter, verschiedene Baumaterialien und Geduld.

Uns begleiteten vier Flaschen Rotwein für die vier Arbeiter. Und eine Flasche Weißwein. Letztere für mich. Ich gehöre einer gegnerischen Gewerkschaft an.

Kaum hatte sich unsere Gruppe in der Allee blicken lassen, da stürzte sich schon der Wächter auf uns, seine Pranke auf der Pistole. Ich sagte: „Herr Wächter, so und so."

„Ach, was Sie nicht sagen, so und so?"

Und er war derart zufrieden mit meinen Erläuterungen, dass er mich um eine Zigarette bat. So!

Die vier Arbeiter und ich arbeiteten redlich, auf Basis gegenseitiger Unterstützung, um die unwissenden Interessenten, die uns vom ersten Augenblick an umringt hatten, kurz und klein zu schlagen. Je mehr Unwissende wir vernichteten, umso mehr dehnte sich die Unwissenheit aus und vertiefte sich.

„Vernichtung löst keine Probleme", sagte der Wächter, der ein Wachmann war, „sie erzeugt neue."

Mir bereiteten die alten Königinnen von Frankreich, die uns gemeinsam mit dem unglaublichen Stolz adeliger Greisinnen den Rücken gekehrt hatten, keine Sorgen. Auf der bogenförmigen Terrasse und gegenüber dem zentralen Bassin setzten sie ihren märchenhaften Klatsch fort, der den Humus der Geschichte eines Volkes bildet. Den Teig sozusagen.

Gefährlicher waren die feurigen und gedankengläubigen

Dichter und Romanciers, von denen die am nächsten stehende, George Sand, einen meiner Arbeiter fest im Blick hatte. Dieser Arbeiter war Alfred de Musset. Hoffentlich versteht Ihr mich, wenigstens andeutungsweise.

In zwei Wochen erledigten wir unsere Arbeit. Das war es nun, was wir mit unseren Händen geschaffen hatten.

Was es war? Wie könnt Ihr erwarten, dass ich das Geschaffene beschreibe, wo ich doch an die vermittelnde Kraft der Beschreibung nicht glaube. Eine Vielzahl von mystischen Sehern haben die heilige Jungfrau beschrieben. Ihr Antlitz: so, ihren Schleier: so, die Falten ihres Mantels: so. Das Ergebnis? Es bleibt der Geist.

Genauso werdet Ihr in unserem Bauwerk, das eine einfache Sitzbank ist, fast eine einfache, von beiden Seiten benutzbar, einen Geist finden. An beiden Enden der Sitzbank erheben sich zwei metallene Stangen, die einen einem Regendach ähnlichen Kasten tragen. In diesen Kasten habe ich eine Uhr und eine Klingel installiert. Zur vorherbestimmten Zeit klingelt es, das Türchen öffnet sich, eine Leinwand erscheint und rollt sich, die Leitstangen entlang gleitend, aus. Just auf dieser Leinwand spielt der Film.

Natürlich habt Ihr erraten, dass sich im Kasten außer der Klingel und der Uhr ein Filmvorführgerät befindet. Nun, da ich jeden Tag im Jardin de Luxembourg vorbeigehe, habe ich die Aufgabe bekommen, mein Geschöpf zu überwachen. Die modernen Maschinen, von denen manche wahre Wunderdinge sind, brauchen Zeit, bis sie unsere Vorstellungen verwirklichen und, gleich uns, sowohl schöpferisch als auch tödlich wirken. Ich überwache dieses Ding.

In dieser meiner Eigenschaft bin ich mit dem Wächter vertraut geworden, der mich „Monsieur Emile" nennt. Manchmal sitze ich meinem Geschöpf gegenüber, inmitten der Schatten grüner Bäume, und betrachte die kleinen Zuschauer. Denn lasst mich hinzufügen: Dieses Kino ist für Kinder und ist gratis.
Ach, was für wunderhübsche Kinder es gibt! Entzückende Blondschöpfe, Brünette mit langen Wimpern und Spitzbuben und verwöhnte Fratzen. Es ist ein bunter Schwarm, der manchmal zu meinem Geschöpf geht, genauer: hingebracht wird.
Ihr habt bereits aus meiner Miene erraten, dass ich kein Mensch bin, der Kinder mag. Genauer gesagt, ich hasse sie. Aber ich tue so, als ob ich sie liebte, wenn die Kleinen von der schönen Mutter oder dem elfenbeinfarbenen Kindermädchen begleitet werden. Die Gegenwart schöner Frauen reicht aus, um mich in einen Schmeichler mit goldenem Mund zu verwandeln, lächerlich gierig und wahrhaftig vor Liebe schmachtend. Im betäubenden Duft des Frühlings ist der wahre Erzieher des Mannes die die Wollust erweckende Frau. Und nun das reizende Ding-Dong.

Eine Villa. Davor ein Garten. Beide gepflegt. Eine Allee, mit zartem Kamm gekämmt. Rosensträucher, die Rosen tragen. Am Boden ausgebreitet ein Hund, der von Knochen träumt. Neben ihm ein Tisch. Am Tisch ein Sonnenschirm. Ein Junge sitzt am Tisch unter dem Schirm. Macht Hausaufgaben. Rosa, rosae, rosam. Der Hund fängt an zu bellen. „Dummer Pascha, sei sofort still, ich mache Hausaufgaben." Ein Fräulein, das eine Frau ist, kommt geziert die Allee entlang. Der Knabe legt den Hund an die Kette. „Eine Rose, wenn du so gut bist, lieber

Junge." „Mit größtem Vergnügen, Fräulein, wo Sie doch eine Frau sind. Hier eine Rose von unserem Rosenstrauch, der Rosen trägt." Ein Gangster schleicht hinter dem Vorhang der Sträucher entlang. Habe ich Euch nicht gesagt, dass das Ganze eine Falle war? Pascha wusste, warum er bellte! Der Knabe wird entführt. Am Boden ein Stück Papier (in Nahaufnahme). „Wir fordern eine Million Franc Lösegeld, innerhalb von 24 Stunden zu zahlen." Der Hund, der an der Kette lag, ist nicht mehr angekettet. Zerriss die Kette. Zerbiss die Hose des Gangsters. Die Unterhose blitzt hervor (Beifall und Hohngelächter). Polizisten auf Fahrrädern setzten ihm nach. „Gib den Buben her, sonst kriegst du was verpasst." Die Räder drehen sich in umgekehrter Richtung (von unten betrachtet). Der Hund vollführt Freudensprünge, ohne dabei den Drohbrief aus der Schnauze zu lassen. Die gleiche Allee, diesmal duftend.

Einmal, als der Film zu Ende war, sagte ein verblüfftes Kind, indem es mit dem Finger auf den Wächter vom Jardin de Luxembourg zeigte: „Mutter, Mutter, sieh mal! Der Polizist, der den Jungen befreit hat, ist hier…"
Einige lachten, die Mutter drückte den Jungen an ihre Brust, doch der Wachmann, der geschlummert hatte, sagte zu mir, sein Koppel zurechtrückend:
„Monsieur Emile!"

* * *

Tagsüber gehe ich von Büro zu Büro, in der Hoffnung, eine neue Arbeit zu finden. Bin arbeitslos. Je nach Bedeutung des Büros stelle ich mich mal mit Handschuhen oder als einfacher Christ vor. Auch nachts gehe ich umher.
Die Nacht hat geheimnisvolle Büros, die für mich offen sind.
Meine Arbeit habe ich aufgegeben, da ich gegen das Arbeiten bin. Jeder Morgen, wenn wir, Ihr und ich, aus dem Paradies vertrieben werden, um im Schweiße unseres Angesichts die sichtbaren und unsichtbaren Reichtümer der Welt zu erwerben, jeder Morgen, sage ich, ist ein verfluchter Morgen für mich. Und für Euch auch, schämt Euch nicht!
Mein Patron bleibt, wie ich erzählt habe, dem Mineralwasser treu. Nein, ich kann nicht leben ohne Alkohol. Für mich sind die Nähe der weiblichen Haut, ihr Duft, die Feuchtigkeit der schattigen Winkel, ihre noch in Entwicklung begriffenen Halbkugeln und verdeckten Rundungen unverzichtbar. Mit einem Wort: jener halbtrunkene Zustand, der für träumerische Wesen der natürliche Zustand ist.
Mein Patron, der seit fünf Tagen nicht mehr mein Patron ist, warnte mich immer, wenn ich unter dem Einfluss des Alkohols stolze Segel aufzog und freie Horizonte durchstreifte. Er sagte: „Monsieur Emile, das endet mit einem Schiffbruch."
Ich wollte ihm klarmachen, dass es solche und solche Lasten gibt, es gibt verschiedene Arten von Lasten. Ich wollte ihm klarmachen, dass ich gegen das Arbeiten bin, weil es meinem Wesen und meiner Vorstellung vom Glück nicht entspricht. Die Vorstellung vom weiten Horizont ist notwendig, damit ich

meine überschweren Lasten versenken kann, Stück für Stück. Die Erleichterung, die ich mir auf diese Weise verschaffe, stellt für mich die Umgebung auf den Kopf, verändert Menschen wie Gegenstände; diese Erleichterung verursacht ein tiefes Glücksgefühl, das dem Wunsch nach Weinen gleicht. Glück oder Trauer. Wo ist da die Trennungslinie?
Während meiner nächtlichen Irrfahrten stelle ich mir viele solcher Fragen, ohne immer eine Antwort darauf zu bekommen. Trotzdem und instinktiv schrie ich:
„He, là-bas! Was ist los? Was hast du in diesem Garten um diese nächtliche Stunde zu suchen? Wer bist du?"
Inmitten der Bäume bewegte sich etwas, ein Schatten, der ein lebendiges Wesen war. Ja, das Etwas war ein Wesen, das da antwortete: „Ich bin's, Monsieur Emile, der Wächter."
„Nein", sagte ich bestimmt, „du existierst nicht!"
Mein Gerät sei defekt. Und sein Rhythmus sei dahin. Die Klingel habe unerwartet geläutet. „Und was für ein Läuten, Monsieur Emile. Das einfache Ding-Dong hatte sich in der Stille der Nacht weit verbreitet. Unglücklicher Umstand, bedauerlicher Vorfall. Ich wusste, dass die Tür aufgehen und der Film sich abspulen würde. Monsieur Emile, sag's, ich flehe dich an, wer soll sich den Film anschauen? Es gibt weder Kind noch Amme um diese Stunde. Alle Tore sind bereits geschlossen. Gezwungenermaßen musste ich aus meinem Bett kriechen und hierher kommen und mir den Film ansehen im Halbschlaf. Sag's, ich flehe dich an, wenn ich nicht beizeiten gekommen wäre, wer würde sich ihn anschauen, wer?"
Ein Augenblick dachte ich nach, dann packte ich die Hand des Wächters und schüttelte sie ihm kräftig. Ich erinnere mich

daran, dass ich sie sehr lange geschüttelt habe. In Wirklichkeit gewann ich dadurch Zeit. Minuten trennten mich von dem Moment, in dem ich mit Hilfe des Wächters den Jardin de Luxembourg betreten und dabei den Seiteneingang für die Gärtner benützen, also bei Gustave Flaubert vorbeigehen würde. Als ich endlich wieder Herr meiner Gedanken geworden war, sagte ich ohne Umschweife:
„Bravo! Weil die Kinder fehlten, war jemand nötig, der so kindlich ist wie du, einer, der auf äußere Verlockungen reagiert, genauso wahllos wie sie, mit rührender Opferbereitschaft."
Der Wächter rückte sein Koppel zurecht und blähte sich auf:
„Ich weise das 'kindlich' zurück! Ich weise es zurück! Ich wehre mich gegen deine Beleidigung, und das gleich doppelt. Ich bin ein zweifaches Wesen: ein Mensch und darüber hinaus ein Uniformierter."
Führte die Hand an die Pistole. So kam es, dass ich blitzende Augen zu sehen bekam. Über die Uniform und ihre Ehre machte er Äußerungen endgültiger Natur. Seine Gedanken waren unbeirrbar, die Stimme sonor. Vögel erwachten über unseren Köpfen und flatterten umher. Auf meine Schulter fiel eine Feder, die ein Blatt war. Wieder schüttelte ich meinem Freund die Hand und sagte:
„Wie schön dein Garten ist. Keiner seiner ständigen Bewohner trägt eine Uniform. Stendhal, Flaubert, George Sand, Baudelaire, Verlaine und noch viele andere, ach, nicht zu vergessen Madame de Segur, geborene Rostopitsch. Hier sind Menschen versammelt, die ihrer inneren Stimme gefolgt sind. Es ist möglich, den Jardin du Luxembourg in einen Käfig zu sperren, warum nicht? Aber mitten drin steht eine

Maschine, die anarchistische Neigungen entwickelt, vorzeitig klingelt."

„Mach dich nicht lächerlich", sagte der Wächter, „um diese Stunde gibt es nicht sehr viele Autos, aber einige sind noch da. Wenn eins um die Ecke kommt und du für einen Augenblick in das Netz seiner Scheinwerfer gerätst, dann ähnelst du in erstaunlichem Maße einem Clown, einem Clown oder einem Verbrecher."

„Den Clowns und Verbrechern gehört die Straße. Das ist ihr Platz. Hier haben solche Leute nichts zu suchen. Hier gibt's keine Geistlichen, Militärs, Richter und nicht einmal denjenigen, der, hinter diesen versteckt, an unsichtbaren Fäden zieht. Das Großkapital gibt es hier nicht."

„Das Kapital ist überall", sagte der Wächter, „besonders dort, wo seine Anwesenheit geleugnet wird. Aber du hast meine Frage nicht beantwortet. Wenn niemand anwesend war, wer hätte sich dann den Film anschauen sollen, wäre ich nicht dagewesen?"

„Wer ihn dann sehen sollte? Der Prophet natürlich. Der Prophet ist wie die defekte Maschine. Er zieht den Halbschatten und die Stille der Nacht vor, in der seine Stimme sich verbreiten und aus der Ferne widerhallen kann. Der Prophet verkündet, dass wir das wahre Leben erst nach dem Tode kennen lernen werden, wenn es uns gelungen ist, einander brüderlich zu lieben, hier zu lieben und zu verzeihen. Einem anderen Propheten zufolge gibt es das wahre Leben nur auf Erden, wenn wir dank dem Klassenkampf, Brudermord begangen haben. Und wir antworten ihrem Ruf im Halbschlaf. So kommt es, dass unser Leben zu einem Kinderfilm wird."

Der Wächter, der immer noch auf dem gusseisernen Stuhl saß, sprang auf:
„Kinderspiel! Du erniedrigst alles, was groß ist, was Größe hat, alles was dich übersteigt."
Ich sagte: „Erhaben ist der Bruder, erhaben ist der Genosse, wenn das nicht 'Willst du nicht mein Bruder sein, dann schlag' ich dir den Schädel ein' bedeutet."
Und ich fügte hinzu:
„Grenzenlose Freude und Verlangen nach Weinen. Wo ist die Trennungslinie?"
Ich zündete mir eine Zigarette an, danach gab ich eine meinem Bekannten, der sagte:
„Dies alles lenkt uns von dem defekten Gerät ab, die Lösung des Problems liegt im Schlüssel. Wo ist der Schlüssel?"
„Die Liebe", murmelte ich unschlüssig, als das aufreizende Ding-Dong wieder erklang.

Ein stattlicher Baum. In der Krone eine Höhle. In der Öffnung der Höhle hocken zwei kleine Eulen. Ihre vier Augen funkeln wie vier Diamanten. Mutter Eule thront auf einem waagerechten Ast. Dahinter leuchtet der Vollmond, ganz geschmolzenes Silber. Es klingelt das am Ast hängende Telefon. „Hallo, hallo, selbstverständlich, lieber Herr Eule, ich komme zu Ihnen, sofort und unverzüglich, auf dem Luftwege." Mutter Eule entfernt den Vollmond vom Himmel. Ruft in Richtung Höhlung: „Hab das elektrische Licht etwas kleiner gedreht, meine Goldchen, damit ihr die Sprünge des seiltanzenden Eichhörnchens gut sehen könnt." Mutter Eule setzt ihre Sonntagsbrille auf und fliegt davon. Hinter der Krone kommt die Schlange des Alten Testaments hervor. Streckt ihre Zunge heraus (in Nahaufnahme). Die vier Diamanten blitzten. Lassen den Rollladen ihrer Höhlung runter. Die Eulen-Babys beratschlagen hinter verschlossenen Türen. Mehrere Male schieben sie ihren eisernen Juweliersrollladen rauf und runter. Zählen jedes Rauf und Runter ab. Sprechen telegraphisch: „Mutter, Mutter, komm schnell her! Hannibal ante portas." Eine Luftflotte stürzte sich auf die Schlange. „Hier bin ich, meine Krallen ausgefahren." Die Schlange fällt in den Sack, in dem geschmolzenes Silber ist. Die alles verschlingende Flamme loderte auf. Hölle (in Nahaufnahme).

Wir rauchten unsere Zigaretten zu Ende. Ich war dabei, mir eine neue anzuzünden, als der Wachmann sagte:
„Das Kino ist ein kleines Wunderding. Du warst es, der mit ihm nicht umgehen konnte. Nicht einmal einen Schlüssel kannst du aufbewahren."
„Auch das Leben", sagte ich, „ist ein Wunderding. Aber wissen, wie man es benutzt... Jeder Prophet hat eine Gebrauchsanweisung vorgeschlagen, die auf ihre Art ein Wunderding ist, aber dieses Mal ein geistiges... wir haben viele Gebrauchsanweisungen. Und keine passt zu dem Schloss."
„Du gehörst zu denen, die Schlösser aufbrechen."
„Der Selbstmord. Mein Herz ist bereit, der Rest schwach. Bin feige."
„Ich bin trunksüchtig. Wieso behauptest du, dass ich nicht meiner inneren Stimme gefolgt bin, als ich die Uniform, also die Sicherheit, gewählt habe? Merk's dir, lieber Freund, dass ich eine vordringliche Aufgabe habe: Glücklich zu sein, hier und heute!"
„Nein", sagte ich zum zweiten Male, „du existierst nicht."

So sprach ich mit dem Wachmann und glaubte, mit mir selbst zu sprechen. Der Wächter fuhr fort:
„In mancher Hinsicht hast du Recht. Wir leben nicht. Unsere Gedanken sind zerstreut, und zerstreut ist unsere Liebe. Darin liegt unsere Schwäche. Wir existieren nicht, eine zentrale Kraft treibt uns immer weiter auseinander. Du hast über mich gelacht, weil ich einem äußeren Ruf gefolgt bin, ohne an die Möglichkeit einer Wahl zu denken. Aber, lieber Freund, um wählen zu können, muss man zuerst einmal wissen, was zur Wahl steht, und nur dann sollte man darüber diskutieren, was richtig und was falsch ist."
„Tut mir Leid", sagte ich, „das Wahre ist immer traurig."
Und ich fügte hinzu:
„Ich ziehe die Lüge vor, die nicht mehr Lüge ist, und das Wahre, das mehr ist als das Wahre: Ich ziehe die Dichtung vor."
Die Maschine ließ wieder ihr aufreizendes Ding-Dong erklingen, und wir sahen ein kleines Mädchen, das vielleicht ein Geist war – Früchte rollend, die vielleicht Bälle waren. Mein nächtlicher Bekannter sagte:
„Es bleibt, die Dichtung einzugrenzen."
Das ging über meine Kräfte. Ich sagte, nur um etwas zu sagen:
„Hast du jemals eine verzweifelte Mutter gesehen?"
Was ich für Bälle gehalten hatte, waren Planeten. Und der Geist sprang von einem Planeten zum nächsten und bis zum letzten noch sichtbaren Himmelskörper, um mit der Unendlichkeit zu verschmelzen. Die Unendlichkeit war ganz aus der Nähe zu sehen. Süß und melancholisch war alles in dieser märchenhaften Nacht. Ich glaube, es war so.
Märchenhaft.

Silva Kaputikian
(geb. 1919)

Suchen meine Augen dich

Suchen meine Augen dich,
Deck' sie zu mit dunklen Lidern,
So sehen sie dich auf Erden nicht.

Formt meine Zunge deinen Namen,
Halt' sie fest mit meinem Mund,
So entweicht ihm nicht ein Omen.

Wenn aber mein Herz dich
Rufen will, sehen dein Angesicht,
Des Herzens Zunge wie zügle ich,
Wie bann' ich des Herzens Augenlicht?

Paruyr Sewak
(1924 - 1971)

Ich beeile mich nicht

Ich beeile mich nicht. Es beeilt sich der,
Der sich verspätet hat.
Ich verspäte mich nicht.
Und ich leide
Nur durch jene, die sich verspäten,
Die sich verspäten,
Die sogar oft
Fortschrittler
Oder Führer
Genannt werden.

Zahrad
(geb. 1924)

Sehr gerne

Wenn Sie wollen,
dass Ihr Ehrgefühl verletzt wird
ein Anruf genügt -
    sehr gern
wir sind allzeit bereit

Oder wenn es Ihr Wunsch ist
dass sich Ihre Laune verschlechtert
keine Sorge
wenden Sie sich an uns
wir haben rund um die Uhr geöffnet

Sie können sich sogar wünschen
dass Ihr Vertrauen immerzu missbraucht wird
gerne kommen wir dem nach
nicht vergessen
wir haben alles was man dazu braucht

Und damit - wunschgemäß -
Ihre Hoffnungen enttäuscht werden
stehen wir
Ihnen zu Diensten
und das unentgeltlich

Und wir fühlen uns geehrt
wenn Sie in einer Sackgasse landen möchten
und sich an uns wenden
wir machen das sehr kompetent
und führen Sie von Sackgasse zu Sackgasse

Danke schön
kommen Sie wieder

Zareh Krakuni
(geb. 1926)

Geschichte

Ihr Totem war der Wolf
      Unser jedoch das Lamm -
Das genau ist das Problem
      Der Rest ist Geschichte . . .

Die Rede ist natürlich von den beiden Brüdern
die mit zwei Hütten
Rom gründeten
Von Romulus und Remus also
Denen der Wolf die Brust gab -

Bekannt ist hingegen die Lage der Lämmer Gottes
      die groß wurden mit Schafsmilch
           schneeweiß
           armselig...

Zorair Khalapian
(geb. 1933)

Die Schildkröte

Hayk hatte seit über einem Monat eine Schildkröte im Haus. Es war eine kleine Schildkröte, die überaus leicht in seiner Hand Platz fand, er hatte sie an den Hängen des Berges Ergan gefunden, hatte sie mit nach Hause gebracht, fütterte sie eigenhändig. Die Schildkröte hatte sich an ihn gewöhnt, sie zog ihren Kopf nicht mehr vor Angst in ihren Panzer zurück, und Hayk schien es, dass sie ihn liebte, wusste, dass sie zu ihm gehörte, dass ihr hier alles gefiel und sie ihm dankbar war. Mit einem Wort: Er hing an ihr, wie ein Kind an dem Tier hängt, das es pflegt, und wollte sie mit nach Jerewan nehmen.
Ich sagte, dass sie in der Stadt in einem Kasten würde leben müssen, von der Natur abgeschnitten, und folglich sterben würde, während sie, lebte sie in Freiheit, hundert, ja sogar zweihundert Jahre alt werden konnte, wie man so sagt. Die Schildkröte hatte erst vor kurzem das Licht der Welt erblickt, hatte also von heute an gerechnet zweihundert Jahre vor sich.
Diese Zahl, die wir aus den Märchen kennen, schafft Vorurteile. Aber was macht es schon, wenn ihr Leben in Wahrheit kürzer ist; der Mensch hat sie zum langlebigsten aller Tiere erklärt, so soll es sein, und er sieht darin einen bestimmten Sinn. Ich bin nicht derjenige, der die Lebensjahre der Schildkröte verkürzt.
Es war verständlich, dass dem Kind die Trennung von dem Tier sehr schwer fiel, aber da er mich verstanden hatte, willigte er

ein, hatte Mitleid mit der Schildkröte und beschloss, sie freizugeben. Von diesem Tag an veränderte er sich, er wurde ernsthafter, sein Gesicht bekam einen traurigen Ausdruck. Morgens nahm er nach dem Aufstehen die Schildkröte mit, ging in die Felder. Er wusste schon, mit welchen Grassorten man sie füttert, pflückte sie, gab sie der Schildkröte, gab ihr Wasser und sprach unentwegt zu ihr, den ganzen Tag über war er nachdenklich und voller Gram. Das waren die Schwierigkeiten des Abschiednehmens.

Die Trauer des Jungen wirkte auf uns alle. Er liebte das Tier und wünschte ihm ein langes Leben, gleichzeitig fiel ihm die Trennung schwer. Wir sprachen erneut darüber, ob wir das Tier mitnehmen oder es freisetzen sollten. Die Mutter sagte: „Wir nehmen es mit nach Jerewan. Ihr seht, was mit dem Kind los ist. Er denkt an nichts anderes, er spielt nicht, er denkt nicht ans Essen, dafür ist er den ganzen Tag mit der Schildkröte in den Feldern."

Am Tag der Abreise war sein Bett schon in der Frühe leer, er war in die Felder gegangen, saß mit der Schildkröte unter einem Baum, sprach zu ihr, wir hörten seine Worte nicht, aber es war klar, dass es Abschiedsworte waren.

Als wir alle im Auto saßen, kam auch Hayk zu uns. Er sprach nicht mit uns, er hatte nicht gefrühstückt, er hatte keinen Appetit, und seine Mutter sagte wieder: „Was ist schon dabei, wir nehmen das Tier mit."

Wir fuhren aus dem Dorf hinaus, das letzte Haus lag hinter uns, vor uns der Feldweg. Hayk schaute unentwegt aus dem Fenster, suchte einen Platz, wo er die Schildkröte freisetzen konnte, aber vermutlich war keiner der Plätze nach seinem Herzen, oder aber er wollte den Zeitpunkt der Trennung hinausschieben.

Als wir jenseits unserer Felder waren, legte er seine Hand auf meine Schulter, gab mir zu verstehen, dass wir anhalten sollen. Wir befanden uns an der Ostgrenze von Karabach.

Er nahm die Schildkröte in die Hand und ging davon. Er beugte sich vor und sprach erneut zum Tier, ab und zu drehte er sich um, um festzustellen, ob wir noch zu sehen waren. Im Augenblick der Trennung wollte er allein sein, damit niemand seine Tränen sah.

Wir schauten in seine Richtung und fühlten, dass etwas Trauriges im Gange war, wir selbst waren ein wenig traurig. Der bekannte Augenblick der Trennung, jene Grenze, wo die Vergangenheit noch gegenwärtig ist und die Gegenwart schon Vergangenheit. Aus dem Autoradio drang Musik. Diese Musik, die mit kurzem Gras bedeckten Hügel, die schon wärmende Morgensonne, die die Gipfel in ein tiefes Rot eintauchte, die mit zartblauen Schatten gefüllten Täler, das alles war traurig und schön, zumindest schien es uns so durch unsere augenblicklichen Gefühle.

Der Junge konnte sich von dem Tier nicht trennen. Die Mutter hielt es nicht mehr aus, sie sagte: „Er soll es bringen, geht hin und sagt's ihm, es reicht."

Hayk stieg in einiger Entfernung ins Tal hinab und blieb weg. Vom Tal stiegen Lerchen auf, und wie an unsichtbaren Fäden im Himmel hängend, zwitscherten und trillerten sie. Mein Bruder folgte Hayk, und wenig später sahen wir, dass Hayk, den Kopf an ihn gelehnt, weinte. Die Schildkröte war wenige Schritte von ihnen entfernt, er konnte sie aufheben, aber er weinte nur. Und als die Mutter sagte, er möge sie mitnehmen…

...Er brachte sie doch nicht zurück zum Wagen. Statt unserer Gefühle hätten wir allenfalls eine Schildkröte gehabt, und der Zauber, der alles um uns herum verwandelt, in andere Farben getaucht hatte, wäre weg gewesen.

Während der Fahrt schwiegen wir, aber wir fühlten, dass große Stille, tiefe Trauer im Herzen des Jungen herrschte, der auf der hinteren Sitzbank zusammengekauert saß. Um seinen Kummer ein wenig zu zerstreuen, sagte ich ein weiteres Mal, dass er richtig gehandelt habe, dass die Schildkröte noch sehr lange leben würde, dass sie in Freiheit einhundert, wer weiß, vielleicht sogar zweihundert Jahre alt werden könnte. Vermutlich würde es dann unser Dorf nicht mehr geben, die Zeit verändert vieles, und das, was heute entsteht, würde dann auf eine Geschichte von zweihundert Jahren zurückblicken können; an unser Dorf, unser Haus, an uns und an all das andere, das die Schildkröte in dem einen Monat gesehen hatte, würde sie sich nach zweihundert Jahren nicht mehr erinnern, das läge so weit zurück, dass es ihr wie eine Ewigkeit vorkommen musste.

Sie jedoch wird leben. Vielleicht in der Nähe dieser Hügel, vielleicht nur einige hundert Meter weiter. Sie wird leben, die Jahre werden vergehen, wir alle werden vergessen sein, diese Straße wird es nicht mehr geben, auch dieses Feld nicht mehr, dafür wird es andere Felder geben oder auch nicht, diese Schlucht könnte sich so verändert haben, dass selbst der Bauer, der sein gesamtes Leben hier verbracht hat - hätte er die Möglichkeit, dann die Augen zu öffnen - sie nicht wieder erkennt, nicht glauben wird, dass dies die Schlucht seiner Kindheit ist. Nach so langer Zeit wechseln die Flüsse ihr Bett, man weiß ja nicht, was alles passieren kann, aber Siedlungen werden zerstört, verlassen, Menschen ziehen woanders hin und bauen dort ihre Häuser, hier bleibt nur der alte Friedhof, die Ruinen der alten Häuser werden da sein, und ein Vorübergehender bleibt vielleicht eine Weile stehen und denkt, dass hier einmal Menschen gelebt haben, dass es hier Leben gegeben hat und an diesen Hängen Kinder gespielt haben.

Es war wohl einer unserer unvergesslichen Tage. Ich weiß nicht, ob Hayk sich noch daran erinnert. Ich weiß auch nicht, ob sich sonst einer von uns daran erinnert, die Schildkröte erinnert sich jedenfalls nicht.

Ich fuhr zurück nach Jerewan, um mein altes Auto zu verkaufen; zu jenem Zeitpunkt gehörte das Auto noch mir, all seine Teile, all seine Schrauben, alles von ihm, das mich gequält hat. Seine intakten wie defekten Teile, sie alle gehörten mir. Und ich wusste, dass ich es kannte, soweit man als Besitzer nach sechs Jahren sein dreimal verfluchtes wie geliebtes Auto kennen kann. Noch wusste ich nicht, wie schwer einem die Trennung von einem leblosen Etwas fällt.

Und schon nach wenigen Tage tauchte aus der Anonymität jener Mann auf, unbekannt, fremd, und wurde mir vertraut, fast wie ein alter Bekannter: der neue Besitzer des Autos. Als ich das Kennzeichen in der Anmeldestelle abgab, nahm es mir eine Hand aus dem kleinen Fenster weg, ging damit fort. Sie ging, sie war weiter hinten nicht mehr zu sehen, warf das Kennzeichen auf den Haufen der alten Kennzeichen, und das Blech schepperte, so als würde man es umbringen. Das war das Letzte, was uns miteinander verband.

Auf dem Rückweg fuhr den Wagen sein neuer Besitzer, ich saß neben ihm. Sein ungelenker Fahrstil quälte mich sehr; mir schien, dass er jeden Augenblick mit einem Hindernis zusammenprallen, dabei mein Auto in Schutt und Asche legen würde, mein Auto, das nicht mehr meines war, das verstand ich schon. Ich wusste, dass es auch hier den Augenblick des Abschieds gibt, und als ich ausstieg, drehte ich mich unwillkürlich um, um das Lenkrad zu küssen, jenes Lenkrad, das meiner Hände Wärme der letzten sechs Jahre mit sich forttrug. Mir schien, als sei es lebendig, und würde das verstehen. Da ich das Gefühl hatte, mein Vorhaben könnte unpassend sein, ließ ich davon ab und entfernte mich rasch.

Ich dachte unentwegt an die Schildkröte. Dort, wo wir sie zurückgelassen hatten, war ich in meiner Kindheit oft gewesen. In der Einsamkeit jener Hügel, in ihrer Verlassenheit, in ihrem Entferntsein von menschlichen Siedlungen lag Musik. Das ist der Fluss der Zeit, den du nur spürst, wenn du noch ein Kind bist. Wenn du deinen Freunden hinterherstolperst, stehen bleibst und dir vorstellst, was hier nach Einbruch der Dunkelheit wohl passieren wird, wie diese vertrauten, erheiternden, von der Sonne überfluteten Hänge in die Dunkelheit eintauchen, sich dabei verwandeln, fremd, Angst einflößend werden. Der nahende Abend ängstigt dich, und du läufst zu deinen Freunden, nach Hause, zu den Lichtern, zu den Deinen.

Dieses Lied hört jeder nur ein einziges Mal. Wenn du erwachsen bist, weißt du, dass die Finsternis keine Geheimnisse in sich birgt; dass es für dich gleichgültig ist, ob du hier bist oder anderswo, ob es hell ist oder dunkel; deine dich rufenden Freunde gibt es nicht mehr, und es gibt auch nicht das Licht, du setzt deinen Weg in der Stille fort.

In unserem Dorf bohrten sie an vier verschiedenen Stellen nach Wasser, in Gedanken war ich schon seit Monaten bei diesen Bohrungen. Ich versuchte mir die Tiefe vorzustellen, in der sich der Bohrkopf befand, ich versuchte mir vorzustellen, was es tief unten in der Erde unserer Ahnen gab, ob wir Wasser finden würden, ob unser uralter Wunsch in Erfüllung gehen, oder ob uns unser uralter Durst erhalten bleiben würde. Sie bohrten auch mitten im Dorf, und mein Vater schrieb mir, dass sie sich damit sehr schwer taten, der Untergrund sei Fels.

Also ist unser Dorf auf Fels gebaut, während es da draußen so gut wie keine Steine gibt, sondern, so weit das Auge reicht, Schwarzerde. Ich stellte mir diesen Fels vor, über den unsere Ahnen Tausende von Jahren auf und ab gingen, ohne zu wissen, dass sie unter den Füßen einen Felsen hatten.

Ich stellte mir vor, wie der Bohrkopf sich hinabarbeitet, wie sich die Rohre durch den Fels schieben, stellte mir vor, dass sich in Kavernen Wasser angesammelt hat, und weiter, wie das Wasser in trüben Schüben aus dem Rohr schießt, wie die von überall hergekommenen Menschen hinschauen, wie sich vor ihren Augen das Wasser klärt. Ich werde nicht dabei sein, sie werden es mir später erzählen, sie werden es auch anderen erzählen, Jahre nach mir.

Im Oktober war ich in jener Gegend, das Gras der Hügel war vertrocknet, die kahlen Hügel strahlten eine andere Schönheit aus. In der Ferne lag inmitten der Täler unser Dorf, noch weiter weg war der mit Bäumen bedeckte Berg Kjumbat, an dessen Hang die Tradz-Senke wie ein Tablett aus Kristall erstrahlte. Man sagt, sie sei durch Blitzschlag entstanden, doch eigentlich ist sie ein durch Meteoriteneinschlag entstandener mächtiger

Krater, an dessen tiefstem Punkt sich eine Quelle befindet und wo sich Wasser ansammelt.

Vermutlich war die Schildkröte nicht mehr dort, vielleicht hatte sie sich instinktiv zum Berg Ergan aufgemacht, wo Hayk sie gefunden hatte.

Und ich schaute auf die vertrauten Berge aus großer, sehr großer Entfernung, schaute aus der zeitlichen Entfernung von einhundert, zweihundert Jahren, schon aus einer anderen Welt, und erkannte sie nicht wieder: der Berg Tradz war mit Wäldern bedeckt, der Berg Ergan war nicht mehr der Berg Ergan, das Flussbett, das ich sah, war ein anderes Flussbett, die Straßen, auf denen ich gefahren bin, gab es nicht mehr. Wer wohnte jenseits der Berge? Was für Menschen waren das? Früher befanden sich dort unsere Dörfer.

Ich war ein Stein dort, wo Hayk die Schildkröte in die Freiheit entlassen hatte. Hier enden die Felder unseres Dorfes, das hier ist die Ostgrenze von Karabach. Der Stein stellte eine Schildkröte dar, keinen Namen, keinen Vornamen.

Ruben Howsepyan
(geb. 1939)

Das achte Quadrat

Vor Geworg aus dem Finanzamt hatten sie alle Angst, die Heimwerker sowie all die anderen, die man allenfalls als Auftraggeber bezeichnen könnte, natürlich nur im Fall der Fälle. Geworg war ein kleines Männchen, beim leisesten Windhauch wäre er umgefallen, er war nicht einmal im Krieg gewesen, so schwach war er. Aber der Respekt vor der Obrigkeit sowie die Angst vor der schieren physischen Kraft gehörten der Vergangenheit an, heutzutage waren die Schwachen zu Mächtigen aufgestiegen. Es gibt keinen Streich, den die Natur bei den Schwachen auslässt. Die Stärke, die den übrigen Organen fehlte, hatte sie Geworgs Ohren zugeteilt, die zwar klein, dafür aber mit der Fähigkeit ausgestattet waren, selbst den Lärm des letzten Handwerkers aufzuspüren, der im Verborgenen wirkte.
„Schwesterchen Tutik", sagte er am Morgen zu seiner Nachbarin, „gestern Abend, als ich an deinem Fenster vorbeiging, hörte ich das Rattern deiner Nähmaschine."
„Ich nähte mir eine Schürze", antwortete Tutik zu ihrer Rechtfertigung, „darf ich das etwa nicht?" Doch im Stillen dachte sie: „Ich nähte dein Leichentuch."
„Für wie dumm haltet ihr mich?", schrie Geworg überaus laut in der Überzeugung, dass jedes seiner Worte im Viertel eine nachhaltige Wirkung entfalten würde. „Du nähst dir eine Schürze, Hayk repariert die Fußballschuhe seines Sohnes, Grigor bastelt sich einen Spaten, aber wenn ich am Morgen

durch das Viertel ziehe, sehe ich euch alle in neuen Kleidern, mit neuen Schuhen und auf euren Grundstücken funkeln die neuen Spaten. Dafür bleibt der Staatssäckel leer."

„Warum ist der Staatssäckel leer, Bruder?", fragte Tutik, „haben wir nicht den Krieg gewonnen?, muss nicht der Verlierer Reparationen zahlen?"

Zwar waren vereinzelt Fenster aufgegangen und einige Gardinen bewegten sich, aber noch war niemand aus den Häusern herausgekommen. So blieb Geworg stehen und beschloss, seiner Nachbarin zu erklären, was man unter dem Staatssäckel zu verstehen hat, um ein wenig Zeit zu schinden. Vom Misthaufen am Ufer des Baches nahm er einen vertrockneten Zweig, zeichnete damit auf dem Boden ein schiefes Quadrat und unterteilte es in acht gleich große Felder.

„Hier", sagte er und zeigte mit der Spitze des Zweiges auf das Quadrat links oben, „kommen die Reparationen hinein, von denen du sprachst. In das Zweite die Einnahmen der Fabriken, in das Dritte die der Kolchosen, in das Vierte die des Binnen- und in das Fünfte die des Außenhandels, in das Sechste und Siebente jene der Kinos und der Theaterhäuser und in das letzte Quadrat schließlich die Steuern, die sich aus diesen Einnahmen ergeben. Und wenn dieses leer ist, so ist der Staatssäckel ebenfalls leer. Ist das klar?"

„Nein", antwortete Tutik, „nichts ist klar."

„Nein, so etwas", sagte Geworg erstaunt, „das ist eine einfache Rechnung, so einfach, dass sogar eine Bohnenstange sie versteht. Wenn vom Ganzen ein Teil fehlt, so ist das Ganze eben nicht ganz. Was gibt es da nicht zu verstehen?"

Der Schmied Grigor hatte von der Straße aus zwei Eingänge,

der eine führte zum Hof, der andere zur Werkstatt. Natürlich könnte er auch durch die erste Tür auf die Straße kommen, aber er öffnete krachend die Tür der Werkstatt. Nun stand er da, schmunzelte vor sich hin und begrüßte die Nachbarn, die um Geworg und Tutik herumstanden, und tat so, als sei er einer der Honoratioren, der die Huldigungen entgegennimmt.

„Das mit deinem ‚Ganzen' will mir nicht in den Kopf", sagte Tutik, die durch das Erscheinen des Schmieds neuen Mut gefasst hatte. „Wenn ich an meiner Schürze eine kleine Tasche annähe, dann ist sie schon mit einer Hand voll Körner voll. Ich kann aber auch eine so große Tasche anbringen, dass sie mit der doppelten Menge so gut wie leer ist."

„So", sagte Geworg und fühlte, dass seine Argumentation langsam aber sicher in sich zusammenfiel und er dabei war, vor versammelter Nachbarschaft lächerlich gemacht zu werden.

„Ja doch", fuhr Tutik fort, „woher wusste der Staat, dass ich im amerikanischen Waisenhaus[1] nähen gelernt habe, und deswegen für ein Quadrat in Frage komme? Woher wusste der Staat, dass Bruderherz[2] Hayk aus Beirut zu uns kommen würde?"

„Frau Tutik", sagte der Schuster Hayk und löste sich aus der Menge, rückte dabei seine Krawatte zurecht, „dieses ‚Bruderherz' kann ich nicht mehr hören!" Dabei rieb er mit seinem vom vielen Hämmern breitgeklopften Zeigefinger heftig an seinem Hals, was ihn zum Husten brachte. Doch dann sprach er weiter: „Wenn ich irgendwann einmal die Auswanderung beantrage, so ist der Grund hierfür dieses ‚Bruderherz'."

„Und das ist auch richtig so." Endlich bewegte sich der Schmied Grigor schweren Schrittes vom Fleck. In seiner Stimme klang eine feine Ironie, so dass niemand herausbekam, ob er Hayk auf den Arm nahm oder ihn verteidigte. „Hier wird jeder beleidigt, mit jedem wird Schabernack getrieben."

Geworg spürte, dass das Gespräch sich in eine Richtung entwickelte, die ihm eigentlich gar nicht so lieb war.

„Mit anderen Worten", sagte er und schaute sich dabei jeden der Anwesenden einzeln an, „baut meinetwegen eine Fabrik, eröffnet eine Werkstatt, das ist eure Sache, aber bezahlt eure Steuern, wie es sich gehört."

Und er ging. Aus Erfahrung wusste er, dass nicht erwiderte Reden einen großen Eindruck hinterlassen.

Der Schmied blinzelte Tutik zu, gab ihr mit einer für die anderen unmerklichen Kopfbewegung zu verstehen, dass sie sich zu jenem Haus hin bewegen solle, in dem Geworg wohnte und in dessen Hof Frau Alwart, ohne eine Ahnung zu haben, was hier ablief, ihre Wäsche aufhängte. Er selbst packte den kleinwüchsigen Hayk am Arm, trug ihn fast in die Schmiede, und ermöglichte so den Nachbarn, in Abwesenheit der Streithähne ihren Zungen freien Lauf zu lassen. Mochten sie doch mit der Schließung der Schmiede drohen, deren Rauch die blütenweißen Bettlaken des Viertels verdreckte und deren Lärm den Schlaf der Alten wie der Neugeborenen störte. Mochten sie doch auf Hayk schimpfen, weil nach jeder Reparatur die Schuhe um zwei bis drei Nummern schrumpften und die des Vaters Schuhe allenfalls dem Kind passten. Mochten sie noch so schlecht über Tutik reden, weil sie aus den Millionen von auf der Welt existierenden Modezeitschriften, die es auf der Welt gibt, nur ein Modell aus jenem Heft ausgewählt hatte, das sie anlässlich der Abschlussprüfung beim Nähunterricht von Mrs. Stone geschenkt erhielt.

Auf der Titelseite dieser Zeitschrift, die den Ehrgeiz hatte, die Kleider aller zivilisierten Völker zu präsentieren, hatte Mrs. Stone die Widmung „Well hit the trail for higher timber" geschrieben, was so viel wie die Aufforderung an Tutik bedeutete, niemals zu rasten, sich mit dem Erreichten nicht zufrieden zu geben und nach dem Höheren, nach dem Gipfel zu streben.
„Während die Weiber weiterschnattern", sagte der Schmied zu Hayk, „will ich mit dir etwas klären."
„Bitte sehr", sagte Hayk respektvoll, und ihm war klar, dass der Respekt weder mit dem noch unbekannten Inhalt des Gesprächs noch mit der Person seines Gegenübers, eher jedoch mit seinem Beruf etwas zu tun haben würde. Im Schmelzherd war Steinkohle, die noch nicht zur Asche geworden war, Steinkohle, die sich wer weiß wann gebildet hatte und die, der Teufel weiß, aus welcher Tiefe, gefördert worden war. Der Griff des Blasebalgs pendelte wie die Schlaufe des Galgens und befand sich auf gleicher Höhe wie Hayks Hals, wenn dieser sich auf den Holzklotz gestellt hätte, auf dem er saß. Der schwere Vorschlaghammer lag auf dem Amboss. Hier war alles groß und schwer. Und stabil. Und hart. Schuster Hayk fühlte sich in der Schmiede klein und hilflos und dachte, dass das Handwerk den Handwerker entweder größer oder kleiner erscheinen lässt. Und spontan stellte er sich vor und glaubte bald daran, dass er, bevor er den Beruf des Schusters ergriffen hatte, von großem Wuchs gewesen war, so groß, dass der Eisenleisten wie ein kleiner Nagel zwischen seinen Knien hatte verschwinden können. Aber er wusste nur zu genau, warum er sich doch für den Beruf des Schusters entschieden hatte: um sich ungehindert an Frauenschenkel anzuschmiegen.

Am hinteren Ende der Schmiede befand sich ein in die Wand eingelassener Schrank, dessen Schlüssel Grigor stets in seiner Tasche aufbewahrte, was die Neugierde seiner Frau weckte. Dort befand sich entgegen ihrer Vermutung kein Testament, sondern eine Flasche Schnaps sowie zwei Gläser. Grigor mochte den dank dem Tufftstein sommers wie winters stets gleich temperierten Schnaps, dessen verborgene Existenz bei ihm ein ähnliches Gefühl erzeugte wie bei einem anderen Mann die Existenz einer heimlichen Geliebten.

„Lass uns ein Glas trinken, damit wir beim Reden keine trockene Kehle bekommen", schlug Grigor vor, „jeder hat beim Reden eine trockene Kehle. Du hast es sicherlich auch gesehen, auf jedem Rednerpult befindet sich ein gefülltes Glas."

„Sicherlich mit Wasser", warf Hayk ein.

„Woher soll man das wissen? Der eine trinkt Wasser, der andere Schnaps. Die Liebe zum Schnaps kennt keine Altersgrenze. Und wenn jemand nach dem Schnaps besser redet, umso besser. Wem schadet das schon? Ich zum Beispiel rede besser, wenn ich Schnaps getrunken habe. Durch die Wärme, die der Schnaps erzeugt, kann ich besser mit mir selbst reden. Ich führe meistens Selbstgespräche, weil ich viel allein bin, nicht wahr? Und dann betätige ich so", dabei streckte er seine Finger nach oben, „den Blasebalg, schaue mir die stärker werdende Glut des Feuers an und rede und rede. Es gibt nichts auf der Welt, worüber ich nicht rede. Ich glaube, wenn die Menschen so an die zehn Jahre alleine lebten, um sich danach unter die anderen zu mischen, gäbe es auf der Welt keinen Streit. Jeder wäre bereit, den anderen zu verstehen.

„Selbst dann bliebe ich allein", sagte Hayk.

„Das ist bei dir anders", sagte Grigor und trank den Schnaps, „du bist ja auch ein wahres Bruderherz."
Schuster Hayk war nahe daran, seinen Anteil am Schnaps zurückzugeben. Sollte er ihn trinken oder nicht? Und, würde er ihn trinken, bedeutete das nicht, dass er damit auch die Beleidigung geschluckt hätte? Schließlich und endlich trank er den Schnaps dann doch, die Beleidigung jedoch blieb zurück und tat weiterhin weh. Dann sprang er auf, da er aber sehr klein war, fiel das dem Schmied nicht weiter auf.
„Vielen Dank", sagte Hayk, „für den Schnaps und überhaupt für alles."
„Menschenskind, warte doch mal", sagte der Schmied kichernd und mit seiner Bärenpranke packte er Hayk am Gurt, zog ihn zu sich und setzte ihn auf den Klotz. „Die Flasche, die wir aufgemacht haben, müssen wir zu Ende trinken. Halbe Sachen mag ich nicht. Lass uns noch einmal darüber reden; wenn du auf deiner Meinung beharrst, bringe ich dir Papier und Bleistift und du stellst deinen Antrag."
„Welchen Antrag?", fragte Hayk.
„Eben den für deine Auswanderung."
„Und ich dachte, du wolltest mir beistehen. Dabei hast du dich über mich lustig gemacht", sagte Hayk.
„Ich habe über dich gelacht", entgegnete der Schmied unbekümmert, „aber warum lachst du nicht? Wenn du dich über mich geärgert hast und dir das zu viel wird, nimm doch diese schwere Eisenstange und hau mir damit auf den Kopf. Ich verstehe das nicht, dein 'Ich kehre zurück'. Meinethalben, kehr doch zurück."
„Ich mach das."

„Na und", sagte der Schmied, „wenn du gehst, dann ist klar, dass du tatsächlich ein Bruderherz bist."
„Was sollte das mit dem 'wahren Bruderherz' bedeuten?", fragte Hayk und blinzelte.
„Das ist kein Beiname. Das ist Vorname und Name, das ist Blut". Grigor schenkte jedem ein weiteres Glas Schnaps ein. „Siehst du, nun habe ich bereits eine trockene Kehle." Er stand auf, hob feierlich das volle Glas. „Jeder hat einen Beinamen, nur die, die nach nichts schmecken und nach nichts riechen, haben keinen. Über den Beinamen ärgert man sich nicht. Der Beiname bedeutet Liebe. Aus Liebe gibt man einander einen Namen." Dann trank er. Mit Vergnügen. Leckte sich anschließend die Lippen.
„Ein Lob auf die Gedanken eines einsamen Menschen", sagte Hayk feierlich und trank sein Glas aus. „Dann sind alle Streitereien bei uns im Viertel ebenfalls Liebesbezeugungen, so ist es doch Meister Grigor, nicht wahr, all das Getuschel und Getratsche…"
„So ist es", antwortete Grigor seelenruhig, „du darfst nur nicht abseits stehen. Du musst kräftig mitmischen. Sonst bleibst du auch nach hundert Jahren ein fremder, eben ein Bruderherz."
Irgendwie kam der Schnaps des zweiten Glases dem Schuster kräftiger vor, sein kleiner Körper absorbierte ihn sehr viel rascher, gab seinem Blut einen solchen Schwung, den seine schwachen Adern kaum noch aushalten konnten.
„Eine merkwürdige, sehr merkwürdige Logik. Man muss zuerst kaputtgehen, um danach zu einem guten Menschen zu werden."
„Das nennt man Gärung", sagte der Schmied und es schien, als käme seine Stimme aus der halb leeren Flasche. „Du sagst, die

Milch ist sauer, wenn du Hefe zugibst; ich jedoch sage, sie ist gegoren, daraus ist Joghurt entstanden. Du hasst die Milch, ich esse den Joghurt. Warum fällt es mir nicht ein, zu sagen: 'Ich gehe fort', wenn man mich ärgert?"

„Wo willst du hin? Hast du denn ein Plätzchen, wo du hingehen kannst?", fragte Hayk und lachte, „ich habe eines."

„Genau das ist es, was alles kaputtmacht", sagte der Schmied, „dass du einen Platz hast, wo du hingehen kannst. Aber der Mensch muss einen Platz haben, wo er bleiben kann, nicht wo er hingehen kann. Du sagst das Falsche, weil du falsch denkst."

„Wenn man dich so reden hört", sagte Schuster Hayk, bevor er sich ein letztes Mal gegen die Wirkung des Alkohols aufbäumte, „muss ich auch Geworgs Haltung für eine Liebesbezeugung halten."

„Er liebt dich genauso wie das Kalb die stillende Mutter", sagte Grigor und lachte dabei zweideutig.

„Ist er denn ein Kalb?", fragte Hayk und lachte dabei lauthals.

„Noch viel schlimmer."

„Dann ein blödes Rindvieh", sagte Hayk bestimmt.

„Noch viel schlimmer."

„Er ist kein Mensch."

„Er hat nichts Menschliches an sich.

„Warum liebst du ihn dann?"

„Wegen seiner Ohren, Hayk, wegen seiner Ohren." Der Schmied schaute den sich vor Vergnügen kugelnden Hayk mit der Zärtlichkeit eines Arztes an, der ein genesendes krankes Kind beobachtet.

„Er hat sonst nichts anderes? Er besteht nur aus Ohren? Aus

großen, unvergleichlichen, lieblichen, seltsamen, monströsen Ohren?"

Als Tutik nach ihren Verhandlungen mit Alwart in der Schmiede auftauchte, schlief Schuster Hayk, dem man die letzten Spuren des vorangegangenen Vergnügens noch anmerkte, vor dem Feuer. Den Kopf hatte er an den Holzklotz gelehnt, auf dem er zuvor gesessen und sich so köstlich amüsiert hatte.

„Nun, das habe ich erreicht", sagte Tutik trocken und geschäftsmäßig, „ihr Hauskleid ist abgenutzt, ich nähe ihr ein neues, du schmiedest ein Tor, denn sie sind die Einzigen im ganzen Viertel, die noch keines haben, und dieses Bruderherz soll den Kindern ein paar Schuhe nähen. In wenigen Tagen fangen die Schulen an."

„Was redest du da von Bruderherz?", sagte der Schmied, er war mit den Verhandlungsergebnissen sehr zufrieden, „das ist kein Bruderherz. Das ist ein Betrunkener, der jetzt schläft. Schau dir an, wie er sich an den Boden klammert, als wäre das seine Frau Eliz."

Bei dem in der Schmiede vorherrschenden Geruch nach Männern und nach Alkohol in der Schmiede fiel Tutik ihr Liebster ein. Und so beendete sie rasch das Geschäftliche, raffte ihr Kleid hoch und lief auf die Straße, erreichte im Nu ihr Haus, vor dem das von Geworg gezeichnete Quadrat durch die Passanten noch nicht gänzlich zerstört worden war. Alle Felder waren ausgefüllt, zum Zeichen dafür, dass man sich um jene Teile des Staatssäckels keine Sorgen zu machen brauchte. Bis auf das letzte Quadrat. Tutik fand jenen vertrockneten Zweig, den Geworg benützt hatte, kritzelte auch dieses voll und ging ins Haus.

¹ Nach dem Genozid während des Ersten Weltkrieges richtete die amerikanische Hilfsorganisation Near East Relief in Armenien Waisenhäuser ein.
² Eine abfällige Bemerkung über Auslandsarmenier, die besonders nach dem Zweiten Weltkrieg nach Armenien einwanderten.

Henrik Edoyan
(geb. 1940)

Ophelias allerletztes Lied

Du hattest einen klugen Vater,
aber du hörtest nicht auf ihn, du hattest
einen Bruder, aber er wurde an deiner statt
getötet, du hörtest nicht auf dich selbst,
aber du hattest Liebe, (vielleicht auch Verstand),
du liefst dem Thronfolger nach,
und der Fluss brachte dich in eine Welt,
wo es weder Flüsse noch gefährliche
Thronfolger gibt; Ophelia, du wurdest einfach
unsterblich – körperlos wie
der Traum, der dich nachts aufsuchte und dir
kunterbunte und frische Blumensträuße brachte,
körperlos wie die Erinnerung, deren Blätter
beiseite schiebend du zu uns herüberblickst
und uns anlächelst durch die Tränen der Unsterblichkeit.

Howhannes Grigoryan
(geb. 1945)

Dort das ferne Europa

Dort das ferne Europa. Das Licht, das einmal schwächer
und einmal stärker wird
wie der Herzschlag des Patienten mit dem kranken Herzen.
Meine Hände sind blutig und meine Füße entzündet,
schwer ist's zu gehen inmitten dieser Berge und Felsen,
wo die Wölfe den Jägern nachsetzen
und hinter den Felsen lauern
oder sich verstecken in Gräben.
Wo die Bäume nach unten wachsen, die Wurzeln
dem Himmel entgegengestreckt und die Früchte
irgendwo tief unten im Erdreich.
Die Flüsse jedoch fließen die Berge hinauf
und kommen erst dann zur Ruhe,
wenn sie den höchsten Gipfel erreicht haben.
Wo die Menschen als Greise auf die Welt kommen,
um mit den Jahren jünger zu werden.
Wo die Strafe am Anfang steht
und das Verbrechen erst danach kommt,
wo der Applaus den Anfang bildet,
das Lied zum Schluss zu hören ist,
wo sie mit dem Zerstören anfangen
und Gott ohne ein Zuhause herumirrt.
Und nur die Tränen sind ohne Ende,

und nur der Schmerz ist grenzenlos.
Schon wieder ein Stein. In der Ferne noch mehr Steine.
Hier das ferne Europa und die Lichter, die sich nähern:
die glühenden Augen der Wölfe.

Raffi Kebabdjian
(geb. 1945)

Das Warten

Mit der Zeit lernte ich, dass es am besten ist, Türen und Fenster zu schließen, wenn der Wind Sandwolken bildet, diese einmal hierhin, einmal dorthin treibt und durch die Wüste bläst. Manchmal fallen mir Zeitungen, Pappkartons, leere Plastiktüten und sogar Menschen auf, die der Willkür des Windes preisgegeben, wie die Sandkörner hin und her getrieben werden. Es ist seltsam oder vielleicht höchst normal, dass ich noch keine einzige Schlagzeile der an mir vorüberziehenden Zeitungen habe lesen oder gar den Gesichtsausdruck der Menschen habe wahrnehmen können, so dass ich so gut wie überzeugt bin, Trugbilder zu sehen, Sandkörner, die sich bloß für einen Augenblick verwandelt haben.

Und nur dann, wenn jemand hereinkommt, ich meine ein richtiger Mensch, und mit den Händen seine Kleidung abklopft und daraufhin zahllose Sandkörner zu Boden fallen, dann erst glaube ich, dass manchmal tatsächlich Menschen vorbeikommen und es draußen wirklich Sand gibt. Unsere Gespräche kreisen immer um die gleichen Themen. Nachdem wir über Gott und die Welt gesprochen haben, versuche ich, von seinen Schulden zu sprechen. Fast alle Gäste meiner Kneipe schulden mir etwas, sodass ich kaum behaupten kann, ich lebte schlecht und recht. Ich lebe eher schlecht.

Ich möchte nicht lügen und behaupten, es würde mir gelingen, diese Schulden einzutreiben. Meine Gäste ziehen es vor, mich unter Hinweis auf ihre momentan schwierige finanzielle Lage zu vertrösten, versprechen mir, dass sie bestimmt das nächste Mal alles bezahlen, und fahren fort, ihren Wein, ihren Schnaps oder einfach ihr Glas Wasser zu trinken. Ich meinerseits beharre nicht zu sehr auf dem Problem der Schulden, denn ich weiß nur zu gut, dass ständige Wiederholungen ermüdend sind und gefährliche Folgen nach sich ziehen können. Auch aus diesem Grund bevorzuge ich die lärmenden Unterhaltungen, weiche dabei vom eigentlichen Thema ab, womit meine Gäste bereitwillig einverstanden sind. Wenn sie spät am Abend nach Hause gehen wollen, benötigen sie meine Hilfe. Mit der aufdringlichen Vertrautheit eines betrunkenen Menschen bitten sie mich, ihnen den Heimweg zu zeigen. Ich komme ihrer Bitte nach und weise dem einen diesen, einem anderen jenen und einem dritten einen anderen Weg. Manchmal werde ich unsicher, wenn ich sehe, wie sie von der Dunkelheit der grenzenlosen Wüste aufgesogen werden, aber sie verlassen sich auf meine Hinweise, entfernen sich frohen Mutes, singen des Öfteren lauthals ein Lied und folgen jener Richtung, die sie bald nach Hause führt. Ich bleibe dann noch eine ganze Weile draußen vor meiner Kneipe, auch wenn ich sie nicht mehr sehen kann, höre ihre rauhen Stimmen und sehe den mit Sternen übersäten Himmel. Er erinnert mich häufig an die mit Menschen bis zum Bersten volle Großstadt. In jenen Augenblicken verwandeln sich die Sandkörner in die Bewohner der Großstadt, mit denen meine Gäste sich vermengen.

Nicht immer war ich von der Wüste umgeben. Ich weiß sehr wohl, dass ich damals vor einigen Jahren um mich herum all das hatte, woran wir normalerweise gewöhnt sind: kleine Häuser, mehrstöckige Gebäude, Bäume und sogar Wälder. Wenn ich heute auf die Veränderungen zurückblicke, die geschehen sind, so fällt es mir sichtlich schwer, mich an die einzelnen Etappen zu erinnern. Verschwanden zuerst die Menschen oder die Pflanzen? Oder verließen sie uns womöglich gleichzeitig? Genau weiß ich das nicht. Manchmal sage ich mir, dass alles in einem einzigen Augenblick passierte: Unsere uralte Umgebung verschwand, und ihren Platz nahm die Wüste ein. Genauso wahrscheinlich ist eine andere Annahme: Ich verließ mein Zuhause, ging in die Wüste und richtete mich in ihrem Schoß ein. Eigentlich sind diese Annahmen ohne jede Bedeutung. Ob die Wüste zu mir kam oder ich zur Wüste ging, was macht das schon für einen Unterschied? Es gibt nur die eine Wahrheit: Ich bin eingekreist von der Wüste. Das allein zählt.

Hier ist alles frei, fast frei. Damals, in meiner alten Umgebung, dachte ich oft nach und sprach wenig. „Gib deine Gedanken nicht preis", schärfte mir mein Vater ein. Und ich als sein rechtmäßiger Sohn gehorchte ihm. Jetzt schreie ich den ganzen Tag lang, ich tobe mich regelrecht aus.

Eigentlich müsste ich sagen: Das tat ich bis vor kurzem. Ich genoss die Freiheit in vollen Zügen. Einmal hielt ich gänzlich außer Atem inne, um gleich danach mit dem Schreien fortzufahren. Und dann hörte ich zum allerersten Mal überhaupt zahllose andere Stimmen, einige im Befehlston, andere flehend, weinerlich oder predigend. Die Wüste wimmelte nur so von Stimmen, auch wenn ich außer den Sandkörnern nichts und niemanden sah. Die Stimmen protestierten, klärten auf, schmeichelten. Mir schien, dass sie nur sich selbst wahrnahmen. In letzter Zeit schweige ich mehr als dass ich schreie und erinnere mich manchmal an die alten Zeiten. Ich weiß nicht, ob ich mir etwas vormache, aber bevor die Wüste zu mir kam, oder ich zu ihr, sprach so gut wie niemand, und wenn jemand in der vollkommenen Stille etwas von sich gab, dann hörte das jeder, jedes einzelne Wort.

Wie ich schon sagte, ich bin jetzt alles andere als naiv. Ich weiß, was man hinausschreien kann und was nicht. Da ich in vollkommener Freiheit lebe, treffe ich diese überaus heikle Entscheidung selbst. Ich weiß, was ich auszuwählen habe, das brachte man mir bei. So kam zum Beispiel eines Tages ein junger Mann, ein Eingeborener der Wüste, mit einem Lächeln auf seinem Gesicht zu mir. Mit einem Lächeln, das Freisinnigkeit zum Ausdruck brachte oder das genaue Gegenteil davon. Er kam zu mir und sagte, nein, er stellte fest, dass unsere Wüste die schönste aller Wüsten sei. Seine Worte klangen so bestimmt, dass ich nicht einmal daran dachte, ihn zu fragen, wodurch unsere Wüste sich von anderen Wüsten unterscheide, ob nicht Wüste gleich Wüste sei, hier oder dort? Jetzt bin ich froh, dass ich ihm diese Frage nicht gestellt habe, denn sie wäre überflüssig, unpassend, ja sogar gefährlich gewesen. Jetzt weiß ich, weiß es mit letzter Gewissheit, was die Wahrheit ist: Unsere Wüste ist die beste aller Wüsten.

Des Öfteren schreie ich diese Wahrheit hinaus, predige sie lautstark, auch wenn niemand zuhören möchte. Vielleicht, sage ich mir, wird eine von den anderen Stimmen einmal vom vielen Schreien ermüden, wird so wie ich damals eine Pause einlegen und meine Stimme hören. Er muss so sehr überzeugt werden, dass er an das glaubt, woran auch ich glaube: Dass kein Sandkorn dem anderen gleicht, dass es minder- und höherwertige

Sandkörner gibt, dass unsere Sandkörner selbstverständlich von der letzteren Sorte sind, einfach deshalb, weil sie die unsrigen sind.

Diese Geschichte kennen fast alle meine Gäste, manchmal hören sie zu, wie Vögel auf den hohen Barhockern sitzend, manchmal trinken sie ihr Getränk, zucken mit den Achseln. Das ist alles. Sie warten darauf, dass ich ihre leeren Gläser fülle und meine üblichen Witze erzähle. Ich mache ihnen keine Vorwürfe, denn sie sind durstig. In der Wüste wird jeder durstig, aber der Durst, den man in unserer Wüste bekommt, hat nicht seinesgleichen. An diese ihre Besonderheit glaube ich aus tiefstem Herzen.

Ein einziger meiner Gäste bat mich: „Erzähl weiter, es ist sehr interessant." Er war das erste Mal in meiner Kneipe, er war recht alt, vermutlich der älteste unter meinen Gästen. Er hatte seinen zahnlosen Mund geöffnet und mich um ein Glas Schnaps gebeten. Ich war ein wenig erstaunt, denn seine Altersgenossen nehmen in der Regel Medikamente zu sich und keinen Schnaps. Ich kann mich nicht entsinnen, mir jemals Sorgen um die Gesundheit meiner Gäste gemacht zu haben. Ob der Schnaps ihnen bekommt oder nicht, geht mich nichts an. Das ist meine Devise. Aus diesem Grund gab ich dem Alten seinen Schnaps. Mit einem Schluck leerte er das Glas, bat um ein zweites, dann um ein drittes. Seine Laune wurde zunehmend besser, er grinste und wiederholte seinen üblichen Satz: „Erzähl weiter, es ist sehr interessant." Trotz seiner ausgeprägten Hässlichkeit meinte ich, an ihm Spuren von Schönheit zu entdecken, und so erzählte ich ihm meine Geschichte immer wieder. Ich weiß nicht mehr, das wievielte Mal es war, aber plötzlich sagte der Alte: „Was ist das schon?" Ich glaube, er hatte das siebente Glas geleert, oder das achte. Das werde ich, wie so vieles andere auch, nicht mehr herausbekommen. „Ich musste noch sehr viel mehr durchmachen", fuhr er fort. „Eines Tages, es war vor vielen Jahren, erinnerte man sich daran, dass es solche Leute wie dich und mich gibt." Der Alte sprach mit einem gewissen Akzent, manche Worte sprach er genauso aus wie ich. Jetzt, wo er betrunken war - er weigerte sich strikt, dies zuzugeben - wurde seine Sprechweise immer deutlicher. „Eines Tages kamen sie", fuhr er fort zu erzählen, „und verlangten von mir, in ihrer Armee zu dienen. Auch ich sei einer der Wüstenbewohner und müsse sie gegen die Feinde verteidigen. Wir legten eine ziemliche Strecke zurück und begegneten niemandem. Mit der Zeit jedoch entwickelte sich in mir so ein Gefühl, als sollten wir nicht so sehr unsere Wüste verteidigen, sondern jemandes anderen Wüste erobern." „Und habt ihr es geschafft?" „Eines Tages, ich weiß nicht mehr, wie viel Zeit seit unserem Aufbruch vergangen war - manche sprachen von sieben Wochen, andere von sieben Monaten -, verlor der Horizont seine übliche Farbe, verlor das Sandgelb und verwandelte sich in dunkles, tief dunkles Braun. Vermutlich hatten wir die Wüste hinter uns gelassen. Unser Kommandant", fuhr der Alte fort und leerte gierig sein Glas - das wievielte war es? -, „sagte uns, das da drüben sei das feindliche Heer. Es sei viel mächtiger als das unsrige, jedenfalls seiner Ansicht nach. Er befahl den sofortigen Rückzug." „Habt ihr ihm gehorcht?" „Natürlich, zumal ich doch kein richtiger Wüstenbewohner war. Unser Kommandant verbot uns, sich umzudrehen und in Richtung des Horizonts zu schauen. Wie gern hätte ich gewusst, ob das, was wir gesehen

hatten, tatsächlich das feindliche Heer war oder einfach das Ende der Wüste. Bis heute weiß ich nicht, was davon stimmt. Manchmal sagt mir mein Gefühl, dass sich unser Kommandant geirrt hatte und wir umsonst die Waffen gestreckt hatten."
Der Alte spricht mit sehr leiser Stimme, trotzdem verstehe ich ihn sehr gut, Wort für Wort. Mir scheint, nicht nur sein Akzent verändert sich mit der Zeit, nein, er fängt an, einen Dialekt, später eine andere Sprache zu sprechen, die sich grundsätzlich von der Wüstensprache unterscheidet. Ich glaube, ich erinnere mich an diese Sprache, zwar kann ich sie nicht mehr sprechen, aber ich erinnere mich an sie. „Und die Wüste, hatte sie in deiner Jugend existiert?" „Wenn du mich damals danach gefragt hättest, hätte ich dir schwören können, dass dieses Land sich in nichts von den uns bekannten Ländern unterschied. Und jetzt könnte ich genauso schwören, dass dieses Land hier von Anbeginn eine Wüste war, die ich bloß nicht erkannte".
Ich verlangte vom Alten kein Geld. Er war anders als die anderen. Von ihnen will ich Geld haben, auch wenn ich ganz genau weiß, dass sie ihre Schulden niemals begleichen werden und diese als bloße Eintragungen in einem Heft existieren. Ich wollte nicht, dass mit dem Alten das Gleiche passiert. Ich bin's gewohnt, dass mich die anderen Menschen enttäuschen, vom Alten war ich es nicht gewohnt, und wollte es auch nicht werden.
In letzter Zeit kommt er häufiger in meine Kneipe. Damit der Lärm meiner Gäste uns nicht stört, gehen wir hinaus, setzen uns an einen der Tische, betrachten die Schönheit der dunklen Wüste und sprechen miteinander. Die Neonlichter der Reklametafel leuchten in regelmäßigen Abständen auf und zeigen für

einen kurzen Augenblick ein Kamel, oder eine Dattelpalme oder eine Pyramide. Wenn auch nicht immer, sehe ich manchmal Dinge, die in dieser Umgebung gänzlich fremd wirken, Dinge, deren Namen ich nicht einmal kenne. Meinen Gästen habe ich eingebläut, für jedes Glas, das sie trinken, einen Strich auf der Tafel zu machen. Es mag seltsam klingen, aber sie tun es. Jedes Mal, wenn ich vor dem Schlafengehen an dieser Tafel vorbeikomme, ist sie voller Striche.

Manchmal kommt es vor, dass der Alte in einer Ecke des Saales sitzt. Ich sehe sein Gesicht und gleichzeitig seinen Nacken im großen Spiegel, der hinter ihm an der Wand hängt. Wir sind uns jetzt näher gekommen, uns kann der Lärm nicht mehr stören. Worüber wir sprechen? Über die Wüste, über die Sprache ihrer Bewohner. Vor allem aber interessiert mich die Sprache des Alten. „Es wird der Tag kommen, an dem auch du diese Sprache sprechen wirst. Draußen, jenseits der Wüste wirst du sie gebrauchen." Wir sprechen auch darüber, die Wüste zu verlassen. Er fing damit an. Nach den mysteriösen Vorfällen in seiner Jugend ist er überzeugt davon, dass es jenseits der Wüste etwas gibt, das nicht Wüste ist. Es ist sinnlos, dagegen zu argumentieren. Für ihn ist das so etwas wie ein Glaube. Einmal sagte er völlig unerwartet: „Seit Jahren denke ich darüber nach." Ich bin sicher, das waren nicht die Worte eines Betrunkenen. „Ich habe es immer gewollt, noch einmal bis an die Grenze der Wüste zu gehen", fuhr der Alte fort. „Aber allein habe ich es nicht gewagt. Du wirst sehen, gemeinsam werden wir es schaffen."

Wir schmieden Pläne, er selbst trifft fast die gesamten Vorbereitungen. Er hat den Schwung eines jungen Menschen. Er legt lange Listen an, auf denen all das angeführt ist, was wir mitnehmen wollen. Eine endgültige Wahl ist schwer zu treffen, denn er kennt die Dauer der Reise nicht: sieben Wochen, sieben Monate oder sieben Jahre? Zu guter Letzt fand er doch eine Lösung, eine endgültige: Glaube, tiefer Glaube. Die sorgfältig erstellten Listen verbrannte er, sie waren jetzt überflüssig. Wir beschlossen, lediglich einen leeren Reisekoffer mitzunehmen und die Sprache, jene, die jenseits der Wüste gesprochen wird. Als wir mit unseren Vorbereitungen zu Ende waren - die meiste Zeit hatten wir mit dem Erlernen der Sprache verbracht -, sagte der Alte „Ich werde morgen kommen, sei bereit", und lächelte.

Genau weiß ich es nicht, wann das war, vor wie vielen Jahren. Ich weiß nur, dass der Alte nicht kam. Und ich betrachte, auf meinem Stuhl sitzend, im Spiegel ein Gesicht, mein Gesicht. Das zahnlose Lächeln eines Greises auf meinen Lippen, sage ich mir: „Ich bin sicher, früher oder später wirst du kommen. Solltest du nicht kommen, werde ich mich irgendwann allein auf den Weg machen." So spreche ich und umklammere mit meinen Händen den Griff des leeren Koffers so kraftvoll wie am ersten Tag.

Harutiun Berberian
(geb. 1951)

Phönizische Überlebende

Oft denke ich, was geschah mit
jenen falschen wie stolzen Menschen,
die so gut, so geschickt
Nützliches und Angenehmes
vom Mittelmeer und vom Atlantik
verkauften
an die Herren der Wüste.

Schutzlose Überlebende sind sie,
erschreckend ist der Glanz ihrer Augen,
jedoch Leiber erkennen nicht
die Ränke im schwarzen Schwank des Schicksals.

Als sagten
sie erschrocken:
„Wie konnte man uns berauben
der vertrauten Orte, der Lebensart
in nur einer Nacht?
Wie konnte der Schirokko überfallen
die Blüten des Mandelbaums,
versteckt im Orangenhain?
Was für eine Asche ist's,
die hinabregnet auf unser Haupt, auf unsere Schultern?"...

ASERBAIDSCHAN

Literatur aus Aserbaidschan

Es ist nachgewiesen, dass schon im 5. Jahrhundert nach Christus im nordöstlichen Teil Aserbaidschans ein Alphabet existierte, in dem literarische Werke verfasst wurden. Schriftliche Zeugnisse der aserbaidschanischen Literatur sind erst aus dem 10. und 11. Jahrhundert erhalten. Neben Werken in persischer und arabischer Sprache entstanden zu jener Zeit auch Werke in Aserbaidschanisch wie beispielsweise „Dede Korkut's Buch". Dieses Epos geht auf eine mündliche Fassung zurück, die bereits im achten Jahrhundert bekannt war. Es beschreibt in zwölf Sagen den Kampf der Oghusen, der Vorfahren der Aserbaidschaner, für Freiheit und Unabhängigkeit. Durch die Jahrhunderte andauernden engen politischen Beziehungen Aserbaidschans zu Persien, die auch durch die gemeinsame Religion des Islam gefestigt waren, blieb das Persische lange Zeit die vorherrschende Literatursprache.

In der Literatur der folgenden Epochen traten drei große Dichter hervor, die heute zu den Klassikern zählen und die große Tradition der Poesie begründeteten, die charakteristisch für die Literatur des Landes ist: Nisami Gändschawi, der im 12. Jahrhundert seine Gedichtzyklen in Persisch schrieb, der überwiegend in aserbaidschanischer Sprache dichtende Nässimi, der als Dichter und Denker die zweite Hälfte des 14. Jahrhunderts dominierte, und schließlich Mehemmed Fizuli. Sein in persischer und aserbaidschanischer Sprache verfasstes Werk fällt in die erste Hälfte des 16. Jahrhunderts.

Nässimi, ein Anhänger der zu mystischen Spekulationen neigenden Sekte des Hürufismus, war einer der großen Humanisten seiner Zeit und eines der großen Vorbilder der nachfolgenden Dichtergenerationen. Er wurde von seinen Feinden auf grausame Weise getötet - sie nahmen ihn in Aleppo gefangen und zogen ihm bei lebendigem Leib die Haut ab.

Der Ruhm dieser drei Dichter drang weit über die Grenzen Aserbaidschans hinaus, ihr Einfluss erstreckte sich nicht nur auf die benachbarten islamischen Kulturen, auch Johann Wolfgang von Goethe, Heinrich Heine und viele andere namhafte Dichter westlicher Kulturkreise kannten sie und zählten zu ihren Bewunderern.

Im 18. Jahrhundert traten erneut bedeutende Lyriker hervor, die, wie vor allem Molla Penäh Vagif, neue thematische Akzente setzten. Es ging ihnen nicht mehr nur um Liebeslyrik und, wie häufig bei den berühmten Vorgängern, um ethische und philosophische Fragen, die um die Ergründung der Geheimnisse des Universums kreisen, sondern um eine verstärkte Hinwendung zu sozialen Motiven, die den Weg der Poesie zum Rea-lismus wiesen. Diese Tradition setzte sich im 19. Jahrhundert fort und erreichte einen neuen Höhepunkt mit Aschug Alesker. Er gilt als einer der größten Dichter der auf eine lange Entwicklung zurückblickenden aserbaidschanischen Volkspoesie.

Das 19. Jahrhundert war eine Periode großen Umbruchs. Es blieben zwar noch die alten, von Persien und vor allem auch von der Türkei beeinflussten Literaturtraditionen lebendig, Nordaserbaidschan befreite sich allerdings vom sozialen und politischen Einfluß des Irans und der Türkei und wurde nach der Angliederung an Russland im Jahre 1828 wesentlich stärker in die europäische Geistesgeschichte einbezogen. Es begann eine rege Übersetzungstätigkeit russischer und westeuropäischer Literatur und Philosophie. Aufklärerische und revolutionär-demokratische Ideen gewannen an Einfluss und in der Literatur formierte sich ein realistischer Stil, der ab der zweiten Hälfte des Jahrhunderts auch bedeutende Prosa und, zum ersten Mal in der aserbaidschanischen Literatur, dramatische Werke hervorbrachte. Diese Strömung setzte sich auch in der im 20. Jahrhundert dominanten sowjet-aserbaidschanischen Literatur fort.

Aus der Vielzahl der Schriftsteller, die an der Entwicklung der realistischen Prosa und Dramatik Anteil hatten, sei hier vor allem Dshalil Mamedkulisade hervorgehoben. In seinen Werken kritisierte er wie seine zahlreichen Vorgänger im 19. Jahrhundert die sozialen Missstände seiner Zeit und trat für die Aufklärung des entrechteten Volkes ein. Wie der bedeutende Wegbereiter des Realismus aus der zweiten Hälfte des 19. Jahrhunderts, Mirsa Fatali Achundow, wandte auch er sich in erzieherischer und aufklärerischer Absicht an ein breiteres Publikum, das des Lesens und Schreibens noch unkundig war. Er machte erstmals Menschen der unteren sozialen Schichten zu Hauptfiguren. Herausragend ist seine Erzählung „Der Briefkasten", die am Beginn des 20. Jahrhunderts (1903) entstand und großen Einfluss auf die nachkommende Dichtergeneration ausübte. Weit über die Grenzen hinaus berühmt und beliebt war seine satirische Zeitschrift „Molla Nasreddin", die er vom Beginn des 20. Jahrhunderts bis zu seinem Tod im Jahre 1932 herausgab.

Es ist bezeichnend, dass die sowjet-aserbaidschanische Literatur des 20. Jahrhunderts ihren Anfang mit der Poesie nahm. Nach der Errichtung des bolschewistischen Regimes im Jahre 1920 bildete sich in den zwanziger und dreißiger Jahren eine neue Form sozialpolitischer Lyrik heraus. In ihrem Mittelpunkt stehen der proletarische Held, die Verherrlichung der historischen Ereignisse seit der Oktoberrevolution und der Aufbau einer neuen Gesellschaftsordung. Dass die wichtigsten Vertreter dieser Strömung, Samed Wurgun, Rassul Rsa, Bachtiyar Wahabzade, Näbi Chäsri oder auch Fikret Godscha, nicht nur programmatische Lyrik schrieben, zeigen die hier vorgelegten Beispiele.

In der Prosa der dreißiger Jahre entstanden zum ersten Mal in der aserbaidschanischen Literaturgeschichte groß angelegte epische Romanwerke im Dienste der damals herrschenden Ideologie. Erst in den sechziger Jahren kam eine jüngere Schriftstellergeneration zu Wort, die sich von der dogmatischen Linie des Sowjetrealismus befreite. In den Novellen Eltschins, Anars, Jussif Samedoglus, Sabir Ahmedows, Sabir Azeris oder Äkräm Äylislis zeigt sich eine Öffnung zu allgemein menschlichen Themen; der Aufbruch in die Moderne westlicher Prägung ist auch ein Zeichen der gegenwärtigen Literatur, die sich nach den jüngsten politischen Entwicklungen in viele Richtungen bewegt und nach neuen Positionen sucht.

Nässimi
(1369 - 1417)

Der Mensch ist Gott

43.

Mensch, vergiss nicht, dass du der Herr beider Welten bist,
der seiner Gottheit zur Ehre vom Schöpfer herabgesandt ist.

Dein Antlitz, das ist der Morgen, dein schwarzes Haar ist die Nacht,
Mohammed hat die Ajaten[1] zu deiner Lobpreisung erdacht.

Für dich hat Gott die „Ta-cha"[2] und die „Ja-sin"[3] verfasst,
sieh, wie vor deiner Schönheit des Mondes Glanz selbst verblasst!

Löste sich Gott von dir, tat er's aus Liebe allein,
als er dich wie ein Boot ins Meer des Seins warf hinein.

Ich trank von dem heiligen Wein, der der „Göttliche" wird genannt,
Gott bin ich!, das ist der Glaube, zu dem ich mich stets hab bekannt.

Unsterblich bin ich geworden, mag vergänglich mein Leib auch sein,
seitdem ich im Nichtsein getrunken der Ewigkeit klaren Wein.

Gott bot von diesem Wein Nässimi einen Schluck nur an,
wodurch Nässimi auf Erden erst wahrhaft zu leben begann.

[1] Verse einer Sure
[2] 20. Sure
[3] 32. Sure

Dede Korkut's Buch

Das Nationalepos der Oghusen
(10./11. Jh., nach älteren Vorlagen)

VIII.

Hier wird erzählt, wie Basat den Depegöz tötete, mein Chan, heyy!

Eines Tages, mein Chan, kam der Feind so unerwartet über die Oghusen, dass sie angsterfüllt im Dunkel der Nacht abwanderten.
Auf der Flucht ging Aruz Kodschas kleiner Sohn verloren. Ein Löwe fand ihn, nahm ihn mit und nährte ihn. Dann kam der Tag, an dem die Oghusen in ihre Heimat zurückkehrten. Der Pferdehirt des Oghusenbeghs kam herbei und brachte die Nachricht: Mein Chan, aus dem Röhricht bricht häufig ein Löwe hervor, um Pferde zu schlagen. Sein Lauf gleicht dem eines Menschen, wenn er auf allen Vieren kriecht. Er schlägt Pferde und saugt ihnen das Blut aus.
Aruz sprach: Mein Chan, mag das wohl mein Söhnchen sein, das bei unserer Flucht abhanden gekommen ist?
Die Beghe stiegen zu Pferd und zogen gegen das Löwenlager. Sie schlugen den Löwen in die Flucht und ergriffen den Jungen. Aruz nahm ihn zu sich und brachte ihn nach Hause. Bei Speis und Trank feierte man das frohe Ereignis. Den Jungen aber hielt es daheim nicht; er kehrte zurück ins Lager des Löwen, aus dem man ihn immer wieder herausholen musste.

Mein Erzvater Korkut erschien und sprach: Mein Junge, du bist ein Mensch. Gib das Zusammenleben mit den Tieren auf! Komm, besteig ein gutes Pferd und reite zusammen mit wackeren Jungrecken. Dein Name sei Basat. Den Namen gab ich dir, möge Allah dir Leben geben!

Eines Tages zogen die Oghusen ins Sommerlager. Aruz hatte einen Hirten, den sie Konur Kodscha, den blonden Schäfer nannten.

Der war stets der Erste, der vor allen anderen auf die Alm zog. Dort gab es eine unter dem Namen Uzunbinar bekannte Quelle. An der hatten sich Feen niedergelassen. Als plötzlich die Schafe scheuten, lief der Schäfer - ärgerlich über den Leithammel - an die Spitze der Herde. Da sah er, wie Feenmädchen dicht an dicht unter Flügelschlagen aufstiegen. Rasch warf er seinen Filzumhang aus und hatte auch tatsächlich eine Fee darunter gefangen. Da packte ihn die Begierde und er paarte sich hastig mit ihr. Die Schafe begannen zu scheuen und der Hirt setzte sich wieder an ihre Spitze. Das Feenmädchen schlug mit den Flügeln und erhob sich mit den Worten in die Luft: Schäfer, komm übers Jahr wieder her und hol dir ab, was du mir anvertraut hast! Über die Oghusen aber hast du Unheil gebracht!

Der Schäfer wurde von Furcht gepackt. Die Sehnsucht nach dem Mädchen aber ließ ihn gelb anlaufen.

Wieder zogen die Oghusen auf die Alm und der Schäfer kam an die Quelle. Wieder scheuten die Schafe. Der Schäfer lief an die Spitze der Herde. Da erblickte er eine Anhäufung, von der ein Glänzen und Glitzern ausging. Jetzt erschien auch die Fee.

Sie sprach: Schäfer, komm herbei und nimm an dich, was dir gehört! Aber Unheil hast du gebracht über die Oghusen! Beim

Anblick dieser Anhäufung wurde es dem Hirten eigen zumute. Er trat zurück und schleuderte Steine darauf. Mit jedem Treffer wurde das Ding größer. Der Schäfer ließ die Anhäufung, wo sie war und lief davon, den Schafen hinterher.
Nun traf es sich, dass Bayindir Chan zusammen mit den Beghen auf einem Ausritt an diese Quelle kam. Da sahen sie, wie da ein merkwürdiges Ding lag, an dem vorn und hinten nicht zu unterscheiden war. Sie umringten es. Ein Jungmann stieg ab und trat dagegen. Mit jedem Tritt wurde es größer. Jetzt stiegen noch ein paar Jungmannen von den Pferden und stießen es mit den Füßen an. Je mehr sie aber dagegentraten, desto größer wurde es. Auch Aruz Kodscha war abgestiegen und hatte dem Ding Fußtritte versetzt. Dabei berührte er es mit dem Sporn. Jetzt spaltete sich die Anhäufung und heraus kam ein Knabe. Er hatte den Körper eines Menschen; auf der Kuppe des Schädels, der Depe, aber saß ihm ein einziges Auge. Aruz nahm den Knaben zu sich, barg ihn in seinem Rockschoß und sagte:
Mein Chan, gebt ihn mir, ich will ihn gemeinsam mit meinem Sohn Basat aufziehen!
Bayindir Chan sprach: Er sei dein!
So nahm Aruz Depegöz oder Kuppenauge mit sich in seine Behausung.
Auf sein Gebot erschien eine Amme. Sie reichte Depegöz die Brust. Beim ersten Zug nahm er ihr alle Milch. Beim zweiten Zug ihr Blut. Beim dritten ihr Leben. So ließ man mehrere Ammen kommen, die er alle zu Tode brachte. Da bemerkte man freilich, dass es so nicht gehen konnte und ernährte ihn von nun an mit Tiermilch. Ein ganzer Kessel hiervon pro Tag aber war ihm noch zu wenig. So ernährten sie ihn, er wuchs heran

und begann zu laufen, mit den anderen Knaben zu spielen. Jetzt hub er an, die kleinen Jungen anzuknabbern; dem einen fraß er die Nase ab, dem anderen ein Ohr. Kurz und gut – die Leute hatten mit ihm ihre Not.

Schließlich wussten sie nicht mehr weiter, beschwerten sich bei Aruz, weinten und jammerten, Aruz nahm sich Depegöz vor, prügelte und beschimpfte ihn und verbot ihm diese Dinge. Der aber scherte sich nicht darum. Schließlich jagte Aruz ihn aus dem Haus.

Die Fee, die Mutter Kuppenauges, kam und steckte ihrem Sohn einen Ring an den Finger, wobei sie sagte: Sohn, kein Pfeil mag in dich dringen, kein Schwert deine Haut ritzen!

Depegöz verließ nun die Oghusen und stieg auf einen hohen Berg.

Er lauerte den Leuten an den Wegen auf, entführte Menschen und wurde ein großer Räuber. Mehrfach entsandte man gegen ihn Männer.

Sie beschossen ihn mit Pfeilen – diese drangen nicht durch seine Haut. Sie schlugen mit den Schwertern nach ihm – diese verletzten ihn nicht. Bald gab es keine Hirten mehr, weil er sie alle aufgefressen hatte. Nun begann er auch Männer der Oghusen zu verzehren. Die Oghusen taten sich zusammen und drangen auf ihn ein.

Bei ihrem Anblick wurde Depegöz sehr zornig. Er riss einen Baum aus dem Erdreich, warf damit nach ihnen und brachte fünfzig bis sechzig Mann zu Tode. Kazan, dem Oberhaupt der Albaner, versetzte er einen Hieb, der ihm die Welt eng werden ließ.

Kazans Bruder Karagüne wurde von Depegöz besiegt. Dözens Sohn Alp Rüstem starb den Märtyrertod.

Ein Recke wie der Sohn Uschun Kodschas, wurde unter den Händen von Depegöz zum Märtyrer. Zwei der Brüder Aruk Dschans gingen unter den Händen Depegöz zugrunde.

Mamak, der Eisengewandete, hauchte unter seinen Händen das Leben aus.

Bekdüz Emen, der mit dem blutigen Schnauzbart, unterlag ihm. Den weißbärtigen Aruz Kodscha ließ er Blut spucken.

Seinem Sohn Kiyan Seldschuk zerquetschte er die Gallenblase.

Die Oghusen wurden mit Depegöz nicht fertig, sie bekamen es mit der Angst und liefen davon. Depegöz umlief sie und stellte sich ihnen in den Weg. Er ließ die Oghusen nicht fort, sondern zwang sie an ihren Platz zurück. Kurz - siebenmal versuchten sie zu flüchten, Depegöz aber stellte sich ihnen siebenmal in den Weg und trieb sie wieder zurück. So hatte Depegöz die Oghusen völlig in seine Gewalt gebracht. Sie gingen hin und riefen nach Erzvater Korkut. Sprachen: Kommt, lasst uns ihm Tribut zahlen!

Sie entsandten meinen Erzvater Korkut zu Depegöz. Dieser erschien bei ihm und grüßte. Dann sprach er: Sohn, Depegöz, die Oghusen sind in deiner Hand und völlig erledigt. Sie schicken mich in den Staub zu deinen Füßen. Sie sagen, sie wollen dir Tribut zahlen!

Depegöz sagte: So gebt mir täglich sechzig Männer zum Verzehr!

Erzvater Korkut sprach: Auf diese Weise lässt du keinen mehr übrig, zehrst sie alle auf. Wir wollen dir jeden Tag zwei Männer und fünfhundert Schafe geben.

Als Erzvater Korkut so sprach, versetzte Depegöz: Gut, so sei es! Und gebt mir auch zwei Männer, die mir meine Mahlzeit kochen!

Erzvater Korkut ging zu den Oghusen zurück. Er sprach: Gebt dem Depegöz den Bunlu Kodscha und den Japaghlu Kodscha. Sie sollen ihm sein Essen kochen! Außerdem verlangt er täglich zwei Männer und fünfhundert Schafe.

Sie erklärten sich einverstanden. Wer vier Söhne hatte, musste einen hergeben, sodass drei verblieben. Wer drei hatte, musste einen abgeben und behielt zwei. Wer zwei hatte, musste einen hergeben und durfte nur einen behalten.

Nun lebte dort ein Mann mit Namen Kapakkan, der zwei Söhne hatte.

Einen Sohn hatte er bereits abgegeben und einen behalten. Jetzt war abermals die Reihe an ihn gekommen. Die Mutter schrie und weinte in ihrer Verzweiflung. Zu diesem Zeitpunkt kehrte Basat, der Sohn des Aruz, von einem Kriegszug zurück. Das Weiblein rief darum: Basat ist gerade von einem Raubzug in Feindesland zurück. Ich will zu ihm gehen; sei es, dass er mir vielleicht einen Gefangenen gibt, mit dem ich mein Söhnchen errette!

Basat hatte sein goldbesticktes Zelt aufgeschlagen und saß darinnen, als er eine Frau kommen sah. Sie trat hinein zu Basat; herein trat sie, grüßte, weinte und sprach:

„Du mit dem gefiederten Pfeil, so dick, dass er dir kaum in die Handschüssel passt.

Du mit dem strammen Bogen aus dem Gehörn eines riesigen Widders.

Du, den man in Itsch-Oghusenland, in Tasch-Oghusenland kennt.
Du Sohn des Aruz, mein Chan Basat, steh mir bei!"

Basat sprach: Was wünschst du?
Das Weiblein sagte: In dieser schlechten Welt ist ein Mann aufgetreten. Er ließ die Oghusen nicht auf ihre Sommerweiden. Schwarze Stahlschwerter vermochten ihn nicht zu verletzen. Rohrlanzenschwinger konnten ihn nicht durchbohren. Buchenpfeilschützen richteten nichts gegen ihn aus. Den Albaner-Häuptling Kazan schlug er mit einem Hieb nieder.
Sein Bruder Karagüne unterlag ihm. Büküz Emen, der mit dem blutigen Schnauzbart, unterlag ihm. Deinen weißbärtigen Vater Aruz ließ er Blut spucken. Auf dem Kampfplatz riss deinem Bruder Kiyan Seldschuk die Gallenblase und er ließ sein Leben. Und selbst die mächtigen Oghusenbeghe - den einen überwältigte er, den anderen ließ er den Märtyrertod sterben. Siebenmal haben die Oghusen versucht, ihm zu entkommen. Schlachten will ich, sagte er - und schlachtete. Jeden Tag verlangt er zwei Männer und fünfhundert Schafe. Man gab ihm den Bunlu Kodscha und den Japaghlu Kodscha zu Dienern. Wer drei Söhne hatte, musste einen abgeben. Wer zwei hatte, musste einen geben. Ich hatte zwei Söhnchen. Einen gab ich her; es verblieb mir einer. Nun ist die Reihe wieder an mir. Auch ihn wollen sie mir wegnehmen. Mein Chan, steh mir bei!
Basats dunkle Augen füllten sich mit Tränen. Er stimmte um seinen Bruder einen Gesang an. Lass uns sehen, mein Chan, was er sang:

„Auf felsigem Boden waren deine Zelte errichtet;
Jener Tyrann wird sie zerstört haben, Bruder!
Aus deinen Pferchen voll flinker Renner
Wird jener Tyrann dir welche entführt haben, Bruder!
Aus der Reihe deiner einhöckerigen Kamele
Wird jener Tyrann welche weggeholt haben, Bruder!
Die Schafe, die zum Festmahl du zu schlachten pflegtest,
Jener Tyrann wird sie dir erschlagen haben, Bruder!
Das Bräutchen, das frohgemut du dir geholt,
Jener Tyrann wird es dir geraubt haben, Bruder!
Dass mein weißbärtiger Vater nach dem Sohn geweint,
Wirst du zugelassen haben, Bruder!
Dass meine weißgesichtige Mutter gejammert,
Wirst du zugelassen haben, Bruder!
Du meinen Berg dort überragender Bruder!
Du mein Wildwasser übertreffender Bruder!
Du Kraft meiner starken Hüfte,
Du Licht meiner dunklen Augen, Bruder!"

Lange weinte und jammerte er wegen der Trennung vom Bruder.

Jener Frau aber überließ er einen Gefangenen und sagte: Geh hin und löse deinen Sohn ein!

Die Frau ging hin und gab ihn anstelle ihres Sohnes. Auch brachte sie Aruz die frohe Nachricht von der Ankunft seines Sohnes.

Aruz freute sich. Zusammen mit den starken Oghusenbeghen ritt er Basat entgegen. Basat küsste seinem Vater die Hand. Sie weinten und schluchzten sich aneinander aus. Dann kam er im

Hause seiner Mutter an. Seine Mutter trat ihm entgegen. Umarmte ihr Söhnlein.

Basat küsste seiner Mutter die Hand. Sie begrüßten sich schluchzend. Die Oghusenbeghe versammelten sich, es wurde gegessen und getrunken. Basat sprach: Ihr Beghe, um des Bruders willen werde ich Depegöz aufsuchen. Was gebietet ihr?

Hier stimmte Kazan Begh einen Gesang an. Lass uns sehen, mein Chan, was er sang!

Er sprach:

„Zu einem gewaltigen Riesen ist geworden Depegöz;
In Himmelshöhe stellte ich ihn, und konnte ihn nicht bezwingen, Basat!
Zum schwarzen Panther ist geworden Depegöz;
Im Hochgebirge stellte ich ihn, und konnte ihn nicht bezwingen, Basat!
Zum reißenden Löwen ist geworden Depegöz;
Im dichten Röhricht stellte ich ihn, und konnte ihn nicht bezwingen, Basat!
Bist du ein Held, so gut;
Doch besser als Kazan wirst du's nicht können, Basat! Lass nicht zu, dass dein weißbärtiger Vater um dich weinen muss!
Lass nicht zu, dass deine weißhaarige Mutter um dich schluchzen muss!"

Basat sprach: Und dennoch werde ich gehen! Kazan sprach: Du musst es wissen.

Der Vater weinte und sprach: Sohn, lass meinen Herd nicht veröden. Sei gnädig, geh nicht!

Basat sprach: Und doch, mein lieber, weißbärtiger Vater, gehe ich!

Er hörte nicht weiter zu, zog aus seinem Ärmel einen Packen Pfeile und steckte sie sich an die Hüfte. Umgürtete sich mit seinem Schwert. Hängte sich seinen Bogen über die Schulter. Schürzte sein Gewand. Dann küsste er seinen Eltern die Hände, ließ sich freisprechen und sagte ihnen ein „Macht's gut!".

Hierauf begab er sich zu dem Felsen Salachana, an dem Depegöz sich aufhielt. Dort sah er Depegöz mit dem Rücken zur Sonne gewendet sitzen. Er zog einen Pfeil von der Hüfte und schoss ihn Depegöz gegen den Rücken. Der Pfeil drang nicht ein, sondern zerbrach. Er schoss noch einmal. Auch dieser Pfeil zersprang in Stücke. Depegöz sagte zu den Alten: Die Mücken hier sind uns lästig! - Noch einmal schoss Basat. Auch dieser zerbrach, indem ein Splitter davon vor Depegöz hinfiel. Depegöz sprang auf, erblickte Basat, klatschte in die Hände und lachte auf. Dann sagte er zu den Alten: Wieder ist ein frühreifes Lämmchen von den Oghusen eingetroffen!

Er griff sich Basat, stellte ihn vor sich hin und schüttelte ihn am Halse hin und her. Dann trug er ihn zu seinem Lager und steckte ihn in den Schaft seines Stiefels. Dabei sprach er: Heda, ihr Alten! Den werdet ihr mir zum frühen Nachmittag am Drehspieß braten; ich will ihn fressen. Damit schlief er wieder ein.

Basat hatte einen Dolch bei sich, mit dem er den Stiefel aufschlitzte und heraussprang. Er sagte: Heda, ihr Alten, wo ist der Kerl sterblich?

Sie erwiderten: Das wissen wir nicht.

Aber außer seinem Auge hat er nirgendwo Fleisch.

Basat trat zu Depegöz und hob ihm das Augenlid an. Da sah er,

dass das Auge fleischig war. Jetzt sprach er: Heda, ihr Alten! Haltet den Spieß ins Feuer, bis er rot wird!
Sie ließen den Spieß im Feuer, bis er rot war.
Basat nahm ihn zur Hand. Er sprach einen Segen auf Muhammed, den Vielgepriesenen. Dann stach er den Spieß mit solcher Gewalt in das Auge, dass es zerstört wurde. Depegöz stieß ein Gebrüll aus, von dem die Berge und Felsen widerhallten. Basat sprang davon und geriet in die Höhle zwischen die Schafe. Depegöz spürte, dass Basat in der Höhle war. Er versperrte den Eingang, indem er einen Fuß auf die eine und den anderen Fuß auf die andere Seite stemmte. Dann sagte er: Heda, ihr Leithammel! Geht an mir vorbei hinaus, einer nach dem anderen!
Ein Widder erhob sich, streckte sich und gähnte. Flink drückte Basat ihn zu Boden und schnitt ihm die Kehle durch. Dann zog er ihm das Fell ab, ohne dabei den Kopf und den Fettschwanz abzutrennen. Das zog er sich über. So gelangte Basat vor Depegöz. Dieser merkte, dass Basat in dem Fell steckte. Er sagte: O du tauber Hammel!
Woher weißt du denn, dass ich umkommen werde? Ich will dich doch einmal gegen die Höhlenwand schmettern, dass dein Schwanz die ganze Höhle einfettet!
Basat gab dem Depegöz den Hammelschädel in die Hand. Depegöz packte ihn kräftig beim Gehörn. Als er ihn anheben wollte, hielt er Gehörn und Balg in der Hand. Basat aber flitzte zwischen Depegöz' Beinen hindurch ins Freie. Depegöz warf das Gehörn zu Boden und rief: Junge, bist du frei?
Basat sagte: Mein Gott hat mich befreit!
Depegöz sprach: Heda, Junge! Nimm hier den Ring von meinem Finger und stecke ihn dir an, auf dass weder Pfeil noch

Schwert dir etwas anhaben können!

Basat nahm den Ring und steckte ihn an seinen Finger, Depegöz sprach: Junge, hast du den Ring genommen und angesteckt? - Basat sagte: Ich habe ihn angesteckt.

Depegöz stürzte auf Basat zu und stach mit dem Dolch um sich. Basat sprang hinweg und hielt sich auf der Seite. Da sah er, dass der Ring zu Boden gefallen war und vor Depegöz' Füßen lag.

Depegöz sprach: Bist du frei?

Basat erwiderte: Mein Gott hat mich befreit!

Depegöz sagte: Junge, siehst du dort das Gewölbe?

Er sprach: Ich sehe es.

Depegöz sagte: Darinnen ist mein Schatz. Den sollen die Alten nicht wegnehmen. Geh hin und leg ein Siegel vor. Basat betrat das Gewölbe. Da sah er Gold und Silber angehäuft. Vor lauter Anschauen vergaß er sich selbst. Depegöz packte die Tür des Gewölbes. Er sprach: Bist du drin?

Basat sagte: Ich bin drin.

Depegöz sprach: Dann will ich jetzt so zuschlagen, dass du mitsamt dem Gewölbe in alle Winde zerstreut wirst!

Basats Mund entrang sich ein „La ilahe ilallah, Muhammeden Resul'ullah!"

Es gibt keine Gottheit außer Allah, Muhammed ist der Gesandte Allahs!

Im gleichen Augenblick spaltete sich das Gewölbe und es sprangen an sieben Stellen Türen auf. Durch eine davon trat er ins Freie.

Depegöz streckte eine Hand in das Gewölbe. Er wütete so, dass in dem Gewölbe alles drunter und drüber geriet.

Depegöz fragte: Junge, bist du frei?
Basat antwortete: Mein Gott hat mich befreit!
Depegöz sprach: Du scheinst unsterblich zu sein! Siehst du jene Höhle?
Basat erwiderte: Ich sehe sie.
Er sprach: Da drinnen sind zwei Schwerter: eines mit Scheide, eines ohne Scheide. Das ohne Scheide vermag meinen Kopf abzuschneiden. Geh hin, hole es und schneide mir den Kopf ab! - Basat trat an den Höhleneingang. Da sah er ein Schwert ohne Scheide, das nicht stilllag, sondern unaufhörlich auf- und abschwang. Basat sagte sich: Das will ich nicht so ohne weiteres anfassen!
Er zog sein eigenes Schwert und hielt es hin - es ward in zwei Teile gespalten. Er ging hin, holte einen Baumstamm herbei und hielt ihn unter das Schwert - auch den zerschnitt es in zwei Teile. Jetzt nahm er seinen Bogen zur Hand und zerschoss mit einem Pfeil die Kette, an der das Schwert hing. Das Schwert fiel zu Boden und bohrte sich hinein. Nun steckte er es in seine eigene Scheide und hielt es mit einem festem Griff nieder. Dann kam er heraus und fragte: Heda, Depegöz! Wie geht es dir?
Depegöz sprach: Heda, Junge! Bist du immer noch nicht tot?
Basat sagte: Mich hat mein Gott befreit! - Depegöz sprach: So gibt es für dich keinen Tod!
Nun stimmte Depegöz einen Gesang an. Lass uns sehen, was er sang:

„Mein Auge, mein Auge, mein einziges Auge!
Mit dir, meinem einzigen Auge, hatte ich Oghusenland zerstört!
Mein blaues Auge, hast du, Jüngling, mir genommen!

Möge der Allmächtige dir dafür das geliebte Leben nehmen!
Da ich nun solche Schmerzen am Auge leide:
Möge der allmächtige Gott von heute an keinem Jüngling mehr
Augenlicht geben!"

Und weiter sang Depegöz:

„Woher kommst du, Jüngling, wo bist du daheim, sag es mir!
Verirrst du dich in finstrer Nacht, worauf hoffst du dann, sag es mir!
Wie heißt euer Chan, der das große Banner euch voranträgt in der Schlacht? Sag es mir!
Wie heißt dein weißbärtiger Vater? Sag es mir!
Schämen soll sich der Recke, der vor einem anderen Recken seinen Namen geheim hält. Sag ihn mir!
Wie ist dein Name, Jüngling, nenne ihn mir!"

Singend antwortete Basat Depegöz. Lass uns sehen, mein Chan, was er sang:

„Meine Zuflucht, meine Heimat ist Günortadsch!
Meine Hoffnung ist Gott in den Wirren der Nacht!
Unser Chan, der das Großbanner hochhält, ist Bayindir Chan!
Am Tag des Kampfes sprengt uns allen voran, Salurs Sohn,
unser strahlender Held Kazan!
Fragst du nach meiner Mutter: sie heißt Kaba Aghadsch!
Und mein Vater wird reißender Löwe genannt!
Doch fragst du nach mir: ich heiße Basat,
Sohn des Aruz, der dich aufgezogen hat!"

Depegöz sprach: So sind wir Milchbrüder. Sei barmherzig mit mir!

Basat sprach:

„Heda, du Strolch! Meinen weißbärtigen Vater hast du zum Weinen gebracht!
Meine alte weißhaarige Mutter schluchzen gemacht!
Meinen Bruder Kiyan hast du umgebracht!
Meine hellgesichtige Schwägerin zur Witwe gemacht!
Ihre blauäugigen Kleinen zu Waisen gemacht!
Ich werde dich nicht schonen!
Solange ich nicht mein schwarzstählernes Schwert geschwungen,
Dir dein fellmützenbekleidetes Haupt nicht abgeschlagen,
Dein rotes Blut nicht vergossen,
Meinen Bruder Kiyan nicht gerächt habe -
Solange lasse ich nicht von dir ab!"

Auch Depegöz ließ sich hier wieder hören:

„Gern würde ich mich von meinem Platz hier erheben;
Würde gern meinen Pakt mit den starken Oghusenbeghen brechen;
Würde ihnen gern wiederum ihre Falken erwürgen;
Würde gern mich wieder einmal an Menschenfleisch sättigen;
Würde es gern sehen, wenn die starken Oghusenbeghe sich sammelten und gegen mich zögen;
Würde gern mich auf den Salachana-Felsen zurückziehen;

Um sie von dort aus mit schweren Gesteinsbrocken zu beschießen.
Würde gern von einem vom Himmel fallenden Stein mich erschlagen lassen.
Aber du, Jüngling, hast mich meines blauen Auges beraubt!
Möge der Allmächtige dir dafür dein geliebtes Leben nehmen!"

Und noch einmal sang Depegöz:

„Oft habe weißbärtige Alte ich weinen gemacht.
Ob wohl der Fluch der Weißbärte dich traf, mein Auge?
Oft habe weißhaarige Weiblein ich weinen gemacht. Sind's deren Tränen, die über dich kamen, mein Auge?
So manchen fraß ich, dem der erste Bartflaum spross. Ob's deren Jugend ist, die dich nun büßen lässt, mein Auge?
So manche Maid fraß ich, mit hennaroten Händchen. Ist's dieser Hände Spann, der dich erfasst, mein Auge?
Die schwere Pein, die du, mein Auge, musst erfahren
Mag allen Jünglingen der mächtge Gott ersparen!
Mein Auge, mein Auge, ach mein Auge!
Mein einziges Auge!"

Zornig erhob sich Basat von seinem Platz und ließ Depegöz wie einen Kamelhengst niederknien. Dann schlug er ihm mit seinem eigenen Schwert das Haupt herunter. Durchbohrte es, zog es auf eine Bogensehne und schleppte es vor den Eingang der Höhle.
Bunlu Kodscha und Japaghlu Kodscha sandte er mit der frohen Botschaft zu den Oghusen. Sie bestiegen weißgraue Pferde und

ritten davon. So gelangte die Nachricht nach Oghusenland.
Ein Bote ritt zu Ataghizlu Aruz Kodschas Wohnstätte, versetzte Basats Vater mit den Worten in Freude:
Frohe Botschaft! Dein Sohn hat Depegöz zur Strecke gebracht!
Die starken Oghusenbeghe ritten los und kamen an den Felsen Salachana. Holten das Haupt Kuppenauges und brachten es mitten unter die Leute.
Mein Erzvater Korkut kam und spielte frohe Weisen. Er sang von alldem, was den siegreichen Helden widerfahren. Und so betete er auch für Basat:

„Die hohen Berge mögen dich passieren lassen!
Die wilden Fluten sich von dir durchschreiten lassen!
Mannhaft hast du deinen Bruder gerächt. Hast den mächtigen Oghusenbeghen Befreiung aus der Bedrängnis gebracht. Möge Allah, der Allmächtige, dir ein unbescholtenes Leben gewähren, Basat!"

„Mag sterbend Gott euch nicht vom reinen Glauben trennen!
Mag eure Sünden er vergeben euch im Stillen - Um Muhammeds, des Vielgepries'nen willen! Mein Chan, heyy!"

Worterklärungen

Aghadsch: Längenmaß, 1 aghadsch = 6-7 km.
Albaner: Kaukasus-Albaner, den Oghusen ethnisch verwandter Volksstamm.

Ali: Schwiegersohn des Propheten, dessen vierter Nachfolger (Kalif).
Begh: Stammeshäuptling, allgemein „hoher Herr".
Billah!: Bei Gott!
Chan: Herrscher, Khan.
Itsch(-Oghus): Die „inneren" Oghusen, dominierender Teil der Gesamtoghusen.
Oghus: Name des mythischen Vorfahren der Oghusen, türkischer Volksstamm.
Tasch(-Oghusen): Die „äußeren" Oghusen.

Aschug Alesker
(1821 - 1926)

Den Elenden verurteilt nicht der Weise.
O, hütet, Menschen, euch vor Liebesfeuer!
Die Liebesglut entzündet Stein und Eisen,
denn Liebe brennt noch schrecklicher als Feuer.

Wer seinen Schatz will freien im Geheimen,
muss, ihn zu treffen, schreien im Geheimen.
Der Brand wird Funken streuen im Geheimen,
versengt die Wimpern mit geheimem Feuer.

Die Treulose lebt lange nicht auf Erden.
Ihr langes Leben bringt uns nur Beschwerden.
Denn Liebhaber und Gatte - beide werden
umsonst verbrennen in der Füchsin Feuer.

Du hast mir's angetan, du Unnahbare.
Unschlüssig steh ich an der Schwelle, harre,
das Antlitz schweißbedeckt bis an die Haare,
und zittre wie ein gelbes Blatt im Feuer.

„Ist, Grauhaariger, dein Verstand verschwunden?"
fragt Alesker sich selber unumwunden
und glaubt dabei noch immer an ein Wunder,
bereit vom Wunder zu vergehn im Feuer.

Dshalil Mamedkulisade
(1866 - 1932)

Der Briefkasten

Man schrieb damals den 12. November. Es wurde Winter, aber kein Schnee fiel. Der Arzt hatte kürzlich die kranke Gattin Weli Chans untersucht und eine Besserung ihres Gesundheitszustandes festgestellt. Er meinte, dass sie schon in einer Woche mit der Eisenbahn reisen könne. Der Chan, der in Irawán dringende Angelegenheiten zu erledigen hatte, musste sich beeilen. Außerdem befürchtete er, der Kälteeintritt könnte die Reise der Kranken beeinträchtigen.
Der Chan griff zur Feder und schrieb seinem in Irawán lebenden Freund Dshafar Agá einen kurzen Brief folgenden Inhalts:

„Mein lieber Freund! In einer Woche beabsichtige ich mit meinen Angehörigen nach Irawán zu fahren. Ich komme mit meiner kranken Frau, darum bitte ich Dich sehr, meine Wohnung aufzusuchen und anzuordnen, dass man die Zimmer lüftet, die Teppiche ausbreitet und alle Öfen heizt. Antwort bitte telegraphisch! Alle Deine Aufträge habe ich schon ausgeführt.
Auf baldiges Wiedersehen!
Dein Freund und Gönner Weli Chan.
Den 12. November".

Der Chan faltete den Briefbogen zweimal, legte ihn in den Briefumschlag, schrieb die Adresse, klebte eine Briefmarke auf und wollte schon den Diener rufen, damit er den Brief zur Post bringe. Plötzlich fiel ihm ein, dass er den Mann anderswohin geschickt hatte. In diesem Augenblick klopfte jemand an das Tor. Der Chan ging in den Hof und sah, dass es sein Bauer Nowrusalí aus dem Dorfe Itgapán[1] war.

Nowrusalí besuchte den Chan ziemlich oft. Er ließ keine Gelegenheit ungenützt, irgendwelche Lebensmittel mitzubringen: Mehl, hausbackene Nudeln, Honig, Butter. Auch diesmal war er nicht mit leeren Händen gekommen.

Als er den Chan sah, stellte er seinen Wanderstab an die Wand und begann, den anderen Torflügel zu öffnen. Dann trieb er, mehrmals „Tschosch-Tschosch" rufend, einen schwer beladenen Esel in den Hof, nahm ihm einige voll gefüllte Säcke und drei oder vier piepsende, an den Füßen zusammengebundene Hähnchen ab. Nachdem er die Säcke an die Wand gestellt hatte, wandte er sich dem Chan zu und begrüßte ihn, indem er sich zweimal tief verbeugte. Der Chan beantwortete seinen Gruß und sagte: „Warum machst du dir so viel Mühe, Mensch Nowrusalí?" Nowrusalí machte seine Säcke auf. „Was fragst du da, o Chan! Was für eine Mühe ist das schon? Bis zu meinem Tode bin ich dein Diener." Nachdem er das gesagt hatte, begann er seine Kleidung abzustauben. In diesem Moment fiel dem Chan ein, er könnte Nowrusalí den Brief zur Post bringen lassen. Es war schon spät, und das Amt würde bald schließen.

Der Chan wandte sich dem Bauern zu:

„Nowrusalí, weißt du, wo sich das Postamt befindet?", fragte der Chan.

Nowrusalí antwortete: „O, Chan, ich bin ein ungebildeter Bauer, woher soll ich wissen, was ein Postamt ist?"

„Gut, aber vielleicht weißt du, wo sich die Amtsstelle des Natschárniks[2] befindet?"
„Jawohl, Chan, mein gnädiger Herr, das weiß ich. Erst in der vorigen Woche habe ich mich beim Natschárnik über den Dorfschulzen beschwert. Ich schwöre bei deinem Kopf, Chan, dieser Dorfschulze macht uns das Leben schwer. Wenn ich ehrlich sein soll: Er ist ein Fremdling und darum mag er uns nicht. Letzte Woche kamen mir zwei Kälber abhanden, ich ging…"
„Warte, davon kannst du mir später erzählen. Jetzt hör zu, was ich dir sage: Genau vor dem Amt des Natschárniks steht ein großes Haus, vor dem Eingang dieses Hauses hängt an der Wand ein Kasten. Das ist der Briefkasten, er hat einen kleinen länglichen Deckel. Also, bring diesen Brief dorthin, klappe den Deckel hoch und wirf den Brief in den Briefkasten, schließe den Deckel wieder und komm sofort zurück."
Nowrusalí ergriff mit beiden Händen scheu den Brief, betrachtete ihn und richtete seine Augen auf den Chan. Dann trat er an die Wand zurück, beugte sich nieder und wollte den Brief auf die Erde legen.
„Leg den Brief nicht hin!", schrie der Chan. „Du wirst ihn beschmutzen! Lauf schnell zur Post, wirf den Brief in den Kasten und kehre zurück!"
„Mein lieber Chan, erlaube mir nur, dem Esel ein Säckchen Heu zu geben, das arme Tier ist hungrig und müde, es hat doch einen langen Weg zurückgelegt."
„Nein, nein! Das schadet nichts. Der Brief muss rechtzeitig ankommen! Den Esel kannst du später füttern."
„Dann erlaube mir wenigstens, den Esel anzubinden, sonst wird er die Bäume kahlfressen."

„Nein, nein, später. Lauf schnell, stecke den Brief in den Kasten und komm zurück!"

Nowrusalí steckte vorsichtig den Brief ins Hemd und sagte: „Chan, ich flehe dich an, gestatte mir, die Hähnchen loszubinden und zu füttern. Das Futter habe ich mitgenommen."

Nowrusalí griff in die Tasche, um Futter herauszuholen, doch der Chan schrie laut:

„Nein, lass das! Lauf sofort zur Post!"

Nowrusalí nahm seinen Stock und lief hüpfend wie ein Kind zum Tor. Plötzlich blieb er stehen, weil ihm etwas eingefallen war. Er wandte sich um.

„O, mein lieber Chan, um Gottes willen! Ich flehe dich an: Da im Bündel sind Eier. Achte bitte auf den Esel, er könnte sich auf der Erde wälzen und alle Eier zerdrücken."

Dem Chan platzte der Geduldsfaden. Er schrie:

„Hör auf zu schwatzen! Lauf schnell, sonst wirst du dich verspäten!

Nowrusalí wollte sich entfernen, da rief ihm der Chan nach:

„Den Brief darfst du niemandem zeigen oder geben! Wirf ihn schnell in den Kasten und komme gleich zurück!"

„Ich bin doch kein Kind, dass ich den Brief einem Fremden zu gebe!", erwiderte dieser. „Für wen hältst du mich denn, Chan? So dumm bin ich nicht. Selbst der Natschárnik wird mir den Brief nicht wegnehmen können!"

Nach diesen Worten bog er um die Ecke und verschwand. Der Chan kehrte ins Zimmer zurück, wandte sich an seine Gattin und sagte liebevoll: „Mein Augenlicht, bereite dich zur Abreise vor. Ich habe nach Irawán geschrieben, dass man unsere Wohnung in Ordnung bringen soll. Jetzt können wir fahren.

Maschalláh[3], mit deiner Gesundheit steht es besser. Auch der Arzt sagt, der Klimawechsel wird dir helfen."

Während der Chan mit seiner Gattin über die bevorstehende Abreise sprach, kam der Diener und fragte:

„Herr Chan, wem gehört der Esel im Hof und wer hat diese Sachen gebracht?"

„Schaff die Sachen weg, die hat der Itgapáner Nowrusalí als Geschenk gebracht", antwortete der Chan.

Der Diener trug die Eier und die Hähnchen in die Küche und führte den Esel in den Stall. Dann band er einen Sack auf, nahm eine Handvoll Mehl und brachte sie dem Chan.

„Herr Chan, das ist gutes, weißes Mehl."

Der Chan sah sich das Mehl an. Dann befahl er, das Mittagessen aufzutragen. Erst danach erinnerte sich der Chan an Nowrusalí. Er ließ den Diener kommen und fragte ihm, ob der Bauer schon zurück sei. Es stellte sich heraus, dass Nowrusalí noch nicht da war. Der Chan wunderte sich darüber und nahm an, dass er wahrscheinlich von der Post auf den Basar gegangen sei, um etwas zum Essen einzukaufen oder andere Sachen zu besorgen. Es verging eine Stunde, doch Nowrusalí war noch immer nicht zurück.

Der Chan rief den Diener und schickte ihn zum Postamt, um zu erfahren, was mit dem Bauern geschehen war.

Nach kaum einer halben Stunde kam der Diener zurück und meldete, dass Nowrusalí nirgends zu finden sei.

Der Chan ging auf die Terrasse und steckte sich eine Zigarette an. „Wahrscheinlich ist ihm ein Unglück zugestoßen, sonst hätte er sich nicht so lange aufgehalten", dachte der Chan und ging auf und ab. In diesem Augenblick betrat ein Polizist den Hof.

„Der Pristaw[4] bittet Sie, Herr Chan, bei ihm zu erscheinen, um für Ihren Bauern zu bürgen, widrigenfalls wird der Mann ins Gefängnis gesetzt", sagte der Polizist.
Diese Meldung erschütterte den Chan so stark, dass er den Polizisten eine Minute lang sprachlos ansah:
„Dieser Bauer ist der harmloseste Mensch", sagte er endlich. „Was soll er getan haben? Warum ist er verhaftet worden?"
„Ich weiß nichts", erwiderte der Polizist. „Kommen Sie bitte selbst ins Polizeirevier. Dort werden Sie Bescheid bekommen".
Um seine Gattin nicht zu beunruhigen, erzählte der Chan ihr nichts von diesem Vorfall, kleidete sich schnell an und ging zum Polizeirevier. Als er dort angekommen war, schaute er zuerst durch das Fenster des Haftlokals und sah dort den armen Nowrusalí neben den anderen Verhafteten in einer Ecke sitzen. Der Arme weinte wie ein Kind und wischte die Tränen mit dem Rockschoß seiner Tschucha[5] ab.
Nachdem der Chan vom Pristaw den wahren Sachverhalt erfahren hatte, bürgte er für Nowrusalí und nahm ihn mit nach Hause. Als Nowrusalí in den Hof trat, begann er wieder zu weinen. Er legte das Säckchen mit Heufutter vor seinen Esel und kauerte sich schluchzend an die Mauer. Der Chan ging ins Zimmer, zündete sich eine Zigarette an, ging wieder auf die Terrasse, ließ den Bauern rufen und sagte:
„Nun, Nowrusalí, erzähle mir jetzt, was mit dir geschehen ist! Das muss eine äußerst interessante Geschichte sein. Man sollte sie in einem Buch aufschreiben. Erzähle alles ausführlich von A bis Z. Lasse nichts aus! Beginne an jener Stelle, wo du den Brief von mir bekommen hast, und erzähle, wie man dich verhaftet hat!"

Nowrusalí stand auf, trat zum Chan, wischte sich mit dem Schoß seiner Tschucha die Tränen ab und begann:
„Ich flehe dich an, o gnädiger Chan, verzeihe mir um deiner Kinder willen! Ich habe keine Schuld. Ich bin ein armer Bauer. Woher sollte ich wissen, was ein Brief oder ein Briefkasten oder eine Poscht[6] sind? Habe Mitleid mit mir! Richte mich nicht zugrunde! Mein ganzes Leben lang werde ich für dich alles tun, alles, was du wünschst! Ich verstehe, dass ich eine Sünde begangen habe, aber was soll ich machen? Allah hat es so gewollt. Ich werde dir bis über das Grab hinaus die Treue halten!"
Mit diesen Worten näherte sich Nowrusalí dem Chan und beugte sich nieder, um seine Füße zu küssen.
„Nowrusalí! Sei nicht traurig. Was hast du mir Schlechtes getan, dass ich auf dich böse sein soll! Ich mache dir keinen Vorwurf."
„Chan, ich bin Staub in deinen Händen. Ich bin ein Verbrecher, denn schlimmer als das, was vorgekommen ist, kann nichts sein. Ich ließ den Brief in den Kasten fallen und dieser Kafir[7], Sohn eines Kafirs, nahm deinen Brief, steckte ihn in seinen Beutel und lief davon."
„Wer hat den Brief in den Beutel gesteckt und ist davongelaufen?"
„Jener Russe, der Sohn eines Kafirs."
„Und wohin ging er damit?"
„Er ging in das große Haus, an dem der Briefkasten hängt."
Der Chan wurde nachdenklich und fragte:
„Hast du denn den Brief nicht in den Briefkasten geworfen?"
„Wieso denn nicht! Kaum hatte ich den Brief in den Kasten

geworfen, da erschien dieser Kafir, machte den Kasten auf eine unverständliche Weise auf, nahm den Brief heraus und ging fort."

„Gab es im Kasten außer diesem Brief keine anderen mehr?"

„Wieso denn keine? Es waren noch viele da, und alle hat er mitgenommen."

Der Chan brach in Gelächter aus.

„Nein, Nowrusalí! Du musst mir alles vom Anfang bis zum Ende der Reihe nach erzählen und zwar, wie du den Brief weggebracht und in den Briefkasten geworfen hast, und wie du mit dem Russen aneinandergeraten bist!"

„O, gnädiger Chan!", begann Nowrusalí. „Ich nahm den Brief und ging direkt zur Kanzlei des Natschárniks. Ich fand sogleich das Haus, von dem du sprachst. Ich trat an den Kasten, klappte den Deckel auf und wollte den Brief schon hineinwerfen, doch wagte ich es nicht. Mal sah ich den Brief an, mal den Kasten; offen gesagt, fürchtete ich mich vor deinem Zorn. Nun wusste ich nicht, was ich zu tun hätte: sollte ich den Brief dort lassen und zurückkehren oder sollte ich ihn bewachen? Ich überlegte mir: 'Wenn ich den Brief hineinwerfe, wie lange muss ich dann noch hier stehen?' Du hast doch selbst gesehen, gnädiger Herr, dass ich den hungrigen Esel auf dem Hof stehen ließ, auch die gebundenen Hähnchen und ein paar Sack Mehl, das ich für dich gebracht hatte. Gnädiger Chan, Staub bin ich in deinen Händen, lass mich mit deinem Diener die Säcke ins Haus schaffen! Es kann regnen und dann wird das Mehl feucht!"

„Nein, Nowrusalí, das ist nicht deine Sache. Das wird auch ohne dich erledigt. Erzähle, was weiter geschah!"

„Ich warf den Brief nicht hinein, machte den Deckel zu und

stellte mich neben den Kasten. Zuerst wollte ich zurückkehren, um dich zu fragen, was ich weiter tun sollte. Dann aber, offen gestanden, - fürchtete ich mich vor deinem Zorn. Ich dachte mir: ‚Jetzt wird der gnädige Chan denken: Was für ein dummer Esel ist dieser Nowrusalí! Was für ein Lümmel!' Kurzum, ich kauerte mich neben der Wand nieder, um mich ein wenig zu erholen. Plötzlich sah ich einen armenischen Jungen, der etwa so groß war (zeigt mit der Hand) und zwölf, dreizehn Jahre alt sein konnte. Er ging direkt auf den Kasten zu, hob den Deckel, warf einen ähnlichen Brief hinein und machte sich auf den Rückweg. Wie oft ich auch diesen Gewissenlosen rief, um ihn zu fragen, warum er den Brief unbewacht im Kasten liegen ließe, er gab mir keine Antwort. Vielleicht hat er mich nicht verstanden. Er sah sich nicht einmal um. Kaum war der armenische Junge weg, kam eine Russin. Auch sie warf einen Brief in den Kasten und ging rasch davon. Das machte mir Mut. Ich dachte mir: ‚Anscheinend müssen alle Briefe in diesen Kasten geworfen werden und dort liegen bleiben.' Ich sandte dem großen Allah ein Gebet, sagte Bismalláh[8] und trat mutig heran, hob den Deckel, ließ den Brief in den Kasten fallen und wollte schon den Rückweg antreten, als ich einen Russen an den Kasten herantreten sah. Zuerst glaubte ich, auch er wolle einen Brief hineinwerfen. Aber nein! Der Spitzbube hatte ganz andere Absichten. Mit einem Schlüssel in der rechten Hand machte er den Kasten auf, sammelte ganz unverschämt die Briefe auf und versuchte, sich davonzumachen. Da roch ich den Braten, der Schurke wollte die Briefe stehlen… Verzeih mir, Chan, dass ich dir durch mein Geschwätz lästig falle… Befiehl dem Diener, mich nach Hause gehen zu lassen. Es ist schon spät, ich muss los, sonst komme nicht rechtzeitig heim."

„Was redest du da? Bevor du mir nicht die ganze Geschichte erzählt hast, lasse ich dich nicht weg! Berichte, was weiter geschah!"

„Chan, mögen meine Kinder deine Sklaven sein! Möge ich keinen Tag ohne dich am Leben bleiben! Ich sah, wie dieser Schuft ganz unverschämt die Briefe aus dem Kasten nahm, dann den Kasten zumachte und sich davonmachen wollte! Da packte ich den Russen am Arm und sagte: 'Na, Freund! Wohin schleppst du diese Briefe? Man steckt sie hier in den Kasten nicht dir zuliebe! Lege sie sofort zurück, sonst…!' Ich fügte noch hinzu: 'Solange Nowrusalí lebt, wird er dir nicht erlauben, den Brief seines Herrn irgendwohin zu schleppen. Du tust nichts Gutes, man darf nicht nach fremdem Gut langen. Gilt so etwas in Eurem Scharia[9] nicht als eine Sünde?' - Chan, ich bitte dich, um deiner Kinder willen! Lass mich gehen, es ist schon spät, es dunkelt!"

„Beeile dich, du hast noch Zeit. Erzähle weiter!"

„Na, wo bin ich denn stehen geblieben? … Ja, … Halt! Der Esel wird die Weinstöcke kaputt machen! (Nowrusalí will zum Esel hinaus, aber der Chan lässt ihn nicht.) Ja, also, wo war ich stehengeblieben? Ach, ja! Ich bat ihn, die Briefe liegen zu lassen, wenigstens den Brief meines Chans. 'Mein Chan wird mich töten', sagte ich, 'gib seinen Brief her'. Doch dieser Russe ging nicht darauf ein. Alle Versuche, die Briefe wiederzubekommen, waren umsonst. Ich konnte ihn nicht überreden. Und als ich merkte, dass der Gauner das Weite suchen wollte, geriet ich in Wut, packte den Kafir mit beiden Händen bei den Schultern und schleuderte ihn so zu Boden, dass ihm das Blut aus dem

Mund rann. Da stürzten sie aus der Kanzlei des Stadthauptmanns auf mich los, verprügelten mich und führten mich ins Gefängnis. Möge ich vor deinen Füßen sterben! Ohne deinen Beistand, Chan, wäre ich schon längst nach Sibirien verbannt worden. Die anderen Eingesperrten sagten mir, dass jener Russe ein Beamter sei. Nun, was hätte ich tun sollen? Ich bitte dich, mein Chan, bedenke selbst, wer schuld daran ist?"
Der Chan lachte lange schallend. Es dunkelte, Nowrusalí, selbst hungrig, warf die leeren Säcke auf den hungrigen Esel, trieb ihn mit seinem Stock an und schleppte sich hinter ihm her nach Hause.

Drei Tage später erhielt der Chan aus Irawán ein Telegramm folgenden Wortlauts: „Brief erhalten. Wohnung bezugsfertig."
Der Chan ließ die Sachen packen und machte sich mit seiner Gemahlin auf den Weg.
Nach anderthalb Monaten wurde Nowrusalí vor Gericht geladen und wegen Beleidigung eines Beamten bei Ausübung seiner Pflicht zu 3 Monaten Gefängnis verurteilt. Nowrusalí bekannte sich für nicht schuldig.
Es vergingen weitere drei Monate, bis diese Nachricht Weli Chan in Irawán erreichte. Als er von dem Geschehenen erfuhr, versank er in Nachdenken.

Der 12. November 1903

[1] *Itgapán* - eigentlich „der Hundebeißer" - Name des Dorfes.
[2] *Natschárnik* - entstellte Form des russischen Wortes *Natschalnik* (Vorgesetzter, Vorsteher).
[3] *Maschalláh* - Gott sei dank!
[4] *Pristaw* - Polizeireviervorsteher zur Zarenzeit.
[5] *Tschucha* - langes Obergewand für Männer.
[6] *Poscht* - entstellte Form von Post.
[7] *Kafir* - Ungläubiger (arabisch)
[8] *Bismalláh* - im Namen Allahs (arabisch)
[9] *Scharia* - im Koran festgelegte Gesetze des Islam, die das gesamte Leben der Gläubigen regeln

Samed Wurgun
(1906 - 1956)

Ich eile nicht...

Der Himmel steht in Sternen, meerher Wind.
Mit Gläsern warten wir aufs Morgenlicht.
Nicht sag ich: „Alles auf der Welt vergessen!" -
„Wärmen wir uns ein bisschen", sage ich.
Soll dauern die Nacht, der Morgen sich verspäten -
Am Feuer in den Armen der Gedanken
Lieg ich, und ist nicht weise, was ich sage,
Bleibt doch des Freundes Weisheit, mir zu lauschen.
Solange Durst mich quält zu lieben und
Zu singen, und ich Erdenwärme atme,
Verlängere ich das Leben jeden Augenblick -
Nichts lässt mich eilen.
Und ich eile nicht.
Liebe! Um nicht mein Alter zu verraten
Sag du nicht, ich wär müde oder alt.
Weniger sah ich, als ich sehen wollte.
Steh auf, umwandern wir den kreisenden Erdball!
Und wenn der fliegenden Gedanken Segel
Uns treibt ins Meer und über Ozeane,
Fürchte dich nicht! Nirgends sind bessere Wege
Als die, auf denen man nicht Anker wirft.
Ob mich der Himmelsstern mit Strahlen rührt
Oder ich selbst des Himmels Sterne lösche -

Nicht Freude, noch Trauer seien weggewischt.
Nichts lässt mich eilen.
Und ich eile nicht.
Und du, Jäger, mein Freund, der alles hier
Durchstreift hat mit mir für ein langes Leben.
Komm, lass uns langsam auf die Wiese gehn.
Und jeder Blume sagen: „Sei gegrüßt!"
Und ich will vor den Blumen mich verneigen,
nicht sie zu schneiden oder auszureißen,
Sondern ihr gütiges Gesicht zu sehn
Und ihnen selber mein Gesicht zu zeigen.
Sie öffnen sich freiwillig jede Stunde
Oder auch länger - so viel ich sie bitte.
Wohin denn hasten? Ich bin kein Sturm, der bricht.
Nichts lässt mich eilen.
Und ich eile nicht.
Soll langsamer ziehn die Wolke über uns.
Langsamer fließen der Fluss. Ich teile
Mit meinen Augen diese Welt in Tropfen
Und will jeden erinnern aus mir selbst.
Denk nicht, das ist das Alter - ich will nur,
Dass alles in uns seine Spuren lässt.
Dass wir, die wir die Hundert nicht erleben,
Zehn Jahre Leben hätten jeden Tag.
Und eilen soll sich nicht des Dichters Feder,
Schneller das Buch des Lebens zu vollenden.
Soll dauern der Tag! Dreh, Erde sich im Licht!
Nichts lässt mich eilen.
Und ich eile nicht.

Rassul Rsa
(1910-1981)

Du sagst

„Die grünsten Blätter
werden vergilben", - sagst du.
„Die helllichten Tage
werden sich verdunkeln", - sagst du.
„Der Gürtel der Horizonte
wird sich verengen", - sagst du.
Lass das,
was sein soll,
soll sein.
Im Leben möge es keinen jähen Tod geben,
kein dunkles Joch,
keine in die Enge getriebenen Gedanken, Seelen.

Näbi Chäsri
(geb. 1924)

Die Höhe

Du bist die Sonne,
ich bin der Mond
im Weltall.
Du bist die Stimme,
ich aber, bin Widerhall.
Du bist der Gipfel,
ich bin der Pfad darauf.
Um der Höhe willen
steige ich bergauf.

Bachtiyar Wahabzade
(geb. 1925)

Echo

Wenn du dich entschließt, den Gipfel
Hoher Berge zu erklimmen,
Dann erwidern deiner Stimme Stimmen.
Und du solltest dann nicht sagen,
Dass du einsam bist und klagen.

Wenn du dich entschließt zu steigen
In die tiefsten Tiefen nieder:
Stets hallt deine Stimme wider.
Und du solltest dann nicht sagen,
Dass du einsam bist und klagen.

Das Echo wird vom Berg geboren
Und geht in Schluchten nicht verloren.

Ob du Berge wirst erklimmen
Oder steigst in Schluchten ein:
Stets wird Antwort deiner Stimme,
Selbst vom seelenlosen Stein.

Ali Kärim
(1931 - 1969)

Ein halb nackter Urmensch
Warf nach seinem Feind einen Stein.
Der blutbeschmierte Stein fiel nicht zu Boden,
sondern flog weiter von Horizont zu Horizont.
Denkt nicht, dass der Stein verschwand.
Er verwandelte sich in einen Pfeil,
in ein Schwert,
in eine Gewehrkugel.
Wie ein Gedanke flog er dahin
Und wurde zu einem Atom.
Er zerriss den Meridian
Und machte alle Hoffnungen zunichte.
Er spaltete die Ozeane und flog weiter.
Heute fliegt dieser Stein
immer noch.
Wohin ist er unterwegs?
Er verwandelt sich in Neutronen, Elektronen
Und vieles mehr.
Er wird Flamme,
Gift
Und Tod.
Sag du mir, mein Zeitgenosse,
der die Wahrheit kennt:
Ist dieser Stein nicht zu stoppen,
den der halb nackte, halbwilde Urmensch geworfen hat?

Fikret Godscha
(geb. 1935)

Das ist die Freiheit, Bruder

Über meinem Kopf - die Sonne,
unter meinem Fuß
eine mir so vertraute Insel.
Mein sind die Sonne,
die Luft,
der Regen.
Gehören keinem Fremden.
Was ich will, sehe ich,
wohin ich will, gehe ich.
Ich lehre die Blumen,
sich zu verschönern,
die Bäume zu leben,
die Felder fruchtbar zu sein,
denn alles ist mein.
Mein sind alle Felder,
alle Häuser,
alle Wälder.
Mein sind die Vögel am Himmel,
die Fische im Wasser.
Weil ich ein freies Herz habe.
Das ist die Freiheit, Bruder.

Jussif Samedoglu
(1935 - 1998)

Der kalte Stein

Am Rand des Waldes war ein glatter Stein als Andenken an einen großen Fluss, der in den hohen Bergen entsprang und früher diese Gegenden hier durchflossen hatte, zurück geblieben. In den Sonnenstrahlen glänzte er, als wäre er aus Silber gegossen.

Bei schönem Wetter, wenn es keinen Regen oder Nebel gibt, kommt der junge Mann in den Wald, setzt sich auf diesen Stein, zündet sich eine Zigarette an, versinkt tief in seinen Gedanken und hört dem leisen Stöhnen des Waldes zu. Ihm scheint, als ob vom Himmel unsichtbare Tropfen auf die Gräser und Blätter fallen, sofort zerplatzen und dabei klingen. Dieser Klang erinnert ihn an die Musik, die er im Traum hört. Er hört im Schlaf immer Musik und sieht dabei sehr merkwürdige Farben. Beim Aufwachen versucht er sich stets an die Musik und die Farben zu erinnern, aber vergeblich, sie bleiben ihm verschlossen. Und er leidet darunter.

Jedes Mal, wenn das Mädchen mit kleinen, leisen Schritten unter den Bäumen auftaucht und auf ihn zukommt, steht der Junge auf, zieht, ohne sie zu begrüßen, stumm sein Sakko aus und legt es ihr über die Schultern. Das Mädchen kommt mit Absicht dünn bekleidet, um von seinem Sakko umhüllt zu werden.

An diesem Abend verspätet sich das Mädchen und kommt erst, als der Mond hoch am Himmel steht und die Schatten der

Bäume bereits kurz sind. Sie bleibt in einigem Abstand stehen. Der Junge steht auf, geht, sein Sakko aufknöpfend, auf das Mädchen zu. Als er entdeckt, dass sie bereits eine weiße, wollene Jacke trägt, hält er inne, lässt sein Sakko angezogen, will etwas sagen, schweigt jedoch, dreht sich um und setzt sich wieder auf den Stein. Und plötzlich erinnert er sich an einen Traum, ihm ist, als ob unter den Bäumen schwarzer Nebel aufziehen und das Mädchen entführen könnte. Er selbst würde nichts dagegen machen können, nur zappelnd dort, wo er sich eben befände, sitzen bleiben, und mehr nicht.
Die Zeit vergeht. Das Mädchen lehnt an einem Baum und schaut durch die Zweige hindurch auf den Himmel. Der Junge hat den Kopf gesenkt und raucht seine Zigarette.
Es ist still. Irgendwo in der Ferne quaken Frösche. Mondschein dringt durch die Blätter der uralten Eichen und glitzert unter den Füßen des Jungen wie dünnes, weißes Gewebe. Die weißen Flügel der kleinen Nachtfalter, die ununterbrochen von einem Gebüsch zum anderen flattern, funkeln. Dieses Aufblitzen erscheint dem Jungen wie das von Perlen, die der Mondschein verschwenderisch in der Luft verstreut. Leichter Wind kommt auf, hoch über dem Kopf des Jungen rauschen Blätter. Schon ist es wieder vorüber. „Eine Sternschnuppe", flüstert das Mädchen. Der Junge weiß, dass das Mädchen nur spricht, um dieses Schweigen, diese gespannte, lähmende Stille zu brechen. Schon am gestrigen Abend hat sie begonnen, über die Sterne zu sprechen, um, als sie bemerkt hat, dass der Junge nur schweigend seine Zigarette rauchte, unpassend zu lachen und bis zum Abschied von ihrem Gast zu erzählen. Vor fünf, sechs Tagen war der Sohn eines alten Freundes ihres Vaters mit sei-

nen Eltern auf Besuch gekommen. Er sei, wie das Mädchen erzählte, vor kurzem von einer Weltreise zurückgekehrt. Jeden Tag versammeln sich die Gastgeber um ihn, um seinen merkwürdigen Geschichten zuzuhören.

Das Mädchen kommt näher und steht dem Jungen gegenüber.

„Warum schweigst du?", fragt sie.

Der Junge hebt seinen Kopf. „Ich weiß nicht... Erzähl mir, was euer Gast berichtet."

„Vieles. Er hat die ganze Welt bereist und redet über merkwürdige Dinge."

Der Junge hört nicht auf die Worte des Mädchens, sondern nur auf ihre Stimme. Er hat es immer so gehalten, hört zu, schließt die Augen und sieht wie im Traum das Antlitz des Mädchens. Sie hat feine schwarze Augenbrauen. Die Farbe ihrer Augen verändert sich ständig: morgens sehen sie bedrückt aus, abends aber strahlen sie wie blaue Lichter. Dem Jungen ist, als ob in den Tiefen dieser Augen zahllose Sterne glitzern. Wenn sie spricht, legt sie den Zeigefinger auf ihre Unterlippe und lächelt immer wieder. Sie spricht, als würde sie ein Märchen erzählen.

„Hörst du mir wieder nicht zu?", fragt sie.

„Ich bin ganz Ohr." Der Junge öffnet seine Augen: „Nun, was sagt euer Gast?"

„Er spricht von Italien und sagt, dass die Mädchen dort sehr hübsch sind. Fast so wie Engel. Den ganzen Tag sitzen sie in Kaffeehäusern und trinken Limonade. Außerdem sagt er, dass es in Rom merkwürdige Lokale gibt, in denen Frauen nackt tanzen."

„Das kann nicht sein." Der Junge schüttelt den Kopf. „Euer Gast lügt."

Das Mädchen antwortet böse, beinahe schreiend: „Er lügt nicht! Wärst du dabei, so hättest du es mit eigenen Ohren gehört. Oh, mein Gott, was er erzählt, ist alles märchenhaft."
„In unseren Märchen bin ich weder Lokalen noch nackten Weibern begegnet."
„Ich meine doch keine wirklichen Märchen!" Das Mädchen atmet ruckartig. Der Junge versucht, sie sich nackt vorzustellen, nur für einen Augenblick, aber er spürt sofort, dass er bis hinter die Ohren errötet.
Das Mädchen fragt: „Möchtest du nicht auch nach Italien reisen?"
„Was habe ich in Italien zu suchen?".
„Einfach nur reisen, sonst nichts!"
„Natürlich möchte ich das. Es wäre gar nicht schlecht."
Das Mädchen beginnt hin und her zu gehen. Die Blätter unter ihren Füßen rascheln so laut, dass ein kleiner Vogel auf den Zweigen eines nahen Baumes flatternd aufschreckt und aufschnellt wie ein Stein, der in die Finsternis geschleudert wird. Der Junge sieht ihm nach, wissend, dass dergleichen oft passiert: ein fremder Atem oder eine fremde Stimme bricht deine Stille, deine Ruhe, erweckt dich aus einem süßen Traum und vertreibt dich aus deinem warmen Nest. Und du verschwindest wie dieses arme Tier im Schoß der Finsternis.
„Warum setzt du dich nicht herüber?" fragt der Junge und zündet sich eine neue Zigarette an. Im schwachen Licht des Streichholzes blitzt der Stein kurz auf. Es ist, ols ob dieser kalte Funke fragen würde, warum der Platz des Mädchens neben dem Jungen frei ist. „Komm setz dich."
„Der Stein ist kalt", antwortet das Mädchen. Der Junge erinnert

sich daran, dass das Mädchen früher stundenlang, ihren Kopf an seine Schulter gelehnt, darauf gesessen ist und gemeint hat, dies sei ihrer beider Stein.

„Wie lange wird euer Gast noch bleiben?"

„Das weiß nur der liebe Gott."

„Warum ist er gekommen?"

Das Mädchen kommt näher und stellt sich dem Jungen gegenüber. „Seine Mutter sagt, dass er heiraten will, ein Mädchen vom Land."

„Ist in der Stadt kein Mädchen zu finden?"

„Er sagt, die Mädchen dort seien nicht so anständig."

„Das ist Blödsinn."

„Das ist kein Blödsinn, er hat völlig Recht."

Das Mädchen wendet sich um und fängt erneut an, hin und her zu gehen. Dann lehnt sie sich wieder an den Baum, durch dessen Zweige sie zuvor auf die Sterne geschaut hat und meint: „Ich möchte wissen, warum unser Gast dir so unsympathisch ist."

„Habe ich gesagt, dass er mir unsympathisch ist?"

Das Mädchen erwidert nichts. Der Junge wirft seine Zigarette auf den Boden und tritt sie mit dem Fuß aus. Dann fragt er: „Hat er schon auf eine ein Auge geworfen?"

„Das weiß nur der liebe Gott"

Beide schweigen. Eine Wolke verschleiert den Mondschein. Es wird dunkel, die funkelnden Stämme der Eichen sind nicht mehr zu sehen. Wieder kommt leichter Wind auf, aber diesmal vergeht er nicht gleich wieder, sondern bleibt in den Zweigen der Bäume hängen.

Es kühlt ab. Der Junge will aufstehen und dem Mädchen sein

Sakko über die Schultern legen. Sofort fällt ihm wieder ein, dass sie eine wollene Jacke anhat.

„Nun, was ist euer Gast von Beruf?" Die Stimme des Jungen durchbricht die Stille.

„Er ist Akademiker und hat sogar ein Auto."

„Ich habe nach seinem Beruf gefragt."

„Habe ich doch gesagt, Akademiker." Ihre Stimme verändert sich. Wieder hebt sie ihren Kopf, schaut durch die Zweige hindurch auf den Himmel und fährt fort: „Er hat immer eine Brille auf, wenn er liest. Und er liest dicke Bücher. Er ist ein zivilisierter Mann, rasiert sich jeden Tag. Einmal ist er sogar zufällig in unser Teehaus gekommen. Danach hat er gesagt, dass die Männer in dieser Gegend unzivilisiert sind. Sie waschen sich nicht einmal die Hände, sonst wären sie nicht so schwarz vor Dreck. Außerdem sagt er…"

Der Junge fällt ihr ins Wort: „Du solltest eurem Gast sagen, dass diese Hände gar nicht schmutzig sind. Das ist die Farbe der Erde." Er wundert sich selbst über seine Stimme. Nie zuvor hat er sie so scharf angesprochen.

Das Mädchen schweigt, sie scheint sich ein wenig vor dem Jungen zu fürchten. Der Junge hat wieder den Kopf gesenkt und raucht seine Zigarette. Immer wieder zieht er tief ein, so, als ob er damit den Durst in seinem Herzen löschen könnte. Wenn der Rauch so durch seine Kehle brennt, spürt er in der Lunge eine unangenehme Wärme. Ihm bleibt kurz die Luft weg und er fängt zu husten an. Er kann kaum erwarten, dass das Mädchen mit eiligen Schritten auf ihn zukommt, ihre Hand auf seine Stirn legt und besorgt bittet, „Rauch doch weniger! Du sollst dich schonen." So hat sie es früher gemacht. Diesmal rührt sie

sich nicht. Es ist, als würde sie dieses dumpfe Husten gar nicht hören. Der Junge fragt ironisch: „Raucht euer Gast auch?"
„Nein."
„Warum nicht?"
„Weil er sich zu schonen weiß."
Beide schweigen. Allmählich wird der Wind stärker. Das Rauschen der Blätter verwandelt sich in ein monotones Sausen. Dem Jungen steigt ein lang bekannter, feuchter Duft in die Nase. Es ist der Geruch des Mooses, das am Waldrand von den großen Felsen am rechten Flussufer ins Wasser hinabwächst. Die Hälfte dieser Klippen befindet sich unter dem Wasserspiegel. Der Junge denkt: 'Morgen wird es sicher regnen, weil dieser Wind die großen kohlschwarzen Wolken von den fernen, schneebedeckten Bergen herbringen wird. Mindestens zwei Tage lang wird es schütten und hier im Wald wird man bis zu den Knien im Matsch versinken. Das Mädchen wird zu Hause sitzen bleiben und ihrem Gast aus der Stadt zuhören, was er von Italien oder Griechenland erzählt.' Er selbst wird frühmorgens in die Schule gehen, unterrichten und todmüde heimkommen, wenn es wieder dunkel wird. Dann ein Glas vom kalten, in der Früh gekochten Tee und sofort ins Bett. Wie gewöhnlich wird er dem Trommeln der großen Regentropfen zuhören, die der Wind bösartig an die matten Scheiben des Fensters schleudert. Wieder wird ihn das klägliche Heulen des Hundes aufregen, der, alt geworden, seine lange rostige Kette nachziehend um das Haus läuft. Die Feuchtigkeit des regnerischen Tages, die alles in einen dicken Nebel einwickelt, wird auch in sein Zimmer dringen, sein Bettzeug abkühlen und das Brot im Kupfertopf in der Ecke aufweichen. Allein in der Nacht

wird er endlich Ruhe finden. Im Schlaf wird er Musik hören und merkwürdige Farben sehen. Dann, wenn die Sonne wieder scheint und alles wärmt und die matschigen Spuren langsam austrocknen, wenn sich der Wald von dem süßen Duft der Gräser durchdringen lässt, - werden sie dann noch einmal zusammenkommen? Der Junge zündet sich noch eine Zigarette an und wirft das Streichholz weg. Es glimmt eine Zeit lang zwischen den Gräsern wie ein Insekt, dann geht es aus. Der Junge lächelt unwillkürlich: „Das heißt, dass unsere Gegend eurem Gast nicht gefällt?"
„Warum? Er sagt, es ist eine beruhigende Gegend. So ähnlich wie eine Insel in Italien."
Das Mädchen schiebt das Kopftuch zurück und richtet ihre Frisur. Der Mondschein fällt auf die Haare. Es kommt dem Jungen vor, als würden zahllose Funken vom Himmel auf den Kopf des Mädchens herunterfallen. Das Mädchen setzt sich das Kopftuch wieder auf, seufzt leise und meint: „Vater sagt, er habe bis jetzt noch nie so einen klugen Jungen getroffen. Mutter gefällt er auch."
Der Junge steht auf, macht aber nur einen Schritt und bleibt sofort stehen. Irgendetwas versperrt ihm den Weg zum Mädchen. Er fragt: „Und dir? Gefällt er dir auch?"
„Wer?"
„Dieser Kerl aus der Stadt!"
„Ich weiß nicht." Plötzlich hält das Mädchen inne, weil in der Nähe ein Hund bellt. Es freut sich darüber, dass in dieser angespannten Situation ein Hund bellt, spürt der Junge. Er wendet sich um, setzt sich wieder hin und senkt den Kopf. Sein Herz beginnt mit einem Mal zu flattern. Einmal erst schlug es so: als

er die Nachricht vom Tod seines Vaters an der Front bekam. Das bedeutete für ihn einen unersetzlichen Verlust. Er blieb allein zurück. Und jetzt? Er begreift nichts. Ein unbekanntes Gefühl sagt ihm, dass etwas Entscheidendes passiert. Ihm ist, als existiere zwischen ihm und dem Mädchen ein Abstand von zweitausend Jahren.
„Warum setzt du dich nicht hierher?"
„Ich habe doch gesagt, der Stein ist kalt."
Der Junge fühlt, dass der Stein wirklich kalt ist und sein ganzer Körper von dieser Kälte zittert. Das Mädchen kommt etwas näher. „Ich bin sehr müde. Ich muss gehen."
„Warum bist du so müde?"
Das Mädchen brummt etwas, aber der Junge hört es nicht.
Oben, über den Bäumen, saust dumpf der Wind. Der Junge denkt: 'Morgen wird es sicher regnen. Der Regen wird die Erde rund um den Stein aufweichen, die kleinen Gräser von den Wurzeln reißen und wegspülen, auch die Spuren des Mädchens. Und die Wanderer, die an diesem regnerisch nebligen Tag durch den Wald gehen und zufällig hier vorbeikommen, werden vielleicht für eine Weile stehen bleiben und denken, dass noch nie jemand auf diesem Stein gesessen sei. Denn von dem Regen wird der Stein sehr kalt sein.'

Waghif Sämädoglu
(geb. 1939)

Das ist keine Liebe

Ich habe mich daran gewöhnt, dich zu sehen,
aber Gewöhnung ist nicht Liebe!
Dich nicht zu sehen, hat mich gequält,
aber Qual ist nicht Liebe!
Ich habe dich unendlich verehrt,
aber Verehrung ist nicht Liebe!
Ich war von der Leidenschaft in deinen Augen erstaunt,
aber Erstaunen ist nicht Liebe!
Bitte erwarte keine Liebe von mir!
Ich habe nicht die Macht, meine Jugend, die den Sturm der Liebe suchte,
zurückzuholen,
um sie vor deinen Füßen zu opfern!
Ich kann sie nicht zurückholen...

Anar
(geb. 1938)

Die rote Limousine

In meiner Heimatstadt mit sieben Hügeln
Verlor ich meine blühende Blume
Man muss sich nicht schämen,
wenn man vor dem Tod Angst hat
auch nicht, wenn man an den Tod denkt.
(Nazim Hikmet)

Er blieb plötzlich stehen und schaute sich um. Die Gegend kam ihm irgendwie bekannt vor, und doch war es so, als ob er diese engen Straßen zum ersten Mal sähe. Die ein- und zweistöckigen Häuser und der Geruch der unordentlichen Höfe, die Sackgasse, die sich an eine Wand schmiegte - wie ein weitentfernter Traum, eine Fatamorgana, wie beinahe in Vergessenheit geratenes, wie ein trüber Schlaf, so erinnerte dies alles O. an eine unbestimmte Welt. Waren es Erinnerungen an seine Kindheit? - Nein, die hatte er nicht in diesem Stadtteil verbracht. Vielleicht war er irgendwann, vor vielen, vielen Jahren, hierher zu Besuch gekommen? Wohnten in einem dieser Häuser Verwandte oder Bekannte? Er konnte sich nicht daran erinnern. Der Weg zu seinem Büro führte jedenfalls nicht durch diese Straßen. Er hatte auch nicht die schlechte Gewohnheit, durch die Stadt zu bummeln und sich in unbekannten Stadtteilen zu verirren. - Warum schien ihm alles hier so vertraut zu sein? Als ob er jeden Winkel dieser Gegend schon gesehen hätte. Dazu noch seine Empfindungen: das Durcheinander, seine merkwürdige Unsicherheit, diese Unruhe - Woher kamen sie? Es war, als ob ihn etwas erschrecken wollte, aber was?

Tief in seinem Inneren hatte er das Gefühl, dass er nicht in einem Teil jener Stadt war, in der er sein ganzes Leben verbracht hatte, sondern in einer anderen, fremden, deren Straßen ihm nur bekannt vorkamen.

Er schaute auf seine Uhr. Es blieben nur wenige Minuten bis Mitternacht, bis zur Ausgangssperre. Jede Richtung, jede Straße, die Entfernungen in dieser Stadt, in der er seit seiner Geburt gelebt hatte, waren ihm gut bekannt. Er musste versuchen so schnell wie möglich aus dem Labyrinth der engen Gassen herauszukommen, um dann durch die breiten Hauptstraßen zu seinem Haus zu laufen. Bis zwölf Uhr, spätestens. Danach könnte er den Patrouillen begegnen und über Nacht festgehalten werden.

Vielleicht war es der Mondschein, der ihn erschreckte. Die alten Häuser, die an halbzerfallene kleine und große Ruinen erinnerten, die einsamen engen Straßen, die sich in ihrem In- und Durcheinander verwirrten, und diese unendliche Stille, alles war in ein silbergraues, aschfarbenes Licht getaucht. O. war es, als käme diese tote Farbe aus einer anderen Welt. Er gehörte nicht zu jenen, die wie Schlafwandler nächtelang auf den Straßen dem Mondschein folgten. Er war hellwach. Er konnte die Zeit, die Stunde bestimmen und hatte sich unter Kontrolle. Er erinnerte sich jetzt daran, wie er manchmal im Traum ein schönes Stück mit einem Sprung zurückgelegt hatte, als ob er sich in der Schwerelosigkeit befände. Aber auch daran, dass seine Beine mitunter völlig steif waren und er keinen einzigen Schritt vorwärts machen konnte.

Jetzt waren seine Beine nicht steif. Er bewegte sich so wie gewöhnlich, auch Schwerelosigkeit empfand er nicht. Nein, es war kein Traum.

Was hatte er dann zu dieser Zeit in diesem unbekannten Stadtteil zu suchen? Warum war er hergekommen, und wie? Seit wann war er überhaupt da? Wie sehr er sich auch anstrengte, er konnte auf keine dieser Fragen eine Antwort finden. Wäre er ein Trinker gewesen, hätte man alles dem zuschreiben können, aber er verabscheute Alkohol. Die wachsende Ungewissheit war die Ursache seiner Verwirrung und einer Unruhe, die sich beinahe in Angst verwandelte. Dazu kam die unbestimmte Ahnung, dass irgendetwas Unerwartetes geschehen würde. Aber was? Es war die bloße Vorahnung, die O. so erschreckte.

Er kehrte der Sackgasse den Rücken und ging an der ersten Kreuzung nach links. Nach einigen Schritten stand er vor einer Wand, es war wie in einem Labyrinth. Zur Linken war eine schmale Tür, er trat ein, kam jedoch in keinen Hof, sondern in eine andere Straße. Und schlagartig wurde ihm bewusst, was ihn zuvor so erschreckt hatte: es war ein Geräusch gewesen.

Der Ton, eben noch leise wie ein Atemzug, hatte sich in ein Brummen verwandelt. Es war das Geräusch eines Automotors. Man hatte ihn angelassen, um ihn aufzuwärmen. Bald würde der Motor bereit sein, und das Auto würde sich in Bewegung setzen. Warum aber genügte das Geräusch eines Fahrzeugs, das O. noch gar nicht zu Gesicht bekommen hatte, ja, das an diesem Ort wahrscheinlich gar nicht fahren könnte, um ihn so zu erschrecken? Ohne es zu verstehen, wollte er sich von diesem Brummen entfernen. Wollte es loswerden, wollte sich retten.

Er begann, schneller zu gehen, fühlte jedoch, dass sich ihm das Auto mit gleich bleibender Geschwindigkeit näherte. Beinahe geriet er in Panik und fing an zu laufen, sich fragend, ob das Fahrzeug in diesen engen, verschlungenen Straßen überhaupt in diesem Tempo fahren könnte.

Als das Brummen ganz nahe war, zwang er sich, zurückzuschauen, blieb für einen Augenblick stehen und wandte sich um. Eine große rote Limousine, die die Breite der Straße von einem Gehsteig zum anderen ausfüllte, kam auf ihn zu. Etwa 25-30 Meter entfernten ihn noch von dem Auto. Mit dem unwillkürlichen Willen, sich zu retten, stürmte er in die nächstgelegene Eingangstür, schmiegte sich an die Wand des dunklen Ganges und versteckte sich. Es war ihm, als ob das Auto abbremsen würde, auch das Brummen war leiser geworden. Fast schien es, als hätte das Fahrzeug angehalten, aber tatsächlich fuhr die rote Limousine nur langsamer und näherte sich dem Eingang, in dem sich O. versteckt hielt. Unmittelbar davor hielt sie an. Er konnte jetzt in das Innere des Autos sehen; es war leer, auch auf dem Fahrersitz saß niemand.

* * *

Wie gewöhnlich hatte er den Wecker auf sieben gestellt, aber er erwachte vor dem Klingeln. Das Schaudern dieses merkwürdigen Traums hatte noch nicht nachgelassen. Nur langsam klärte sich sein Bewusstsein und er begriff, dass er in seiner Wohnung in seinem Bett lag, und dass das, was eben geschehen war, nur ein Traum gewesen war. Ein Albtraum. O. lächelte leise und schüttelte den Kopf.

Ein neuer Arbeitstag begann. Er sollte aufstehen, Morgengymnastik machen, sich rasieren, einen Frühstückstee trinken und zur Arbeit gehen. O. überlegte, was er an diesem Tag machen würde. Als er sich der traurigen Wiederholung seiner tagtäglichen Beschäftigungen besann, deckte er sich von neuem zu und versuchte, wieder in seine Traumwelt zurückzukehren, was ihm aber nicht gelang. Endlich gehorchte er seinem Lebensplan, der für einmal und für immer festgeschrieben worden war und stand auf.

Eine halbe Stunde später schloss er die Tür seiner Wohnung, in der er allein lebte, hinter sich zu und begann die Treppe vom vierten Stockwerk hinunterzusteigen. In fünf Minuten würde er in den Bus, Linie 7, einsteigen, ihn bei der U-Bahn-Station wieder verlassen, drei Stationen mit der U-Bahn fahren, bei der vierten aussteigen, dann etwa hundert Meter zu Fuß gehen und schließlich in seinem Büro ankommen. Seit achtzehn Jahren, ausgenommen nur die Wochenenden und jährlich ein Urlaubsmonat, legte er den selben Weg zur selben Zeit mit den selben Verkehrsmitteln zurück.

Als O. aus dem Haustor trat - er hatte sich eben eine Zigarette angezündet -, erschrak er plötzlich und blieb stehen. Auf der Straße neben dem Gehsteig stand eine rote Limousine. Er hätte beschwören können, dass es dieselbe war, die er im Traum gesehen hatte. Aber jetzt war helllichter Tag, und O. hatte keine Angst vor dem Fahrzeug, das vor der Haustür stand. Ein jedes

Auto konnte dort stehen. Sollte es doch da parken, so lange es wollte!

Er hatte die Limousine, die sich durch ihre grellrote Farbe, von den anderen Autos unterschied, hier noch nie bemerkt. Er dachte daran, dass er sie vielleicht doch einmal gesehen und nicht beachtet haben könnte, hier oder irgendwo anders, und dass sie sich in seinem Unterbewusstsein eingeprägt haben müsste. Deshalb hätte er sie wohl auch im Traum gesehen.

Als er sah, dass sich der Bus näherte, ging er schneller und schwang sich bei gewohntem Gedränge durch die Hintertür hinein. Durch die Heckscheibe schaute er zurück. Woher sein merkwürdiges Interesse kam, wusste er selbst nicht, trotzdem wandte er sich um. Die rote Limousine stand noch immer vor seiner Haustür. An der nächsten Haltestelle stiegen viele aus und O. konnte sich setzen. Er schaute durch das Seitenfenster auf die Straßen der Stadt, die von Autos und Menschen wimmelten und versuchte vergeblich, seine zerstreuten Gedanken zu sammeln. Besonders gefesselt war er von den Autos, die neben dem Bus hin- und herfuhren, er schien nach etwas zu suchen. Sein Verhalten brachte ihn selbst zum Lachen: „Vielleicht suche ich das rote Auto. Ich habe es schon lange nicht gesehen."

Als er aus dem Bus stieg, sah er die rote Limousine wieder. Genauer: nachdem er schon ein paar Schritte zur U-Bahn gemacht hatte. Sie stand seitlich des Eingangs direkt am Gehsteig. Sie war auch jetzt leer.

Als er auf der Rolltreppe zur U-Bahn hinunterfuhr, dachte er sich, dass in der letzten Zeit sicher neue Autos in die Stadt gebracht worden wären. Und zwar rote. Und dass er diesen nun auf Schritt und Tritt begegnete. „Sie haben sogar Wege in meine Träume gefunden", dachte er, lächelte und schauderte vor einem neuen Gedanken: „Vielleicht ist es immer dasselbe Auto und es verfolgt mich." Diese Vermutung brachte ihn wieder zum Lachen. „Ja, natürlich verfolgt es mich, und zwar auf eine ganz neue Art: es steht immer dort, wo ich gerade vorbeigehe, sogar in meinen Träumen." Zugleich nahm er sich vor, auf das Nummernschild zu achten, sollte er diesem roten Auto noch einmal begegnen. Ihm fiel ein, dass schon allein die Verwendung der Worte 'dieses rote Auto' bedeutete, dass er alle roten Limousinen, auch jene, die er im Traum gesehen hatte, für ein und dasselbe Auto hielt.

Sein Kopf war so voll von diesen sinnlosen, unlogischen Gedanken, dass er, vielleicht zum ersten Mal in seinem Leben, seine Station versäumte. So stieg er an der nächsten Station aus, wartete ein wenig und kehrte mit dem Gegenzug zurück, um dort auszusteigen, wo er es immer tat. Die Rolltreppe brachte ihn nach oben. Als er rauskam, sah er neben dem Gehsteig die rote Limousine und wunderte sich diesmal gar nicht. Es war, als ob er nie daran gezweifelt hätte, sie hier zu sehen. Er prägte sich die Autonummer des leeren Fahrzeugs ein: 19-91.

Auf dem Weg zu seinem Büro dachte er: „Wird das rote Auto mir zum Büro folgen oder werde ich es erst dort sehen, wenn ich ankomme? Nein, das wäre unmöglich. Das ist die einzige Straße, die zu meinem Büro führt. Es muss an mir vorbeifahren, und dann werde ich auch den Fahrer sehen. Das ist jetzt kein Traum, in dem es von alleine fahren kann."

Er achtete auf die vorbeifahrenden Autos, aber es war keine

rote Limousine darunter. Vor dem Büro parkten viele Fahrzeuge. Keines davon war rot.

Mit dem Fahrstuhl fuhr er ins achte Stockwerk, in dem sich sein Arbeitszimmer befand. Die Fenster blickten in den Hof. Zum ersten Mal bedauerte O. das, wäre es anders, hätte er hinausschauen und die Autos auf der Straße beobachten können. „Ich habe schon meinen Kopf verloren, warum interessiert mich dieses rote Auto so?", dachte er.

Den ganzen Tag hatte er in der Redaktion viel zu tun. Er war mit der Korrektur der Texte für die nächste Nummer der Zeitung und der Auswahl von Briefen und anderen Materialien so beschäftigt, dass er sogar vergaß, in der Mittagspause ins Buffet zu gehen, um einen Bissen zu essen, wie er es gewöhnlich machte. Gegen vier Uhr waren die Korrekturen beendet und er hatte endlich die Möglichkeit, sich ein bisschen zu entspannen. Hungrig ging er ins Buffet im sechsten Stock. Als er an die Kasse trat, um für Suppe, Kartoffeln und Tee zu bezahlen, schaute er unwillkürlich beim Fenster hinaus auf die Straße. Eines der Autos, die vor dem Haus parkten, war die rote Limousine. Aber war es wirklich dasselbe Fahrzeug? Mit einer Lust, die ihm selbst seltsam vorkam, ging er daran, zu überprüfen, ob es sich um dieselbe rote Limousine handelte. Er fuhr mit dem Fahrstuhl nach unten, trat hinaus und schaute auf das Nummernschild des leeren roten Autos: 19-91.

Er war sprachlos. Eine Weile blieb er stumm stehen und starrte auf das rote Auto, als ob er auf etwas wartete. In der Tat wartete er auf jemanden. Irgendwann müsste der Fahrer zum Vorschein kommen. Und damit würde endlich dieses merkwürdige Rätsel gelöst werden. Aber niemand ging zu dem Auto.

Es war bald Feierabend und von Zeit zu Zeit kamen die Besitzer oder Fahrer der Dienst- und Privatautos, stiegen ein, starteten und fuhren los. Allmählich leerten sich die Parkplätze vor dem Bürohaus. Schließlich standen nur noch fünf, sechs Autos da, darunter die rote Limousine. Mittlerweile stand er seit langem da und wartete vergebens auf jemanden oder auf etwas. Worauf eigentlich? Er wusste es nicht und fühlte die Sinnlosigkeit dieses Wartens. Er könnte bis morgen hier stehen bleiben, aber kein Besitzer oder Fahrer dieses Autos würde auftauchen. Dessen war er sich sicher. Er war auch sicher, dass er das Auto wieder vor seinem Haus fände, würde er dorthin fahren. Warum er sich so sicher war, konnte er selbst nicht verstehen. Aber es war so.

Schließlich machte er sich auf den Weg. Jetzt achtete er nicht mehr auf die Autos, sondern auf die vorbeigehenden Menschen, aber er sah kein bekanntes Gesicht, so, als ob er in einer ihm völlig unbekannten, fremden Stadt wäre. Dieses Gefühl bekam er natürlich nicht erst heute. In den letzten zwei, drei Jahren erkannten weder O. noch die alten Bewohner ihre eigene Stadt. Als ob sie ihnen aus der Erinnerung geglitten sei, schien sie voll von fremden Einwohnern - nicht nur die Gesichter, sondern auch das Verhalten, die Art und Weise des Umgangs der Menschen miteinander hatten sich geändert. Es schien, als ob die Häuser, die Straßen, die Plätze dieser Stadt jetzt anders, den Menschen völlig fremd waren. Früher brauchte O. in der Nähe seines Büros oder Hauses nur ein paar Schritte zu machen, um Bekannten zu begegnen. Jetzt konnte er stundenlang durch die Straßen bummeln, würde aber keinen einzigen treffen. Nachdenklich kam er bei der U-Bahn an und sah die rote Limousine

vor sich stehen. Wie war sie hierher gekommen? Führte doch nur eine Straße von seinem Büro zur U-Bahn und er hatte das rote Auto nicht vorbeifahren gesehen. Vielleicht hatte er es einfach nicht beachtet, da seine Gedanken zerstreut waren. Jedenfalls war das Auto schon hier. Und es war wieder leer, ohne Fahrer. Seine Gefühle waren verworren: Verwunderung, Interesse an der Aufklärung des Geheimnisses, Unruhe, Angst und Ärger wechselten sich ab. Wenn irgendjemand mit ihm - natürlich mit ihm, mit wem sonst, Haus - U-Bahn - Büro - das war nur sein Arbeitsweg! -, wenn irgendjemand ein Spiel mit ihm treiben wollte: Bitte schön! O. würde nicht davonlaufen. Er war bereit, dieses geheimnisvolle Spiel mitzuspielen, hätte nur gerne die Spielregeln kennen gelernt und die Gegenspieler.
Daran dachte er noch, als er schon in der U-Bahn saß. Endlich kam er zu einem seltsamen Schluss: Wenn man dieses Spiel mit einem bestimmten Ziel - welches, war ihm völlig unklar - begonnen hatte, bedeutete das, dass man seinen täglichen Weg ins Büro gut kannte. Man hatte ihn beobachtet, verfolgt und diesen Weg herausgefunden. Das war nicht so schwierig. Wenn diese Leute - Wer waren sie? - O. kannte sie jedenfalls nicht - aber diesen Trumpf in der Hand hatten, hatte auch er seine Chance, dieses Spiel zu gewinnen. Würde er bei der vierten, also der gewohnten Station aussteigen, sähe er natürlich sofort, dass sie das Auto dort abgestellt hätten. Er müsste daher nicht bei der vierten, sondern bei der zweiten Station aussteigen. Warum er sich weder für die erste noch für die dritte, sondern ausgerechnet für die zweite entschied, begriff er erst, als er die U-Bahn bereits verlassen hatte: Sein Unterbewusstsein spielte mit. Nur ein paar Schritte enfernten ihn jetzt von einem Haus,

in dem er bis vor zwei Jahren täglich gewesen war. Seit damals hatte er seine Sekretärin, die dort wohnte, nicht mehr besucht.

* * *

Die Sekretärin und er arbeiteten in derselben Redaktion. Eines Tages, genauer gesagt eines Abends waren O. und die Sekretärin verantwortlich für die nächste Nummer der Zeitung. Gegen Mitternacht waren sie fertig und verließen die Redaktion. O. begleitete die Sekretärin nach Hause. Während der U-Bahn-Fahrt sprachen sie über ihre Arbeit, die Kollegen und das Wetter. Seit einem Jahr arbeiteten sie zusammen, es kam ihnen nie in den Sinn, über die Beziehung zwischen Mann und Frau zu reden. Jetzt, unterwegs, über andere Dinge sprechend, schien beiden bereits bewusst zu sein, dass sie sich an diesem Abend nicht voneinander verabschieden würden. (Später gestand das auch die Sekretärin).
Sie war jung, hübsch, freundlich und wohnte allein. O. war ledig und nie verheiratet gewesen. Außerdem war er eben vor fünf Jahren noch um fünf Jahre jünger gewesen...
Wer hatte die Wörter, die als Andeutung, Vorschlag oder Einladung klingen sollten, zuerst ausgesprochen? Hatte die Sekretärin O. zu einer Tasse Tee eingeladen? Oder hatte O. sie um etwas gebeten, wohl wissend, dass es nur in ihrer Wohnung zu finden wäre. Vielleicht wurden die entscheidenden Andeutungen und Vorschläge von beiden gleichzeitig geäußert und wie selbstverständlich angenommen. In ihrer Wohnung angelangt, stellten sie jedenfalls fest, dass es ohnehin bereits zu spät für die letzte U-Bahn war.

Er sah damals die Wohnung der Sekretärin zum ersten Mal und übernachtete gleich dort. Das Ende der Beziehung, die drei Jahre lang gedauert hatte, kam allmählich. Ihr Verlangen nacheinander war gesättigt. Die Sekretärin, die das vielleicht vorausgeahnt hatte, wechselte ihre Arbeitstelle. Sie hatte kein Telefon zu Hause.

Die Beziehung war bereits abgekühlt, noch bevor die Sekretärin ihre neue Stelle angetreten hatte. Und irgendwann trafen sie sich einfach nicht mehr. Nach der Trennung kam O. einmal unerwartet zu Besuch. Freundinnen von der neuen Arbeitsstelle waren gerade bei ihr, sie empfing ihn unterkühlt. Er setzte sich kurz dazu und ging dann fort. Nach einer Woche kam er noch einmal, sie war nicht zu Hause. Bei einem weiteren Versuch traf er sie abermals nicht an. Danach kam er nie mehr.

Weder quälte noch schmerzte O. diese Trennung. Als jemand, der immer allein gelebt hatte, war er an Einsamkeit gewöhnt, hatte sich ihr angepasst, sich mit ihr ausgesöhnt. Einsamkeit bedrückte ihn nicht. Ab und zu, wenn er sich langweilte - er hatte manchmal solche Tage - telefonierte er mit einem seiner alten Bekannten, und sie trafen sich entweder bei ihm oder bei dem Freund, verabschiedeten sich wieder und sahen sich später monate- oder jahrelang nicht.

Als er die U-Bahn-Station verließ, sah er keine rote Limousine. Wer hätte auch vermuten können, dass er hier aussteigen würde, so plötzlich, wie es ihm eingefallen war.

Mechanisch führten ihn seine Füße zu dem Haus, wo die Sekretärin wohnte. Er stieg über die bekannte Treppe in den dritten Stock hinauf - im zweiten Stock befanden sich abgetre-

tene Stufen, er musste vorsichtig sein - und klingelte mit einer Sicherheit, als ob keine zwei Jahre vergangen wären. Hinter der Tür waren Schritte zu hören.
„Wer ist da?"
Er nannte seinen Namen. Die Tür ging auf. Die Sekretärin sah ihn verwundert an. „Du? Warum? Welcher Wind hat dich vorbeigeblasen?"
Er sagte, dass er gerade hier vorbeigegangen war und beschlossen hatte, sie zu besuchen. Endlich bat die Sekretärin ihn in die Wohnung.
„Komm rein. Aber du musst die Unordnung entschuldigen. Woher sollte ich wissen, dass ich Besuch bekomme?"
Das Zimmer machte einen seltsamen Eindruck, es war ohne Möbel, völlig leer. Nur der Wandspiegel hing noch dort. In Kartons eingepackte Bücher standen in der Ecke. Ein paar weitere lagen zwischen Zeitschriften und Zeitungen am Fensterbrett oder auf dem Fußboden verstreut.
Der Wandspiegel rief bei O. Erinnerungen wach; den Augen der Sekretärin entging nicht, wie er ihn ansah. Sie konnte sich vorstellen, woran er sich erinnerte: Manchmal hatten sie sich vor dem Spiegel geliebt. Er wandte sich ab und schaute sich das Zimmer noch einmal an. Eine bestimmte, quadratische Stelle des Fußbodens schien weniger ausgebleicht zu sein als der Rest. Hier hatte ihr Bett gestanden, der Ort der kurzen Sternstunden. Er hörte es noch knarren. Es war das geräuschvolle Knarren des Holzes, wenn sie sich darauf liebten.
„Bist du zum Verabschieden gekommen?", fragte die Sekretärin.
„Zum Verabschieden?", er verstand nicht. „Ziehst du um?"
Die Sekretärin nickte.

„Wechselst du die Wohnung?"
„Ich wechsle das Land."
Er musterte sie schweigend.
„Wohin gehst du?"
„In die Ferne," die Sekretärin lächelte, „auf einen anderen Kontinent, an das andere Ufer des Ozeans."
O. erinnerte sich, dass ihre Mutter Jüdin war, sie hatte Verwandte in Amerika, eine Tante und ein Onkel wohnten dort.
„Wann reist du ab?".
„Übermorgen. Ich habe schon alles verkauft. Heute hat man auch das Bett abgeholt - ich muss diese Nacht wohl auf dem Fußboden verbringen."
„Und diese Bücher?"
„Morgen wird man sie abholen." Plötzlich fiel ihr etwas ein. „Ich habe in der Küche noch eine Teekanne und ein paar Gläser. Ich mache uns Tee."
„Lass das", sagte O., aber die Sekretärin war schon in der Küche.
Er ging zum Fenster. Die U-Bahn-Station war von hier aus zu sehen. Dann sah er sich im Wandspiegel an. Seine Haare waren grau, es sah aus, als wären sie verschimmelt.
Er nahm nacheinander ein paar Bücher, die auf den Stapeln obenauf lagen, blätterte darin und legte sie zurück. Es waren sehr alte Enzyklopädien, Nachschlagewerke und Bücher aus verschiedenen Bereichen, darunter auch einige Raritäten. In fast allen Büchern fanden sich neben den Texten Anmerkungen und Notizen, mit Bleistift geschrieben. Manche Wörter, Phrasen und Sätze waren unterstrichen. Ab und zu waren auch Frage- und Rufzeichen zu sehen.

Die Sekretärin brachte zwei kleine Hocker aus der Küche. Auf einen stellte sie Tee und Zuckerdose, den anderen reichte sie ihm. „Nimm Platz."

„Du hast eine große Bibliothek gehabt. Das wusste ich gar nicht."

„Sie ist mir von meinen Eltern geblieben. Später habe ich auch ein paar Bücher gekauft. Aber die meisten gehörten ihnen."

„Warum habe ich sie nie bemerkt? Wo war sie versteckt?"

Die Sekretärin lächelte bitter. „Was hat du denn damals bemerkt? Du bist hereingekommen und hast mich sofort überfallen und ins Bett gezogen. Dann warst du satt und zufrieden. Wenn du dann auf die Uhr geschaut hast, habe ich dir aus deiner schwierigen Lage geholfen und gefragt: 'Vielleicht hast du es eilig. Hast du etwas Dringendes zu tun?' Sofort hast du erwidert 'Ja, ich muss leider gehen.' Und schon warst du verschwunden."

O. erinnerte sich, dass es wirklich so gewesen war, wie die Sekretärin es jetzt schilderte. Aber sie hatten schon damals genug darüber diskutiert. Ein Grund für das Abkühlen ihrer Beziehung waren sicher diese Streitigkeiten. Um sie jetzt zu umgehen, wechselte er das Thema.

„Sind diese Anmerkungen von deinem Vater?", er zeigte auf die Bleistiftnotizen in einem der Bücher.

„Sowohl von ihm als auch von meiner Mutter. Auf jeden Fall nicht von mir."

„Konnte dein Vater Englisch?"

„Englisch, Deutsch und Persisch."

„Wem überlässt du diese Bücher?"

„Niemandem. Ich habe sie einfach verkauft."

„Verkauft? Wem?"

„Verschiedenen Leuten. Die einen interessieren sich für diese, die anderen für jene."

„Macht dir das nichts aus? Es sind doch Anmerkungen darin, Meinungen deiner Eltern."

„Was soll ich tun? Sie sind ja schon tot - sowohl die Eltern als auch die Bücher."

„Du meinst, dass Bücher auch sterben?"

„Natürlich"

„Wie meinst du das?"

„Da gibt es nichts zu erklären. Das ist einfach so. Wenn die Besitzer der Bücher, die sie kaufen, sie sammeln, Anmerkungen machen, ihre Zeit mit ihnen verbringen und an sie denken, eines Tages sterben, dann nehmen sie die Bücher mit ins Jenseits. Das heißt, dass sie auch sterben. Ich meine die Bücher. Bei neuen Besitzern sind sie nicht mehr dieselben, auch wenn sie sich äußerlich nicht verändern."

O. nahm einen Schluck Tee und sah die Sekretärin so verwundert an, als ob er sie zum ersten Mal sehen würde.

Sie fuhr fort: „Ich mag es, Bücher zu lesen und über sie nachzudenken. Nicht nur über ihren Inhalt, sondern über sie im Allgemeinen. Die meisten Bücher hier sind seit fünfzig, sechzig Jahren zusammen. Sie lebten zusammen. Sie waren Nachbarn in den Regalen. Sie waren einander vertraut. Manchmal kam es mir so vor, als würden sich ihre Figuren in der Nacht besuchen, miteinander unterhalten, einander beleidigen und sich wieder versöhnen. So wie du und ich."

„Wir haben einander nicht so beleidigt, dass wir uns jetzt versöhnen müssten."

„Natürlich, da hast du Recht. Aber diese Bücher waren wie eine Familie. Jetzt trennen sie sich voneinander und die Familie wird zerstört. Schon morgen werden sie in verschiedenen Stadtteilen, in verschiedenen Häusern, in den Händen verschiedener Menschen sein. Sie werden nie wieder zusammenkommen." Sie schwieg eine Weile und fuhr dann fort: „So wie wir, du und ich."
Es war ihm, als sähe er die Sekretärin zum ersten Mal, als entdecke er jetzt erst, wer sie wirklich war.
„Warst du schon immer so?", fragte er. „Warum hast du mir das alles nicht früher gesagt?"
„Du hast mir doch keine Gelegenheit gegeben. Kaum herinnen, hast du mich sofort überfallen."
„Lass diese Geschichte."
„Aber es war wirklich so. In der Arbeit nur offizielle Gespräche, und hier, zu Hause ... dumpfe Worte ... beinahe fehlte dir der Atem ... und dann ... danach hast du nur mehr gegähnt."
Als die Sekretärin - ob absichtlich oder nicht - diese Erinnerungen in ihm wachrief, dachte er daran, dass sie sich niemals auf dem nackten, kahlen Fußboden auf Zeitungen zwischen den verstreuten Büchern geliebt hatten. Er stand auf und wollte sie umarmen. Die Sekreträrin zog sich ruhig, aber bestimmt zurück.
„Es geht nicht", sagte sie, „nichts kann einfach zurückgeholt werden. In letzter Zeit habe ich mich kaum mehr an dich erinnert, auch nicht in meinen Träumen. Ich hatte nicht mehr die Absicht, dich anzurufen. Aber irgendwo, tief in meinem Herzen, habe ich doch den Wunsch verspürt, mich von dir zu verabschieden, bevor ich mich für immer von allem hier trenne.

Und wenn ich mir etwas wünsche, geht das auch in Erfüllung - du bist von allein hier aufgetaucht. Hast du wirklich nicht gehört, dass ich abreisen werde?"
„Ich schwöre es. Es ist ein Zufall, dass ich herkam. Ich wollte dir noch etwas erzählen…"
„Was denn?"
Eigentlich wollte er über die rote Limousine sprechen, aber er tat es nicht. Wie sollte er ihr davon erzählen, wie könnte er es erklären? Einfach sagen, dass er dasselbe Auto am gleichen Tag vier- oder fünfmal gesehen hat? Was dann?
Außerdem war die Sekreträrin eigentlich gar nicht mehr da: nicht mehr in diesem Zimmer und auch nicht mehr in dieser Stadt. Es war, als würde sie aus einer anderen Welt mit O. sprechen. Hier, bei ihm, war nur mehr ihr Körper, ihre Seele war längst weit weg.
Er dachte an diesen Körper, dessen Hügel und Mulden ihm alle vertraut waren, dessen Haut sich straffte, wenn sie sich ineinander schlangen, den er immer so genossen hatte. Je vertrauter ihm dieser Körper war, dachte O., desto weiter entfernte er sich von ihrer Seele.
Ein verrückter Wunsch überkam O.: er wollte den Wandspiegel zerstören, ihn in Scherben zerbrechen. Aber er erinnerte sich, dass dies immer Unglück verhieß. Und das wünschte er weder der Sekretärin noch sich selbst. Wahrscheinlich hatte sie auch diesen Wandspiegel, den Spiegel ihrer Liebe, verkauft, er würde sicher bald abgeholt werden. Und vielleicht gab es auch anderswo Leute, die sich gern vor dem Spiegel liebten.
Plötzlich wurde ihm in diesem ausgeräumten, atem-, wort-

und stimmlosen Zimmer jede Minute zur Qual. Und er sagte alle guten Wünsche nacheinander auf, die, wie er meinte, zu einem Abschied passen könnten: „Gute Reise! Leb wohl! Mögest du dort erfolgreich sein!", ja, sogar „Vielleicht werden wir uns irgendwann und irgendwo wieder sehen." (Beide wussten genau, dass dies niemals geschehen würde.)

Während er noch hastig redete, war die Tür bereits geöffnet, er küsste ihr auf die Stirn und stieg eilig die Treppe hinunter. Im zweiten Stock wäre er beinahe über die kaputten Stufen gefallen, er knickte um. Als er sich umdrehte und zurückschaute, stand die Sekretärin noch an der Schwelle und winkte ihm zu. In ihren Augen waren keine Tränen. Sie lächelte.

Der Schmerz in seinem Fuß ließ allmählich nach, er begann wieder langsam die Treppe hinunterzusteigen, über sich hörte er, wie sie die Wohnungstür oben schloss. Das Geräusch erinnerte O. an das Knarren des Bettes. Erst in diesem Augenblick wurde ihm bewusst, dass sie sich endgültig voneinander getrennt hatten. Er begriff auch, dass die Sekretärin seine letzte Vertraute in dieser Stadt war, obwohl sie sich seit Jahren nicht getroffen hatten. Nur ihr hätte er von der roten Limousine erzählen können, sonst niemandem.

Am liebsten wäre er zurückgekehrt, hätte ihr alles erklärt und gesagt: „Reise nicht ab! Zieh nicht um! Lass uns heiraten und zusammenleben! Und lass uns die Bücher behalten! Wenigstens diese Nacht ... diese eine Nacht verbringen wir zusammen! Wir breiten die Bücher auf dem Fußboden aus, legen uns darauf, decken uns mit den Zeitungen zu und schlafen ineinander verschlungen ein!"

Er wußte, dass das unmöglich war. Alles war entschieden. Es

war unmöglich, jetzt noch etwas zu ändern. Vor seinem Schicksal konnte man nicht davonlaufen.

Er kam im Erdgeschoss an und trat aus der Eingangstür. Als er die rote Limousine direkt vor sich stehen sah, wunderte er sich gar nicht darüber. Es war, als ob es genauso sein müsste, als ob es selbstverständlich wäre, dass dieses rote Auto ihn gesucht und hier gefunden hatte.

Leise, gleichgültig, ohne Eile ging er zur U-Bahn. Es nieselte. Nur dieses Nieseln schien O. noch bekannt zu sein in dieser Stadt, die einmal seine eigene gewesen war und ihm mittlerweile völlig fremd geworden war. Er kannte die Menschen nicht mehr. Und auch die Häuser, die Straßen hatten sich verändert. Er sah sich um: nichts Bekanntes. Er hob seinen Kopf und schaute auf die Wolken. Sie waren ihm vertraut. Aus diesen vertrauten Wolken kam ein vertrauter Regen, und auch der schien aus der Vergangenheit zu stammen, aus seinen vergangenen Tagen, die er für immer verloren hatte.

Er achtete nicht darauf, wann er in die U-Bahn ein- oder ausstieg. Ohne auf den Bus zu warten, machte er sich irgendwann auf den Heimweg. Es nieselte noch immer. Er würde noch ein paar Schritte machen, bei seinem Haus ankommen und dort das rote Auto sehen. Ganz gewiss. Und er machte diese Schritte, die Haustür war bereits zu sehen. Der Platz davor war leer. Da parkte kein Auto. Weder ein schwarzes noch ein grünes noch ein rotes. Er wußte, dass er in wenigen Stunden ins Bett gehen und das rote Auto im Traum sehen würde.

* * *

Er schreckte aus dem Schlaf auf. Schaute auf die Uhr. Es war halb fünf am Morgen. Noch blieben zweieinhalb Stunden bis zum Klingeln des Weckers. Aber es erschien ihm einleuchtend, dass er heute gerade zu dieser Zeit erwachen und aufstehen müsste.
Er stand auf und ging zum Fenster. Auf der Straße, die völlig leer war, wo keine Menschen und Autos verkehrten, stand, genau vor seiner Haustür, ein einziges Auto: die rote Limousine.
Er wusste genau, was er zu tun hatte. O. duschte, wusch und rasierte sich, zog ein sauberes weißes Hemd und den frisch gebügelten Anzug an, band sich eine neue Krawatte um und putzte die Schuhe.
Er warf noch einen Blick in sein Zimmer, bevor er es verließ. Erst wollte er den Wecker abstellen, aber dann meinte er, er könne ruhig um sieben klingeln. „Er wird ohnehin niemand wecken in diesem leeren Zimmer." Er zündete sich keine Zigarette an - „Ja, die letzte Zigarette und so…" diese Art Romantik war ihm zuwider. Langsam, aber ohne zu trödeln, stieg er die Treppe hinunter und trat auf die Straße. Um diese Tageszeit war er ganz allein. Sogar die Feuchtigkeit des Regens am Gehsteig war verdampft.
Er ging auf die rote Limousine zu. Obwohl sie wieder leer war, wusste er, dass die Türen nicht verschlossen waren.
Er öffnete die Fahrertür, stieg ein und setzte sich hinter das Lenkrad.

Er hatte erwartet, dass der Schlüssel stecken würde. Und wirklich - es war so...
Er warf noch einen Blick auf die unbekannte Straße, auf die unbekannten Häuser und auch auf den vertrauten Himmel. Die Wolken hatten sich verzogen.
Dann drehte er den Schüssel um...

**

TAGESMELDUNG EINER NACHRICHTENAGENTUR
„Heute gegen fünf Uhr früh explodierte in der Dritten Berggasse ein Auto. Es wird vermutet, dass beim Starten eine Bombe detonierte. Nähere Informationen zur Person des Bombenattentäters, zum Fahrzeugbesitzer sowie zum Fahrer des Wagens, der zerfetzt und vollkommen unkenntlich aufgefunden wurde, sind noch nicht verfügbar. Ermittlungen wurden umgehend eingeleitet.

26., 27. August 1991

Sabir Azeri
(geb. 1938)

Der grüne Duft der Wiesen

Die Straße schien zu brennen - flammengleich züngelte die vom Asphalt aufsteigende Luftspiegelung empor. Sie hatten die Scheiben heruntergelassen, der Wind trieb sein Spiel im Wageninnern. Aber statt zu kühlen, versengte er ihnen die Gesichter. Dem Fahrer Hassan brannten die Augen, er hatte Mühe, sie offen zu halten. Seine Hände wurden feucht, ein um das andere Mal streckte er den linken Arm aus dem Fenster dem Fahrtwind entgegen. Selimzade trug eine Sonnenbrille, aber die drückende Hitze brannte auch ihm in den Augen, die ihm schließlich zufielen. Nur wenn der Wagen über Bodenwellen rollte, öffnete er sie, blickte wütend auf Hassans schweißüberströmte, fleischige Wange und zischte: „Langsam!" Wenn er dann wieder in die in Flammen stehende, ausgestorbene Straße vor sich und um sich herum in die grau in grau daliegende, versengte Steppe blickte, musste er erneut die Lider schließen. Er spürte einen schmerzhaften Druck in der Herzgegend, bekam kaum Luft. Er bereute es, bei diesem Wetter eine Dienstreise angetreten zu haben, und das mit einem Fahrer, dessen Eigenheiten er nicht kannte, der dauernd vor sich hinbrabbelte und über dessen fleischige Wangen Schweiß lief. - Es heißt nicht umsonst: Wie der Hund, so der Herr. Genau wie der vorige Direktor; offenbar total ungehobelt. - Er holte ein Validol aus der Tasche und legte es sich unter die Zunge. Kühle

breitete sich im Mund aus. Wieder schlingerte der Wagen. Selimzade, der in Gedanken bei seinen Kindern gewesen war, schrie auf:
„Fahr doch wie ein Mensch!"
„Was soll ich machen, die Straße ist schlecht…"
„Nicht die Straße ist schlecht, du bist ein schlechter Fahrer."
Hassan ließ die Muskeln seines kräftigen, schwarzbraunen Handgelenks spielen, und Selimzade schluckte bei diesem Anblick seinen Zorn hinunter. 'Vor dem muss ich mich in Acht nehmen', dachte er. 'Dem schaut das Blut nur so aus den Augen. Der macht einen mitten in der Wüste fertig. Oder schleppt einen in den Wald, wo er am tiefsten ist. Dann sind meine Kinder Waisen. Nein, diese eine Woche musst du dich beherrschen. Sobald wir zurück sind, schmeißt du ihn raus…'
Ein Taxi stand am Straßenrand. Der Fahrer trat ununterbrochen mit der Stiefelspitze gegen den platten Reifen. Als er das Motorengeräusch hörte, hob er den Kopf. Beim Anblick des schwarzen GAZ 24 ließ er die Hand sinken. Hassan nahm den Fuß vom Gaspedal, der Wagen wurde langsamer. Selimzade machte die Augen auf und fragte mürrisch:
„Was ist los?"
„Der arme Kerl hat eine Reifenpanne. Vielleicht braucht er Hilfe…"
„Na und? Den Ersatzreifen können wir ihm ja doch nicht geben."
Bis zur nächsten Stadt ginge das schon!
„Und was ist, wenn wir auch eine Panne haben? Fahr weiter!"
Der Fahrer Hassan gab Gas und murmelte etwas, das Selimzade nicht verstand. Der Fahrer sagte dann nichts mehr, worüber

sich Selimzade sichtlich freute. Denn wenn Hassan etwas sagte, brannten dessen Worte wie Feuer, und brachten einen nur noch zusätzlich in Hitze.

'Nein, nein, das ist kein Fahrer für mich', dachte Selimzade. 'Das ist ein Individualist, ein Großkotziger. Lass uns erst zurück sein!'

Wieder rumpelte der Wagen. Ohne die Augen zu öffnen, schrie Selimzade:

„Langsam!"

Sofort verlor der Wagen an Fahrt. Selimzade machte die Augen auf, blickte ärgerlich zum Fahrer hinüber:

„Warum kriechst du wie eine Blindschleiche?"

„Die Straße ist voller Unebenheiten und Sie haben ja selber gesagt, ich soll langsam fahren…"

„Also…" wieder fiel sein Blick auf Hassans starkes, schwarzbraunes Handgelenk, und wieder spielten die Muskeln an diesem Handgelenk. Selimzade nahm die Brille ab, wischte sich den Schweiß aus dem Gesicht und setzte sie wieder auf. „Also, mein Sohn, Genosse, ich meine, du sollst über die Schlaglöcher langsamer fahren. Ich sage nicht, dass du in dieser gottverlassenen Gegend übernachten sollst."

Aus der Kurve kam ihnen unversehens ein Lastwagen entgegen. Hassan schlug die Lenkung blitzschnell nach rechts ein. Der Lastwagen pfiff an ihnen vorüber.

Selimzade war blass geworden.

„Die fahren nicht wie Menschen, diese Kerle!" sagte er. „Das kommt davon, wenn man gleich jedem Kindskopf einen Führerschein gibt. Mann, ist mir die Zunge im Mund trocken geworden. Und dann kein Wasser dabei!"

Der Fahrer streckte die Hand aus und holte unter dem Sitz eine Flasche „Badamli"-Mineralwasser hervor und presste die Daumenspitze gegen den Kronenkorken, - der Himmel mochte wissen, wie er das fertig brachte - dieser flog davon und prallte gegen die Windschutzscheibe.
„Bitte sehr", sagte er.
Selimzade nahm die Flasche:
„Hast du kein Glas dabei?"
„Nein."
Selimzade wischte die Flaschenöffnung mit der Handfläche ab, lehnte den Kopf zurück und setzte die Flasche an die Lippen. Durch die Schlingerbewegungen des Wagens stieß die Flasche gegen die Zähne. Das Wasser lief über den Anzug. Hassan hielt den Wagen an. Selimzade trank die Flasche zur Hälfte leer. Den Rest trank Hassan; dann schleuderte er die Flasche an den Straßenrand. Sie prallte gegen einen Stein und ging zu Bruch.
Als sich der Wagen wieder in Bewegung gesetzt hatte, schloss Selimzade die Augen, musste sie aber schon im nächsten Augenblick wieder aufmachen, weil Hassan mehrmals hintereinander die Hupe betätigte. Der entgegenkommende Shiguli[1] hupte zurück. Vorn am Kühler des Shiguli war eine Puppe befestigt. Sie vibrierte. Es sah aus, als würde sie im nächsten Augenblick vom Wind abgerissen werden. Der Bräutigam neben dem Fahrer saß kerzengerade da und hielt den Blick starr in die Ferne gerichtet. Die Braut im Fond zwischen zwei Mädchen beugte sich nach vorn und lachte glücklich.
„Die haben sich auch die richtige Zeit zum Heiraten ausgesucht." Selimzade zog eine so saure Miene, dass man glauben mochte, er sei es, der verheiratet werden sollte. „Bei dieser Hitze

läuft jeder seiner Frau davon und möchte am liebsten in ein Kühlhaus kriechen, aber dieser Sohn eines Despoten stürzt sich noch selbst ins Feuer!"

„Wahrscheinlich halten sie es bis zur kühleren Jahreszeit nicht mehr aus!"

Selimzade sagte nichts. Er schloss die Augen und fing an, leise zu schnarchen. Er glaubte sich wieder in Bilgeh[2], im Garten. Er war frühzeitig aufgestanden und hatte sich auf den Weg zu den Uferfelsen gemacht. In den Gärten war alles still. Auf dem ganzen Weg sah er nur zwei alte Männer. Der eine machte sich im Gemüsegarten zu schaffen, wo er Unkraut jätete. Der andere stand auf dem Balkon und blickte aufs Meer hinaus, sah den schneeweißen Wellen zu, die wie Pferdemähnen gegen das Ufer schäumten. Bestimmt war dieser Alte ein Seemann. Näher herangekommen, sah er, dass der Alte tatsächlich ein Seemannshemd trug und trotz der morgendlichen Kühle die Ärmel aufgerollt hatte. „Selam, Onkel!" rief er laut. Der Alte zuckte zusammen und wandte sich ihm zu: „Wie meinen?" Selimzade blieb stehen: „Ich meinte, guten Morgen!"

„Ach ja, Morgen, guten Morgen!" Der Alte räusperte sich lautstark, blickte zu den tosenden Wellen und zog sich vom Balkon zurück.

Der Sand wurde immer tiefer, Selimzade sank ein und zog seine Schuhe, seine Strümpfe aus. Bei der ersten Berührung des feinen, kühlen, leicht feuchten Sands mit den nackten Fußsohlen schauderte ihn. Er beschleunigte seinen Schritt. Nach Verlassen der Gartenlandschaft begann er kräftig auszuschreiten, und seine Fußsohlen erwärmten sich.

Der Horizont war jetzt in rotes Licht getaucht, und diese Röte senkte sich auch auf den Sandstrand nieder.

Er stieg auf den Felsen, der wie ein ruhender Panther aussah. Jetzt stürzten die weißen Wellen auf ihn zu, leckten seine Füße und zogen sich wieder zurück. Nur Schaum blieb zwischen seinen Zehen.

Möwen flogen kreischend umher, warfen sich den Wellen entgegen. Weit draußen auf dem Meer zeigte sich ein Schiff.

„Herrgott, ist das eine Hitze!"

Selimzade wunderte sich: „Was heißt hier Hitze, in aller Morgenfrühe am Meer, und noch dazu bei diesem Wind?" Er machte die Augen auf, konnte aber nichts sehen, weil die Brille beschlagen war. Er nahm sie ab. Beim Anblick der hitzeüberfluteten Straße und Hassans schweißüberströmtem Gesicht wusste er, dass die soeben empfundene Kühle so etwas wie ein Traum gewesen war, während er selbst noch immer schwitzte. Er wischte sich mit dem Taschentuch den Hals ab, setzte die Brille wieder auf und murmelte:

„Endlich macht dir die Hitze auch zu schaffen!"

„Zu schaffen, Genosse Selimzade, zu schaffen macht sie mir schon lange. Ich rede bloß nicht darüber." Auch Hassan wischte sich das Gesicht ab.

Links, weit ab von der Straße, hatte man die Stoppelfelder in Brand gesetzt. Die Stoppeln brannten prasselnd. Infolge der Windstille wollte der bläuliche Rauch nicht aufsteigen, blieb als Dunstschwade knapp über dem Boden hängen.

Selimzade rief sich wieder Bilgeh und das windgepeitschte Meer in Erinnerung. Aber diesmal wollte sich keine Abkühlung einstellen.

Der Fahrer Hassan hielt seinen linken Arm aus dem Fenster, dem Wind entgegen. Unvermittelt meinte er, bunte Farben vor sich tanzen zu sehen. Er wischte sich über die Augen, sah genau hin und - dann plötzlich ein Knirschen. Selimzade knallte mit der Stirn gegen die Windschutzscheibe. Zur Hitze kam der Schmerz auf der Stirn und der Schreck. Er brüllte:
„Mensch, fahr doch ordentlich!"
Der Fahrer Hassan lächelte, anstatt sich zu entschuldigen. Das brachte Selimzade erst recht in Wut, und er hätte ihn beinahe geschlagen, als Hassan - immer noch lächelnd - sagte:
„Schauen Sie einmal dorthin!"
Selimzade blickte unwillig nach rechts hinüber und saß starr. Rechts von der Straße breiteten sich eine grüne Wiese aus, übersät mit bunten Blumen!
Rasch stiegen die beiden aus und liefen auf die Wiese zu. Beide atmeten heftig, gierig. Die Luft trug einen betörenden Duft heran, der von den Blumen und den sattgrünen Gräsern ausging. Selimzade nahm die Sonnenbrille ab, als wolle er diesen sattgrünen, kühlen Duft auch optisch wahrnehmen. Ihm war, als könne er ihn tatsächlich sehen.
Aufgeschreckte Lerchen stiegen trillernd aus dem Gras empor, in den Himmel hinein, torkelten über den Köpfen der Männer umher wie Falter und sangen aus vollem Herzen nun doppelt so laut, doppelt so froh. Selimzade blickte über die tulpenbedeckten Matten hinweg, Tulpen, so weit das Auge reichte, und lächelte wehmütig:
„Wie lange mag es her sein, dass ich so eine Wiese zum letzten Mal gesehen habe?"
Der Fahrer Hassan blickte ebenfalls über die Wiese und zu den

in der Ferne liegenden Bergen hinüber, hörte nichts, nur die Lieder der Lerchen, das Wispern der Gräser und der Blumen. Selimzade, der bemerkte, dass Hassan ihm gar nicht zuhörte, redete mit sich selbst: „Genau dreizehn Jahre ist das her. Die wissenschaftlichen Arbeiten haben mich ganz schön beschäftigt. Zuerst die Kandidatur, dann die Promotion... Bis ich schließlich aus diesem Gehetze heraus war und ins Ministerium kam." Er blickte wieder über die Wiesen und räusperte sich. „Früher, als ich noch ein Kind war, meinte ich, die Brust würde mir zerspringen, wenn ich einmal ohne die heimatlichen Wiesen leben müsste. Aber man gewöhnt sich an alles. Auch an die Trennung von lieben Menschen und von der heimatlichen Erde."
Ganz in der Nähe ließ sich ein Frankolin[3] hören: bipp-bibi-bipp-bibi... biip-biibi-bipp-bibi...
Es fehlte nicht viel und Selimzade wäre hingelaufen. Aber dann schämte er sich, blieb stehen und wandte sich Hassan zu:
„Weißt du, was es sagt?"
„Ich weiß."
„Wirklich?"
„Es sagt: 'Hilfe, sie haben mich!'"
Selimzade trat näher an Hassan heran:
„Hm, in unserer Gegend gab es viele von dieser Fasanenart. Die Ohren klangen einem von früh bis spät von ihren Schreien."
„Früher musste ich auch oft aufs Land", antwortete der Fahrer Hassan. „Aber ihr Vorgänger war ein langweiliger Mensch, kam von der Stadt nicht los ..."
Ein Schwarm Wildtauben stieg flatternd auf und ließ sich auf den Telegrafendrähten am Straßenrand nieder. Gleichzeitig kam

von dort, wo die Tauben aufgestiegen waren, ein Fuchs zum Vorschein, stutzte beim Anblick der Männer und trollte sich dann davon. Hassan brüllte: „He da, die Buschrute! Haltet ihn, lasst ihn nicht durch!" Der Fuchs verhoffte, sicherte nach allen Seiten. Als er niemanden bemerkte, strich er ab.
Selimzade lachte, bis ihm die Backenknochen wehtaten. Dann wischte er sich die Tränen aus den Augen und sagte:
„Genau so, ganz genau so haben wir auch in meiner Kindheit den Fuchs zum Narren gehalten!"
Ein leichter Wind war aufgekommen. Er wehte von den Bergen herüber, trug den Duft von Ehrenpreis, von Blumen, von feuchtem Erdreich mit sich.
Langsam schritten sie dahin. Das Gras unter ihren Füßen war weich, zart, wurde unter ihren Schritten zu Boden gedrückt, richtete sich aber gleich wieder auf. Hassan, mit seinem ungeschlachten Körper und seinen Füßen wie Eichklötze, ging mit kindlicher Leichtfüßigkeit weiter, rührte an keine der blutroten, wilden Tulpen. Auch Selimzade begann vorsichtiger aufzutreten und hatte plötzlich das Gefühl, sich bei Hassan entschuldigen zu müssen. Er wollte sagen: „Verzeih, ich habe dich vorhin gekränkt!" Aber Hassan schenkte ihm keine Aufmerksamkeit, seine Augen lachten, mit seinen Händen umfasste er die Tulpen zärtlich und betrachtete sie. Jetzt erschien er Selimzade ganz klein, beinahe wie ein Kind. Er fürchtete, mit diesen zarten, zitternden Händen würde der Fahrer nie wieder ein Auto lenken können, und selbst, wenn er es könnte, würde er bei einer Panne außerstande sein, auch nur einen Reifen zu wechseln. Jetzt füllte der Fahrer Hassan seine Hände voll mit Blüten, blies und wirbelte mit seinem Atem Blütenblätter und

Blütenstaub der Tulpen durch die Luft. Nur die Stängel und die an der Spitze der Stängel einem Muttermal ähnelnden schwarzen Stempel blieben stehen.

Der Fahrer Hassan hätte sich am liebsten der Länge nach in diesem sattgrünen, weichen Gras ausgestreckt, aber er schämte sich vor Selimzade.

Zur Seite blickend, bemerkte er, dass Selimzade ihn eigenartig musterte. Er schien unruhig zu sein. Beide wandten die Blicke voneinander ab. Schließlich murmelte Hassan:

„Ich... möchte mal auf die andere Seite da hinüber."

„O!", machte Selimzade erfreut. „Gut, sehr gut! Ich wollte nämlich gerade da auf diese Seite hin!"

Zuerst langsam, dann immer schneller gingen sie auseinander. Jeder stieg auf seiner Seite in die Senke hinunter. Auch sie war sattgrün und voll Duft. Der Duft hier war fast sichtbar, er war von dunkelgrüner Farbe.

Kaum war Selimzade seinen Blicken entschwunden, warf sich Hassan mit dem Gesicht auf den Boden, umfasste mit seinen Armen die weichen, sattgrünen, duftenden, zarten Gräser und Blumen, drückte sie an seine Brust, drückte sein Gesicht in sie hinein. Die Gräser in der Senke waren feucht und kühl. Die Kühle erfasste seine Handflächen, stieg über die Handgelenke hinauf bis in seine Brust und durchzog sein Herz. Jetzt war es ganz ruhig. Er legte sich auf den Rücken und sah, dass auch hier, in seiner Nähe, viele Lerchen waren, dass die Sonne da war und dass die Lerchen in den Strahlenkranz der Sonne gefallen zu sein schienen, dessen Ränder sie trotz allen Bemühens nicht zu erreichen vermochten. Dann ging ihm durch den Sinn, dass diese die Lerchen seine Kindheit waren.

Als kleiner Junge hatte er sich mit seinen Kameraden an den reißenden Stellen des Kürflusses[4] aufgehalten, wie Vögel waren sie damals herumgeflattert und hatten einander ins Wasser gestoßen. Man konnte meinen, die Lerchen badeten tatsächlich in den warmen Strahlen der Sonne, denn sie kreischten nicht, sondern sangen voll Lust und ließen sich in dieser Flut, in diesem Strom des Lichtes treiben.

Noch einmal umarmte Hassan Gräser und Blüten, wieder stieg die Kühle durch seine zu hartem Stein gewordenen Handflächen, strömte mit großer Schnelligkeit in seine Brust und drang von dort in sein Herz. Jetzt aber wollte das Herz nicht ruhiger werden, sondern schlug schneller, begann zu jagen, und der Fahrer Hassan schluchzte auf.

Dieses Schluchzen währte nur einen Augenblick. Staunen ergriff Hassan. Weinte er wirklich? Er drehte sich wieder auf den Rücken und fuhr sich mit der Hand an die Augen. Die Finger spürten ein wenig Feuchtigkeit. Hassan sprang auf. In einem Atemzug rannte er die Böschung hinauf.

Oben angekommen, sah er Selimzade am anderen Rand der Senke stehen. Auch der atmete schwer, auch dessen Augen waren voll Freude, voll grün duftender Freude.

Als sie sich einander näherten, spürte Selimzade zunächst Beklommenheit. Er blickte nicht auf. Dann musterte er Hassan heimlich, und sofort war seine Beklommenheit wie weggeblasen. Mit klingender Stimme rief er:

„Hassan, bist du in den Blumen gelegen, oder was ist das?"

Der Fahrer Hassan wurde rot. Selimzade streckte die Hand aus und nahm ihm Tulpenblätter aus dem Haar.

„Siehst du? Mann, du bist ja auch auf der Brust und am Rücken ganz grün!"

Hassan musterte den Sprecher von Kopf bis Fuß und schmunzelte plötzlich. Er streckte die Hand aus und zog gelbe Blütenblätter aus Selimzades silbergrauem Haar. Selimzade tat erstaunt:

„Nanu, was ist denn das?"

Der Fahrer Hassan sagte noch immer nichts. Er ging um Selimzade herum.

„Sieh mal an! Sie sind auch hinten ganz grün!"

„Aber nein! Das gibt's doch gar nicht!" Selimzade klatschte in die Hände und brach in lautes Gelächter aus. Auch der Fahrer Hassan lachte laut. Dann wurden sie still und hingen ihren Gedanken nach. Verwunderte stellte Selimzade fest, dass seiner Aufmerksamkeit drei Wochen lang entgangen war, wie klug und nachdenklich die Augen Hassans waren, rein und klar wie die Wiesen hier. Wieder kam ihm in den Sinn, wie er unterwegs mit ihm umgesprungen war, erneut versuchte er sich bei ihm zu entschuldigen: „Hassan", sagte er. Hassan wandte sich ihm zu und lächelte. Erstaunt sah Semilzade, wie viel Lächeln in dieses eine Augenpaar hineinpasste und sagte: „Ja, ja, so ist das, Hassan!" Und der Fahrer Hassan sagte: „Ja, so ist das!"

---

[1] Automarke
[2] Siedlung in der Nähe von Baku
[3] Rebhuhnartiges Feldhuhn
[4] Größter Fluss Georgiens, fliesst zum Kaspisee

Rafig Tagh
(geb. 1950)

Der Verrückte

Als wäre es die Wiederholung der Trennung von seiner Frau, trennte sich Taleh auch von Aserbaidschan, und sein einziger Trost war, dass sein Haus den Kindern blieb. Aber wessen Haus blieb denn den Kindern? Nur das desjenigen, der verstorben war.

Wahrscheinlich desertierte er mit seinem Umzug nach Moskau vor dem Tod. Ihm blutete das Herz bei der Vorstellung, dass er irgendwann endgültig zu gehen hatte. Wäre er von staatlicher Seite festgenommen worden, hätte er geglaubt, dass auch das eine List des Todes sei. Vielleicht war der Staat sogar ein Spion des Todes. Vorläufig ließ er ihn jedoch in Ruhe. Und solang er ihn in Ruhe ließ - warum sollte er dann sterben? Solang er sich auf den Beinen hielt, egal wie alt er war, würde er ewig leben, auch dann noch, wenn sich der Staat längst aufgelöst hatte.

Um den Tod zu vergessen, beschäftigte er sich immerzu mit den Alltäglichkeiten des Lebens. Haushaltsgeschäfte waren ihm zu diesem Zweck am liebsten. Sah er eines, so konnte er nicht an ihm vorbeigehen. In diesen seinen Lieblingsgeschäften atmete er den Duft des Lebens ein. Laut Gesetz sollten auch Lebensmittelgeschäfte nach Leben riechen, aber in ihren Fleischabteilungen stank es zumeist nach Leichenhaus.

Den Vegetariern gebühren Lobeshymnen!

In den Haushaltsgeschäften gab es vielerlei: Töpfe und Teller,

Kleiderhaken, Kunstleder, Waschkannen, verschiedenste Dinge, auch solche, deren Funktion er nicht kannte, sogar Messer für das tägliche Leben. Von Schichtseifen bis zu Türschlössern war alles zu finden.

Bei jedem Umzug hinterließ er alles, was er für die Wohnung gekauft hatte, bis zum letzten Nagel und bis zur Zahnbürste der jeweiligen Vermieterin, ungeachtet aller Unstimmigkeiten, die zwischen ihnen geherrscht haben mochten. Diese christlich anmutende Tat erweckte im Herzen jeder Vermieterin ein Gefühl des Zutrauens und Vertrauens, das in der Regel aber bald wieder schwand. Zumeist sagte sie dann: „Bleib doch noch, zieh nicht aus." Als ob sich das Geschirr nicht von der Wohnung trennen konnte und auch ihn zurückhielt.

Die jeweilige Vermieterin entschuldigte sich bei ihm manchmal an die hundertmal, bis die kleinen Wunden im Herzen, die sie ihm zugefügt hatte, verheilt waren und beteuerte, doch nicht gewusst zu haben, dass er so ein guter Mensch sei. Taleh entschuldigte sich regelmäßig seinerseits, stellte fest, dass auch er nicht gewusst habe, dass sie, die Vermieterin, so ein guter Mensch sei. Gott sei es gedankt, dass es in dieser Welt Geschirr und vielerlei anderen Hausrat gab, dank derer man sich nicht die Köpfe einschlagen und Blut vergießen musste. Zu wichtigen religiösen Feiertagen ging er der jeweiligen Vermieterin wegen in die Kirche und sie seinetwegen in die Moschee, woraus bald eine Kirchen-Moscheen-Symbiose erwuchs.

Dank der Haushaltswaren lebte Taleh eineinhalb Jahre lang in einer Atmosphäre des gegenseitigen Respektierens von Synagoge und Moschee.

Zum internationalen Frauentag schenkte er der Vermieterin

eine Thermosflasche, für den Fall, dass die Frau den ganzen Tag arbeiten musste, oder ein Set Gewürzdöschen, wenn sie Gewürze liebte. Für sich selbst kaufte er immer nur das Billigste und das Notwendigste: Plastikbecher und Aluminiumlöffel... Hielt man ihm vor, dass er sich am Aluminium vergiften konnte, erwiderte er, dass der Körper Aluminium brauche und es von irgendwo bekommen müsse. Wie das Vitamin C in der Zitrone sei Aluminium eben in Aluminiumlöffeln.

Er bevorzugte schmucklose Teller. Schmuck war nur ein Trick, um Preise zu erhöhen. Alles, was mit Ästhetik zu tun hatte, war eine Lüge, weil es erstens für alle Speisen nur einen Weg in den Magen gab - ästhetisch oder unästhetisch - und sich zweitens der Körper sowieso immer mit unästhetischen Dingen beschäftigte.

Seine Liebe zu den Haushaltsgeschäften in Moskau ähnelte einer Blume, die einsam im Frost aufblüht.

Eines Tages, als ein sportlicher junger Mann zu ihm kam und ihn einlud, zur Wahl zu gehen, erschrak er heftig. Sieh mal, dachte er, der Staat ist dir wieder auf den Fersen und nutzt jede Gelegenheit. - Aber er war doch noch zu jung zum Sterben, er hatte noch nicht einmal ein graues Haar. Und doch: Mitten am helllichten Tag kam der Staat und teilte ihm mit, dass er einen Abgeordneten zu wählen hätte. Warum? War es so schwierig, ohne ihn auszukommen? - Noch dazu schickte der Staat einen jungen Sportler, der aussah wie ein Henker. - Woher der Tod wohl erfahren hatte, dass er hier war? Er vermied doch jene Orte, an denen sich der Knochenmann aufhielt, besuchte weder Kranke, noch Trauerfeiern.

Das Wahllokal erinnerte mit seiner grellroten Farbe an die

Hölle. Als er einen Wahlbeamten flüsternd fragte, wen er wohin wählen solle, lächelte der - lächeln auch Staatsleute? - und sagte, dass das seine persönliche Sache sei, was wohl bedeutete: Bitte, wähl selbst und trage dann auch die Konsequenzen. Es gab keinen Weg zurück. Der Weg zurück war von diesen Henkern versperrt, während vor ihm diese grellrote Hölle drohte. Wann ihm schwindlig wurde, wann er ohnmächtig zu Boden stürzte, endlich Ärzte kamen und sich über ihn beugten, wusste er nicht. Ärzte waren Menschen dieser Welt, keineswegs Engel aus dem Jenseits. Die Freude darüber ließ ihn noch vor der Wirkung des Riechsalzes zu sich kommen. Die Menschen dieser Welt stellten als Diagnose Hunger und Glykosemangel im Gehirn fest und gaben ihm Ratschläge fürs Leben: Geh, iss, ruh dich aus.

Ohne irgendetwas verlangt zu haben, ließen sie ihn nach Hause gehen. Er hatte also das Recht, bis zur nächsten Wahl weiter zu leben.

Trotz der guten Ratschläge machte er sich am nächsten Morgen wieder auf, um in Haushaltsgeschäfte zu gehen. Wie ein Alkoholiker lungerte er in diesen Geschäften herum, ging umher, bis die Füße anschwollen, kaufte einige Kleinigkeiten, wie zum Beispiel ein Gitter für den Abfluss, einen Stab, um Gardinen zu schieben, ein Mehlsieb, Waschpulver und wie gewöhnlich auch Schichtseife. Zu Hause fehlte es ihm nie an Schichtseife. Schichtseife war für ihn lebensnotwendig wie Salz. Einem Verrückten ähnlich durchstreifte er am nächsten Tag dieselben Geschäfte und wiederholte seine Streifzüge Tag für Tag, Woche für Woche, bis er sicher war, dass er lebte. Bis er den Tod vergaß.

***

Als seine Tochter alt genug war, Briefe zu schreiben, erwachten in ihm Vatergefühle, und er weinte bitterlich. Er konnte schreiben, aber er schrieb nicht, seine Tochter hingegen schrieb, kaum dass sie schreiben gelernt hatte. Sie schrieb eine Woche lang. Sie schrieb und schrieb und brachte ihn endlich zurück nach Baku. Das Desertieren vor dem Tod war zu Ende. Jetzt würde er ihn auch nicht mehr unerwartet erwischen, sondern ihn wie alle anderen Menschen in der Zukunft erwarten. Wie es vorherbestimmt war.

Eines Tages aber begegnete Taleh in Baku einem Mullah und es schauderte ihn, weil er dachte, dass neben diesem unsichtbar der Tod stehe. Sofort stürmte er Haushaltsgeschäfte. Zwei, drei, vier Tage lief er in diesen Geschäften umher. Er war zwar mit dem Staat zufrieden, weil der so viele Haushaltsgeschäfte eröffnet hatte, unzufrieden aber damit, dass diese Geschäfte nicht auf Schritt und Tritt zu finden waren. Solange ihm Mullah und Tod nicht aus dem Kopf gingen, war er nicht aus den Haushaltsgeschäften herauszubekommen. So geriet er dort bald in aller Munde. Zuerst dachte man, er sei ein Schwarzhändler und begann ihn zu beobachten. Später begriff man, dass er kein Händler war, und sagte: Dann ist er ein Verrückter. Er hatte in den Haushaltsgeschäften derart viel gekauft, dass seine ehemalige Frau ihn von neuem zu lieben begann. Obwohl sie diese Liebe eingestand, zeigte das kaum Folgen; sie hatte sich versprochen, dass sie nie mehr das Bett mit ihm teilen würde, selbst wenn man sie tötete, an die Wand stellte.

Einmal lachte Taleh und sagte, dass seine Frau ihn wohl bis zum Ende lieben werde, weil er ihr bis zum Ende Geschirr kaufen würde. Aber dieses Wort *Ende* saß wie ein Stachel in seinem Herzen. Es bedeutete: wenn nicht heute, dann morgen. Das Wort bedeutete, dass es irgendwann ein Ende gab. Als wären seine Tage in der Herberge gezählt. Man konnte jederzeit kommen und sagen: Schluss, nimm dein Leichentuch, und raus aus dieser Welt.

Wie ein Alkoholiker begann er wieder in den Haushaltsgeschäften herumzulaufen. Ging er dorthin, konnte er daran glauben, ewig zu leben. Klar. Wenn man etwas für das Haus kaufte, bedeutete das: man lebt noch. Niemand kaufte etwas zum Sterben. Manchmal irrte er sich und betrat Kleidergeschäfte. Dann schoss er wie ein Pfeil wieder hinaus, weil er dort weißes Leinen sah. Von diesem Leichentuch kauften all jene, denen jemand gestorben war. Weißes Leinen konnte er nicht sehen. Er konnte nicht nur weißes Leinen nicht sehen, sondern auch keine weißen Kleider und keine weißen Hosen. Sie alle waren Leichentüchern ähnlich.

Das Wort *Ende* ging ihm - so wie *Affenschwanz* - nicht aus dem Kopf. Auch die Haushaltsgeschäfte halfen kaum mehr. Er überlegte, sich vielleicht an einen Arzt zu wenden. In Moskau hatte er erlebt, dass Ärzte Ratschläge fürs Leben gaben. Er konnte jeden Tag oder jeden zweiten Tag abwechselnd sowohl in Haushaltsgeschäfte gehen als auch einen Arzt aufsuchen. Man musste den Tod doch vergessen können...

GEORGIEN

Georgische Literatur aus fünfzehn Jahrhunderten

Die Weltliteratur nahm von Georgien im Grunde schon seit der griechischen Antike Kenntnis. Im 7. und 6. Jahrhundert vor Christus existierte im heutigen Westgeorgien der kulturell hoch entwickelte Staat Kolchis, die Heimat der sagenumwobenen Königstochter Medea. Hierher gelangten die Argonauten auf der Suche nach dem Goldenen Vlies, das Jason mit Medeas Hilfe erbeutete. Medea und ihr tragisches Schicksal sind in der Geschichte der abendländischen Literatur durch zahllose Bearbeitungen lebendig geblieben. Aber nicht nur der Argonautenmythos weist auf eine enge Verbindung der griechisch-antiken Kultur mit den vorchristlichen georgischen Hochkulturen hin, sondern auch der Mythos von Prometheus, dem georgischen Amirani. An einen Gipfel des Kaukasus geschmiedet, verbüßt er in der griechischen Sage die von Zeus verhängte Strafe dafür, dass er den Menschen das Feuer gebracht hat.

Der Eintritt Georgiens in die nachchristliche abendländische Kultur- und Literaturgeschichte erfolgte nach der Christianisierung im 4. Jahrhundert. Diese Periode, aus der wichtige Dokumente überliefert sind, kann als der erste Höhepunkt georgischen Schifttums bezeichnet werden. Zwischen dem 5. und 7. Jahrhundert entstanden zahlreiche Übersetzungen biblischer Bücher und bedeutende Werke der Hagiographie und Hymnologie. Eines der hervorragendsten Zeugnisse aus der ersten Hälfte des 5. Jahrhunderts ist die Legende vom „Martyrium der Heiligen Schuschanik" von Jakob Zurtaweli. Er berichtet von der Treue der Königin Schuschanik zum christlichen Glauben, den ihr Mann durch den Übertritt zum persischen Kult der Feueranbeter verraten hatte. Das Epos zeugt zugleich vom Kampf der Georgier um ihre kulturelle und politische Eigenständigkeit gegen die mächtigen Staaten Iran und Byzanz, die zu jener Zeit um die Voherrschaft im Kaukasus rivalisierten.

Im 7. Jahrhundert eroberten die Araber das Land. Der hartnäckige und letztlich erfolgreiche Widerstand der Georgier gegen die Fremdherrschaft hemmte für Jahrhunderte die kulturelle und literarische Entwicklung des Landes. Erst mit der Wiederrichtung der Eigenstaatlichkeit am Beginn des 11. Jahrhunderts kommt es unter der Herrschaft König Davids des Erbauers zu einem neuerlichen Aufschwung. Im 12. Jahrhundert war Georgien unter Königin Tamar (1184 - 1213) einer der mächtigsten Staaten Vorderasiens. Es kam zu einer Blütezeit der höfischen Dichtung, in der die bis dahin dominanten religiösen Themen mehr und mehr durch weltliche verdrängt wurden; es entstanden Liebeslyrik und die ersten Heldenepen. Dieser Periode verdankt die georgische Poesie eines ihrer größten Werke: Schota Rusthawelis „Der Recke im Tigerfell", in dessen Mittelpunkt die unzertrennliche Freundschaft der drei Helden Awtandil, Tariel und Phridon im gemeinsamen Kampf gegen ihre Feinde steht, ist heute in fast alle Sprachen der Welt übersetzt und legt Zeugnis ab vom hochentwickelten humanistischen Denken dieser Periode, die oftmals auch als das goldene Zeitalter bezeichnet wird.

Das Reich der Georgier wurde jedoch bald erneut Opfer der wechselvollen Kämpfe um die politische Dominanz im kaukasischen Raum. Verheerende Überfälle von Timurs Heeren am Beginn des 13. Jahrhunderts setzten dem Feudalstaat ein Ende.

In den folgenden Jahrhunderten wurde Georgien zum Spielball der Expansionsbestrebungen der Osmanen und der Perser, die erbittert um die Vorherrschaft im Transkaukasusgebiet kämpften.

Erst am Ende des 18. Jahrhunderts konnte Georgien wieder seine politische Unabhängigkeit erreichen. Bereits im 17. und 18. Jahrhundert meldeten sich parallel zu diesem politischen Konsolidierungsprozess erneut bedeutende Schriftsteller zu Wort, wie beispielsweise der Aufklärer Sulchen-Saba Orbelani oder der Dichter David Guramischwili.

Das 19. Jahrhundert gilt heute als eine Epoche, in der sich die georgische Literatur zu einer neuen Hochblüte entwickelte. Ein erster Höhepunkt zeichnete sich in den romantischen Werken des Dichters Nikolas Barataschwili ab. Seine Gedichte waren zu seinen Lebzeiten nur einem kleinen Kreis bekannt und wurden erst 20 Jahre nach seinem Tod von Ilia Tschawtschawadse veröffentlicht. Mit diesem ist zugleich auch jener Dichter genannt, der zu den bedeutendsten und einflussreichsten Persönlichkeiten des literarischen und politischen Lebens in der zweiten Hälfte des 19. Jahrhunderts zählte. Er und sein Mitstreiter, der Dichter Akaki Zereteli, vertraten trotz adeliger Herkunft den neuen Geist des Bürgertums und des sozialen Fortschritts. Beide hatten entscheidenden Anteil an der Entwicklung des kritischen Realismus in Georgien. In ihren Werken verbanden sich Gesellschaftskritik und eine starke Liebe zur Heimat mit dem politischen Ziel einer Unabhängigkeit vom russischen Zarenreich, dem Georgien seit Beginn des 19. Jahrhunderts durch einen Freundschaftsvertrag eingegliedert worden war. In den sechziger Jahren wurde Tschawtschawadse Herausgeber einer der ersten georgischen Monatsschriften. Hier und auch in seinen Prosaschriften trat er für die Menschenrechte und vor allem für die Aufhebung der Leibeigenschaft ein und übte Kritik an der herrschenden Klasse der georgischen Großgrundbesitzer. Seine Erzählung „Am Galgen" ist nicht zuletzt ein Plädoyer für die Aufhebung der Todesstrafe.

Der Fülle der in den verschiedenenen Epochen in Georgien entstandenen Literatur kann man in einem begrenzten Rahmen keinesfalls gerecht werden. Dies gilt auch für das 20. Jahrhundert. Die Auswahl ist, wie in den anderen Fällen auch, fragmentarisch, will lediglich Anregungen geben, sich näher mit einer Literatur auseinander zu setzen, die den westlichen Ländern nur durch wenige Veröffentlichungen bekannt ist. Zu diesen Kostproben gehören kurze Prosawerke von Akaki Beliaschwili, Erlom Achwlediani, Ssergo Kldiaschwili oder Demna Schengelaja ebenso wie einige Gedichte der Lyriker Grigol und Irakli Abaschidse.

Nelly Amaschukeli

Jakob Zurtaweli
(5. Jhdt.)

Das Martyrium der heiligen Königin Schuschanik

Wahrheitsgetreu will ich euch nun vom Tod der heiligen und liebwerten Schuschanik erzählen.

I. Es war im achten Jahr des persischen Königs, als der Pitiachsch[1] Varsken, Sohn des Arschuscha, denn er war davor auch ein Christ, geboren von christlichen Eltern, an den Hof des Königs ging. Zur Frau hatte er die Tochter Vardans[2], des armenischen Heerführers, von der ich hier erzählen will. Nach dem Vater hieß sie Vardan mit dem Kosenamen Schuschanik. Sie war fromm und gottesfürchtig von Kind an, wie ich schon berichtet habe. Das gottlose Tun ihres Mannes quälte ihr Herz, und sie flehte alle an, dass sie für ihn beten mögen, damit ihn Gott aus seiner Verirrung auf den rechten Weg zu Christus führe.

Wer anderer als ich könnte vom unglückseligen und bemitleidenswerten Varsken berichten, dem vollkommen Verlassenen, wie er sich von der unverlöschlichen Hoffnung auf Christum entfernte, oder wer beklagte ihn nicht, der um Christi willen weder Marter noch Angst, weder Schwert noch Gefangenschaft erfuhr.

Als er zum persischen König ging, geschah es nicht, um ihm Ehre zu erweisen, sondern er brachte sich selbst dem König als

Gabe dar, indem er dem wahren Gott entsagte und Feueranbeter wurde und sich so ganz von Christus abwandte. Dieser Unglückselige bat den persischen König um ein Weib für sich, damit ihm der König wohl gesinnt sei, und er sprach: „Meine rechtmäßige Frau und meine Kinder bekehre ich auch zu deinem Glauben, wie ich mich zu ihm bekehrt habe." So versprach er etwas, ohne Schuschaniks Zustimmung zu besitzen. Der König freute sich und befahl, den Pytiachsch mit seiner Tochter zu verheiraten.

II. Und der Pitiachsch entfernte sich vom persischen Hof. Als er die Grenze von Karthli[3] erreichte und das Land Herethi[4], beschloss er, Nachricht zu geben, dass ihn die Asnauris[5] und deren Söhne und Diener empfangen sollten und er in ihrer Begleitung als ein Treuer ins Land käme. Und er schickte seinen Knecht zu Pferd als Gesandten aus, nachdem er die Siedlung erreicht hatte, die Zurtavi[6] heißt.

Als der Knecht vor unsere Königin Schuschanik hintrat, begrüßte er sie. Schuschanik aber, selig im Glauben, sprach wie eine Prophetin: „Wenn seine Seele lebt, seid ihr, er und du, lebendig. Ist eure Seele aber tot, so wird sich dein Gruß wieder zu dir wenden." Jener Mann wagte nicht, ihr zu antworten. Die heilige Schuschanik jedoch beschwor ihn und fragte beharrlich weiter. Und der Mann sagte ihr die Wahrheit und sprach: „Varsken hat sich vom wahren Gott losgesagt."

Als Schuschanik, selig im Glauben, das vernahm, fiel sie zu Boden, schlug mit dem Kopf auf die Erde und sprach voll bitterer Tränen: „Der unglückselige Varsken ist erbärmlich geworden, denn er kennt den wahren Gott nicht mehr und ist Feueranbeter geworden, betet im Artoschan[7] und hat sich mit den Gottlosen vereinigt."

Sie erhob sich, verließ das Haus und trat ehrfürchtig in die Kirche ein, nahm ihre drei Söhne und ihre Tochter, stellte sie vor den Altar, betete und sprach: „Du hast sie gegeben, behüte sie, die im heiligen Taufbecken erleuchtet wurden, durch die Gnade des Heiligen Geistes, auf dass sie eine Herde werden und eines Hirten, unseres Herrn Jesus Christus."

Und als der Spätgottesdienst zu Ende war, ging sie in ein kleines Häuschen nahe bei der Kirche, trat ein voll Kummer, lehnte den Kopf an die Wand und weinte bittere Tränen.

III. Der Bischof des Pitiachsch-Hofs, der mit Namen Apoz hieß, war nicht da, sondern in das Haus eines frommen Mannes gegangen, um ihn um Rat zu bitten. Mich, den Beichtvater der Königin Schuschanik, hatte der Bischof mitgenommen. Da kam plötzlich der Diakon und erzählte uns alles: von der Ankunft des Pitiachschs und dem Verhalten der Königin. Und wir wurden von Verzweiflung ergriffen und beweinten mit großer Trauer die schwere Last unserer Sünden.

Ich trennte mich sofort von den andern und ging in das Haus, in dem sich Schuschanik aufhielt, selig im Glauben. Und als ich sie so verzweifelt sah, begann auch ich mit ihr zu weinen. Und ich sprach zu ihr: „Große Kämpfe harren deiner, Königin, bewahre den Glauben an Christus. Die Macht des Feindes frisst an uns unersättlich wie der Krebs." Die heilige Schuschanik aber entgegnete mir: „Priester, ich bin zu großen Kämpfen bereit." „Das ist gut. Sei tapfer, geduldig und großmütig", ermutigte ich sie. Sie aber sprach traurig: „Dieses Unglück hat mich allein getroffen!" Ich jedoch antwortete: „Dein Unglück ist unser Unglück und deine Freude unsere Freude. Du warst nicht nur unsere Königin, sondern hast uns auch alle als deine Kinder betrachtet."

Und ich sagte der im Glauben Seligen leise: „Was hast du im Sinn, sag es mir, damit ich es weiß und über deine Taten berichten kann." Sie aber erwiderte mir: „Warum fragst du das?" Ich antwortete ihr: „Hältst du auch stand?" Und sie sagte: „Es wird nicht geschehen, dass ich an Varskens Taten und Sünden teilnehme!" Ich entgegnete: „Bösen Sinn hat Varsken, vielen Qualen und großer Bedrängnis wird er dich aussetzen." Sie aber sagte: „Besser ich sterbe von seiner Hand, als durch seine und meine Vereinigung meine Seele ins Verderben zu stürzen, denn ich habe von dem Apostel Paulus gehört: ‚Es ist der Bruder oder die Schwester nicht gebunden in solchen Fällen'." Und ich antwortete: „So ist es."

IV. Während wir sprachen, kam ein Mann, ein Perser, trat zu Schuschanik, selig im Glauben, und sprach weinend: „Dieses friedliche Haus ist so elend geworden, und die Freude hat sich in Leid gekehrt!" Aber er war von Varsken gesandt und sprach mit Arglist, um Schuschaniks Herz zu besiegen. Die Heilige erriet seine Absicht und verwahrte sich fest.

Nach drei Tagen kam Varsken, der Pitiachsch, und jener Perser sagte ihm heimlich: „Wenn ich es richtig begriffen habe, hat deine Frau dich verlassen. Und ich sage dir: Sprich nicht hart mit ihr, denn der Frauen Geist ist kurz." Und als am anderen Tag der Pitiachsch aufgestanden war, ließ er uns Priester kommen. Wir gingen zu ihm. Er empfing uns freundlich und sagte:

„Habt keine Angst vor mir, und hasst mich auch nicht." Und wir erwiderten ihm: „Du hast deine Seele zugrunde gerichtet, und auch uns hast du zugrunde gerichtet!" Da wurde er zornig und sagte: „Mit welchem Recht hat meine Frau so an mir gehandelt. Jetzt geht zu ihr und sagt ihr, dass sie mein Bild zerstört und mein Bett mit Asche bestreut, ihr Heim verlassen hat und an einen anderen Ort gegangen ist."

Die heilige Schuschanik antwortete darauf: „Ich habe jenes Bild nicht errichtet und nicht zerstört. Sein Vater hat Martyrien[8] errichtet und Kirchen gebaut. Aber Varsken hat entstellt und verraten, was sein Vater getan hat. Sein Vater hat die Heiligen in sein Haus geholt[9], Varsken hat die Däwen[10] eingeführt, sein Vater hat sich zum Herrn des Himmels und der Erde und zum wahren Glauben bekannt, Varsken hat sich vom wahren Gott abgewandt und betet das Feuer an. Und wie er sich von Gott, seinem Schöpfer abgewandt hat, so habe auch ich mich von ihm abgewandt. Und selbst wenn er Qualen über Qualen auf mich lädt, so werde ich doch an seinen Taten nicht teilnehmen."

Und wir berichteten dies alles dem Pitiachsch, er aber erzürnte sich sehr und brüllte wie tollwütig.

Dann schickte er nach seinem Bruder Dshodshik und dessen Frau, der Schwester Schuschaniks, und nach dem Bischof seines Hauses und hieß sie zu Schuschanik sagen: „Steh auf und komm an deinen Platz und ändere deinen Sinn! Sonst wird man dich mit Gewalt an deinen Platz bringen."

Aber als sie vor der Königin erschienen und sie mit vielen Worten zu überzeugen versuchten, da antwortete ihnen die heilige Schuschanik: „Ihr weisen Menschen, ihr sprecht gut, jedoch glaubt nicht, dass ich Varskens Frau bleibe. Ich hoffte, ihn zu bekehren, dass er den wahren Gott bekenne, und ihr wollt mich zwingen, mich von Gott abzuwenden? Niemals wird das geschehen! Und du, Dshodshik, bist nicht mehr mein Schwager, und ich bin nicht mehr die Frau deines Bruders, und deine Frau ist nicht mehr meine Schwester, da ihr an Varskens Seite getreten seid." Und Dshodshik sagte zu ihr: „Ich weiß, dass er Diener schicken wird, die dich mit Gewalt zu ihm bringen werden." Die heilige Schuschanik sagte aber: „Lässt er mich binden und verschleppen, so freut mich das, denn dann wird er mich richten."

Und als sie das von ihr hörten, weinten sie alle. Dshodshik stand auf und ging hinaus unter Tränen. Und die heilige Schuschanik sagte zum Bischof: „Was kommst du und willst mich überreden, zu meinem Gatten zu gehen, wo er doch Gott verlassen hat." Dshodhik aber flehte sie an und sagte: „Du, unsere Schwester, richte dieses königliche Haus nicht zugrunde!" Die heilige Schuschanik aber antwortete ihm: „Ich weiß, dass ich eure Schwester bin und mit euch erzogen wurde, aber ich kann es nicht zulassen, dass Blutgier entsteht, und ihr alle darum in Schuld fallt."

Und als man sie zu sehr bedrängte, erhob sich die Heilige, selig im Glauben, nahm ihr Evangelium an sich und sprach weinend: „Mein Herr und Gott, du weißt, dass ich mit ganzem Herzen in den Tod gehe."

Das sagte sie und ging mit ihnen, ihr Evangelium nahm sie mit sich und heilige Märtyrerbücher. Und sobald sie in den Palast eintrat, ging sie nicht in ihr Schlafgemach, sondern wählte eine kleine Zelle. Und die heilige Schuschanik erhob ihre Hände zum Himmel und sprach: „Mein Herr und Gott, weder ein Priester hatte Mitleid mit mir, noch ein Weltlicher fand sich unter diesen Leuten, sondern alle übergaben mich dem Gottesfeind Varsken, um mich zu töten."

VI. Und nach zwei Tagen kam jener Wolf, Varsken, in den Palast und sagte zu seinen Dienern: „Heute werden wir, ich und Dshodshik mit seiner Frau zusammen, eine Mahlzeit halten, und keinem anderen dürft ihr erlauben, bei uns einzutreten." Am Abend wurde Dshodshiks Frau geladen, um das gemeinsame Mahl einzunehmen; man holte auch die heilige Schuschanik dazu. Als es Zeit war zu essen, traten Dshodshik und seine Frau zur heiligen Schuschanik hin, um auch sie zum Essen zu bewegen, da sie all diese Tage hungernd verbracht hatte. Man bedrängte sie sehr und führte sie mit Gewalt in den königlichen Speisesaal. Aber sie nahm nichts zu sich. Dshodshiks Frau reichte ihr ein Glas Wein und versuchte sie zu überreden, wenigstens Wein zu trinken. Die heilige Schuschanik jedoch sprach zornig zu ihr: „Seit wann halten Männer und Frauen Mahlzeit zusammen?!" Und sie warf ihr mit ganzer Kraft das Glas ins Gesicht. Es zerbrach, und der Wein wurde vergossen.

Da begann Varsken unflätig zu schimpfen und sie mit Füßen zu treten. Er nahm das Feuereisen und schlug es ihr auf den Kopf, so dass sie eine tiefe Wunde davontrug; ein Auge schwoll an. Er versetzte ihr Hiebe, schlug ihr mit der Faust unbarmherzig ins Gesicht und schleifte sie an den Haaren herum. Wie ein wildes, tollwütiges Tier brüllte und schrie er.

Da erhob sich Dshodshik, sein Bruder, um Schuschanik zu Hilfe zu kommen und kämpfte mit Varsken. Varsken verprügelte jedoch auch ihn und riss Schuschanik ihren Schleier vom Kopf.

Mit Mühe entriss Dshodshik Schuschanik wie ein Lamm einem Wolf den Händen des Tobenden. Und wie tot lag die heilige Schuschanik am Boden, Varsken aber schmähte ihre Sippe und ihre Verwandten und nannte sie die Zerstörerin seines Hauses. Und er befahl sie zu fesseln und ihre Füße in Ketten zu legen.
Als sich sein Zorn ein wenig gelegt hatte, kam jener Perser und flehte ihn inständig an, die heilige Schuschanik von den Ketten lösen zu lassen. Da er ihn so sehr bat, befahl Varsken, ihr die Fesseln abzunehmen und sie in eine Zelle zu bringen und durch einen Diener gut zu bewachen, dass kein anderer dort eintrete und sie zu sehen bekäme, weder ein Mann noch eine Frau.

VII. Und als der Morgen graute, kam er und fragte den Diener: „Wie fühlt sie sich ihrer Wunden wegen?" Und der Diener antwortete ihm: „Sie wird nicht überleben." Da trat Varsken selbst ein, sah sie und staunte über die Unzahl der angeschwollenen Stellen. Er befahl dem Diener: „Niemand darf hier herein und sie so sehen." Er selbst ging auf die Jagd.
Ich aber begab mich zur Zelle und sagte zu dem Wächter: „Lass wenigstens mich hinein, allein, um nach ihren Wunden zu sehen." Er aber antwortete: „Und wenn Varsken es erfährt und mich tötet?" Ich aber entgegnete heftig: „Elender, hat sie dich nicht groß gezogen? Und was ist dabei, wenn er dich tötet um ihretwillen?!" Da ließ er mich heimlich eintreten. Und ich sah ihr Gesicht voll von Wunden und geschwollen und weinte. Die heilige Schuschanik aber tröstete mich: „Weine nicht um mich, denn diese Nacht ist für mich der Anfang der Freude geworden." Ich aber sagte zur heiligen Schuschanik: „Befiehl es mir, und ich wasche von deinem Gesicht das Blut und die Asche, die

deine Augen füllt, ich lege Salben auf und Arznei, damit du in der Nacht vielleicht genesen mögest!" Die heilige Schuschanik entgegnete mir jedoch: „Priester, so sollst du nicht sprechen, denn dieses Blut wird die Reinigung meiner Sünden sein."
Ich aber bewog sie, ein wenig die Speisen zu kosten, die der Erste der Bischöfe, Ssamoeil, und sein Mitbruder, der Bischof Iowane, ihr zukommen ließen, denn sie sorgten sich heimlich um sie und wollten sie trösten. Da sagte die heilige Schuschanik zu mir: „Priester, ich kann die Speisen nicht kosten, weil meine Kiefer gebrochen und einige Zähne ausgeschlagen sind."
Da nahm ich etwas Brot, tauchte es in Wein, und sie aß ein wenig.
Und ich beeilte mich, sie zu verlassen. Da sprach zu mir die heilige Schuschanik: „Priester, soll ich ihm seinen Schmuck zurückschicken? Es ist möglich, dass Varsken danach verlangt, ich brauche den Schmuck doch in diesem Leben nicht mehr."
Und ich antwortete: „Eile dich nicht, lass ihn bei dir."
Und wie wir das besprachen, kam ein Jüngling und fragte: „Ist Jakob dort?" Und ich fragte: „Was willst du?" Er erwiderte: „Der Pitiachsch ruft nach dir." Ich wunderte mich, weswegen er mich zu dieser Stunde rief. Eilig ging ich zu ihm. Und der Pitiachsch sagte: „Höre, Priester, ich ziehe in den Krieg gegen die Hunnen[11]. Meinen Schmuck lass ich ihr nicht, denn sie ist nicht meine Frau, es wird sich jemand finden, dem er nützt. Geh hin und bring mir alles, was da ist." Ich ging und sagte das der heiligen Schuschanik. Sie freute sich sehr, dankte Gott und gab mir alles, und ich brachte es dem Pitiachsch. Er nahm den Schmuck, schaute ihn an und sah, dass alles da und ganz war: „Es wird sich später schon jemand finden, der sich damit schmückt."

VIII. Als die Zeit der großen Fasten kam, ging Schuschanik, selig im Glauben, in die Nähe einer heiligen Kirche und fand dort eine kleine Zelle, dass sie darin wohne. Jene Zelle hatte ein winziges Fenster, und sie verhängte es. Und sie blieb darin, in der Dunkelheit, bei Fasten und Beten und Klagen.
Und einer von seinen Vertrauten sagte zum Pitiachsch: „Während der heiligen Fasten sag du ihr nichts."
Als der Ostermontag kam, kehrte der Pitiachsch aus dem Krieg mit den Hunnen zurück, und in seinem Herzen wütete der Teufel. Er ging in die Kirche und sagte zum Bischof Agoz: „Gib mir meine Frau zurück, warum trennst du sie von mir?" Und er begann schrecklich zu fluchen und Gott zu schmähen. Ein Priester aber sprach zu ihm: „Herr, warum tust du das und sprichst so böse, schimpfst auf den Bischof und bist gegen die heilige Schuschanik erzürnt?" Der Pitiachsch aber schlug den Priester mit dem Stock in den Rücken, und der wagte nichts mehr zu sagen.

Und er zerrte die heilige Schuschanik über den Lehm und durch Dornengestrüpp von der Kirche bis zum Palast, wie eine Tote schleppte er sie hinter sich her. An mehreren Stellen war die Erde mit Christdorn bedeckt. Er trat auf den Christdorn, und Schuschaniks Kleidung und Fleisch wurden vom Dorn in kleine Fetzen gerissen. So brachte er sie zum Palast und befahl, sie zu binden und zu schlagen; er wütete und sprach: „Da siehst du, sie helfen dir nicht, weder deine Kirche noch deine Freunde, die Christen und ihr Gott." Und während man dreihundertmal mit dem Stock auf sie einschlug, drang keine einzige Klage, kein einziger Seufzer von ihren Lippen. Danach sagte die heilige

Schuschanik zu dem gottlosen Varsken: „Unglücklicher, du hast kein Mitleid mit dir selbst und hast dich von Gott getrennt, wie sollst du Mitleid haben mit mir?"

Und als er das viele Blut sah, das von ihrem zarten Leib herab floss, befahl er, um ihren Hals eine Kette zu legen. Und er befahl, die heilige Schuschanik in eine Festung zu bringen, sie in einen dunklen Kerker zu sperren, damit sie dort sterbe.

IX. Gerade zu der Zeit, als man die heilige Schuschanik aus dem Palast brachte, kam ein Diakon des Bischofs an ihre Seite und wollte sagten: „Halte stand!" Aber der Pitiachsch sah zu ihm hin, und es gelang ihm nicht mehr zu Ende zu sprechen, er sagte nur: „Hal...", verstummte und ergriff die Flucht.

Dann nahm man die heilige Schuschanik, führte sie barfuß, mit offenem Haar wie eine Gemeine, und niemand wagte ihren Kopf zu bedecken, denn der Pitiachsch ritt hinter ihr her und schalt sie mit vielen Schimpfworten.

Eine große Menschenmenge, eine Unzahl von Frauen und Männern, gingen mit der heiligen Schuschanik mit, sie folgten ihr nach, weinten laut, zerkratzten sich das Gesicht und vergossen verzweifelte Tränen um ihretwillen. Die heilige Schuschanik aber wandte sich zu ihnen um und sprach: „Weint nicht, meine Brüder und Schwestern, ihr meine Kinder, sondern gedenkt meiner in eurem Gebet. Von jetzt ab bin ich von euch getrennt, denn ihr seht mich nicht mehr lebendig aus diesem Kerker heraustreten."

Und als der Pitiachsch die Menge sah und das Weinen der Männer und Frauen hörte, der Alten und Jungen, jagte er mit dem Pferd in die Menge und vertrieb sie. Und als sie die Brücke

zur Festung erreichten, sagte der Pitiachsch zur heiligen Schuschanik: „Nur dieses ist dir geblieben, mit eigenen Füßen hierher zu gehen, weil du von dort nicht mehr lebend herauskommst, sondern von Vieren getragen wirst."
Als sie in die Festung kamen, fanden sie auf der nördlichen Seite eine kleine und dunkle Zelle, in die man die Heilige brachte. Und die Kette, die um ihren Hals lag, blieb daran, und der gottlose Varsken versiegelte sie mit seinem eigenen Siegel. Die heilige Schuschanik aber sprach: „Ich bin froh, hier werde ich leiden und ewige Ruhe finden." Der Pitiachsch aber sagte zu ihr: „Finde nur ewige Ruhe!"
Dann stellte er Wachen auf und befahl, Schuschanik verhungern zu lassen. Und er sprach zu ihnen so: „Ich sage euch, wenn jemand hier eintritt, gleich ob Mann oder Frau, werdet ihr sehen, was ich mit euch und euren Weibern und Kindern und mit euren Häusern mache, dann gebt mir keine Schuld."

X. Dann ging er aus der Festung. Drei Wochen später ließ er einen der Wächter kommen und fragte ihn: „Ist diese Unglückselige noch am Leben?" Der Wächter antwortete: „Herr, sie ist dem Tode näher als dem Leben, weil sie vor Hunger fast tot ist, denn sie nimmt keine Nahrung zu sich." Der Pitiachsch aber sagte: „Das soll dich nicht kümmern, lass sie sterben."
Ich aber bat den Wächter sehr, mich einzulassen und versprach ihm eine angemessene Belohnung. Nur schwer willigte er ein und sagte zu mir: „Wenn es dunkel wird, komm, aber allein." Und als er mich in die Zelle führte, und ich jenes Lamm Gottes sah, wunderschön wie eine Braut geschmückt mit jenen Fesseln, ertrug es mein Herz nicht länger, und ich weinte bitterlich.

Die heilige Schuschanik aber sagte zu mir: „Über etwas so Gutes weinst du, Priester?" Der Wächter hingegen sprach: „Hätte ich das gewusst, wärst du nicht hineingekommen." Ich begann ihr Trost zuzusprechen, so viel mir Gott Worte gab, und trennte mich von ihr und ging schnell in mein Haus.

Der Pitiachsch aber begab sich nach Tschori[12]. Sein Bruder Dshodshik war nicht da, als all das mit Schuschanik geschah. Und als Dshodshik zurückkehrte, eilte er dem Pitiachsch nach und holte ihn ein an der Grenze von Herethi und bat ihn inständig, sie von den Fesseln zu erlösen, und da er Varsken so sehr zusetzte, befahl dieser, sie solle von der Kette befreit werden. Und als Dshodshik zurückkam, nahm er die Kette von ihrem Hals, aber die heilige Schuschanik erlaubte ihm nicht, ihre Füße von den Fesseln zu lösen, und sie behielt sie bis an ihr Ende.

Sechs Jahre war sie im Kerker und erblühte von göttlichen Tugenden: vom Fasten, dem immer währenden Wachen, dem Stehen, der unermüdlichen frommen Verneigung und dem unablässigen Lesen der Bücher. Sie erleuchtete und verschönte die ganze Festung mit der Harfe ihrer Seele.

XI. Von jener Zeit an wurde sie in ganz Karthli gerühmt. Und es kamen Männer und Frauen, um zu opfern, was sie versprochen hatten, und jedem, dem etwas fehlte, wurde es durch das heilige Gebet der Schuschanik, selig im Glauben, zuteil vom menschenliebenden Gott: den Kinderlosen - Kinder, den Kranken - Gesundung, den Blinden - Augenlicht.

Es war ein Weib, eine Perserin und Feueranbeterin, die aussätzig war. Und sie kam zu der heiligen Schuschanik. Diese aber belehrte sie, dass sie sich von der zoroastrischen Religion scheiden und Christin werden solle. Jenes Weib tat dies. Und Schuschanik unterrichtete das Weib und sagte ihm: „Geh nach Jerusalem, und du wirst von deinem Aussatz geheilt sein." Jene hörte voll Eifer zu und machte sich auf den Weg im Namen unseres Herrn, Jesu Christi, und ward von ihrer Krankheit geheilt. Und als sie froh zurückkehrte, kam sie zu der heiligen Schuschanik, um ihr zu danken, und ging in ihr Haus, glücklich und geheilt.

XII. Die heilige Schuschanik aber, anstatt auf Seide zu sticken, nahm mit Eifer den Psalter und hatte nach wenigen Tagen hundertfünfzig Psalmen gelernt, mit denen sie Tag und Nacht in frommem Gesang den Herrn des Himmels weinend rühmte.
Und man sagte der heiligen Schuschanik dieses: „Deine Kinder hat er Feueranbeter werden lassen." Da brach sie in Schluchzen aus, betete zu Gott mit Ehrfurcht und schlug mit dem Kopf gegen die Erde; sie stöhnte und sagte: „Ich danke dir, Herr, unser Gott, denn sie sind nicht das Meine, sondern du hast sie gegeben. Wie du es willst, soll es sein, und beschütze mich vor den Taten der Feinde."
Und ich ging hin und sah die heilige Schuschanik abgezehrt, die Augen vom Weinen verschwollen. Und da der heilige Bischof ihr Speisen geschickt hatte, bewog ich sie zu essen, und sie kostete ein wenig, und ich dankte Gott. Bis dahin waren die Kinder gekommen, ihre Mutter zu sehen; seitdem sie aber vom rechten Glauben abgefallen waren, wagten sie nicht mehr, sie zu sehen, denn sie war unwillig, selbst ihre Namen zu hören.

XIII. Und dann schickte der Pitiachsch Boten und ließ ihr sagen: „Entweder erfülle meinen Willen und komm in den Palast, oder, wenn du nicht heimkehrst, schicke ich dich auf einem Esel nach Tschori oder zum persischen Hof." Die heilige Schuschanik aber erwiderte dies: „Unglücklicher und Unvernünftiger, wenn du mich zum persischen Hof oder nach Tschori schickst, finde ich dort das Gute, wer weiß? Und entrinne dem Bösen hier." Und der Pitiachsch wiederholte im Herzen diese Worte, die sie gesprochen hatte: „Finde ich dort das Gute, wer weiß?" Und dachte: „Vielleicht wird sie jemanden von den Herrschern heiraten." Und von dieser Zeit an hat er niemanden mehr zu ihr geschickt. Die heilige Schuschanik hingegen hatte die Erduldung böser Qualen, die Gottes Wohlwollen bringt, gemeint.

Der Pitiachsch aber wählte ihren eigenen Milchbruder, auf dass er sie in den Palast führe. Und als jener Mann zu ihr sagte: „Gehorche nur und gehe in den Palast, und lass euer Haus nicht wüst werden", sprach die heilige Schuschanik zu ihm: „Sage dem Gottlosen, er hat mich getötet und mir gesagt: 'Lebendig und auf eigenen Füßen kommst du nicht aus der Festung heraus'. Und wenn er jetzt imstande sein sollte, einen Toten auferstehen zu lassen, so lasse er zuerst seine Mutter auferstehen, die in Urdi[13] begraben ist; wenn er aber nicht imstande ist, sie auferstehen zu lassen, wird er auch nicht imstande sein, mich hier herauszubekommen, es sei denn, er zerrt und schleppt mich fort." Und als man dem Pitiachsch diese Worte ausrichtete, sagte er: „Das habe ich wirklich gesagt."

Und am anderen Tag trat jemand ein bei ihr und sagte: „Du hast ihm gut geantwortet, weil er dich locken wollte und im

Herzen eine böse Absicht hatte." Die heilige Schuschanik antwortete: „Glaube du nicht, dass Gott schläft, der in den menschlichen Mund die Worte legt, weil Gott selbst gesagt hatte: 'Ich werde antworten statt eurer'."

XIV . Und als das sechste Jahr ihrer Gefangenschaft im Kerker zu Ende ging, befiel sie ein Übel, das von der großen Erschöpfung kam, von all dem, was sie mit ihrer Tatkraft vollbracht hatte. Davor hatte ich sie auch schon gewarnt und gesagt: „Übertreibe nicht, denn deinem Fleisch ist dein Leben schwer, es erträgt nicht, was du tust, und dann wirst du nicht mehr imstande sein, Gutes zu tun, da du so streng fastest und immer auf den Beinen stehst und jede Nacht dich ermüdest mit dem Singen der Psalmen." Aber sie hat ihrem Leib keine Ruhe gegönnt, und er wurde wie zu Asche verzehrt.

Sechs Jahre lang hat sie sich während der großen Fasten fünfzig Tage lang Tag und Nacht nicht niedergesetzt, noch hat sie geschlafen, noch etwas gegessen, nur sonntags hat sie das heilige Abendmahl - Christi Fleisch und Blut - empfangen und etwas Kräutersuppe zu sich genommen, nur wenig, Brot aber hat sie bis Ostern keines gegessen.

Und von dem Tag an, als man sie in die Festung eingesperrt, hat sie den Kopf auf kein Kissen gelegt, nur einen ungebrannten Ziegel unter ihr Haupt geschoben. Und zum Lager hatte sie einen alten Filzüberwurf, und ein wollenes Kissen lag zum Schein auch dort. Für das Knien lag eine Bastmatte da, und eine undenkbare Menge von Flöhen und Läusen hauste an jenem Ort. Zur Sommerzeit war die Sonnenglut peinigend wie Feuer, die Winde waren heiß und die Wasser verdorben; die

Einwohner in jener Gegend litten unter vielerlei Krankheiten, waren vom Wasser aufgequollen und gelb, voll Ausschlag, siech und krätzig, an Gesichtskrankheiten leidend, mit geschwollenen Gesichtern und kurzlebig; es gab keine Greise in diesem Lande. Und in solch einer Festung war sie sechs Jahre eingesperrt, in schweren Fesseln lobte sie Gott.

XV. Als aber das siebente Jahr begann, bedeckte sich der Leib der heiligen Schuschanik, dreimal selig im Glauben, mit Schwären, und von der unablässigen Anstrengung schwollen ihre Beine an. Eiter sickerte aus den Geschwüren. Groß waren die Schwären und mit Ungeziefer bedeckt, das sie mit eigener Hand abnahm und mir zeigte und Gott dankte und sprach: „Priester, das soll dir nicht schwer sein, denn im Jenseits ist jener Wurm größer und stirbt nicht." Und als ich den Wurm sah, wurde ich unsagbar traurig und brach in Tränen aus. Sie aber wurde zornig: „Priester, was bist du traurig? Besser fressen mich hier in diesem Leben die sterblichen Würmer als dort die unsterblichen." Und ich erwiderte ihr: „Das härene Büßerhemd ist dir wohl zum Leiden nicht genug, und deshalb freuen dich die Würmer!" Und sie sprach zu mir flehend: „Sag niemand von meinem härenen Büßerhemd, solange ich am Leben bin, weil ich bald meinen elenden Leib verlassen muss." Dass sie unter dem Kleid ein härenes Büßerhemd trug, wusste nur ich, für die Augen der Menschen hatte sie jedoch ein weites Kleid aus antiochischem feinem Gewebe an.

XVI. Und als Dshodshik vernahm, dass die Königin, selig im Glauben, die heilige Schuschanik, dem Tode nah sei, ging er hin und nahm seine Frau und seine Kinder, seine Sklaven und Sklavinnen mit. Und er kam in die Festung, um die glückselige Märtyrerin Schuschanik zu sehen. Mit Gewalt verschaffte er sich Zutritt, verneigte sich ehrfürchtig vor dem heiligen Kreuz und begrüßte die fromme Schuschanik. Er setzte sich neben sie und fragte nach ihren Schmerzen. Die Heilige aber antwortete: „Es geht mir gut, wie es Gott gefällt, aber auch ich gehe hin den Weg aller Welt."

Dshodshik aber stand rasch auf und gestand seine früheren unwürdigen Taten und sagte der heiligen Schuschanik flehend: „Du Himmelsbraut und Dienerin Gottes, bitte den Herrn, dass er mir meine zahlreichen Sünden vergebe." Die heilige Schuschanik aber antwortete ihm: „Wenn dich nur die Jugend sündigen ließ, wird der Herr dir verzeihen." Und Dshodshik bekannte: „Deswegen bin ich zu dir gekommen, um nie mehr zu tun, was Gott nicht gefällt." Die heilige Schuschanik sagte: „Wenn du so handelst, wirst du für mich durch diese Worte unsterblich sein, und Gott wird dir ein langes Leben schenken."

Und dann sah Dshodshik, dass die Heilige sich noch an diesem Tag von ihrem Fleisch trennen würde und bat: „Segne mich und meine Frau, deine Dienerin, und meine Kinder und meine Sklaven und Sklavinnen, und wenn wir an dir schuldig geworden sind wie die Menschen des irdischen Lebens und die dem Diesseits Verfallenen, verzeihe uns und gedenke nicht meines Leichtsinns." Aber die heilige Schuschanik sagte zu Dshodshik und zu seiner Frau: „Gleichgültig wart ihr meinem Geschick gegenüber, da sich keiner von euch fand voll Mitleid mit meinen Schmerzen, keiner, der den Gottlosen, der eine Zeit lang mein Mann war, überzeugen konnte." Sie aber antworteten:

„Wir haben uns, als du nicht da warst, redlich bemüht, aber es gab weder Hören noch Antwort." Dann sagte die heilige Schuschanik: „Über mich und den Pitiachsch Varsken wird Gericht gehalten werden, wo nicht Unterschied ist vor dem Richter der Richter und dem Herrn der Herren, wo nicht Mann ist noch Weib, wo ich und er gleiche Rede halten werden, vor unserem Herrn Jesus Christus; der Herr wird ihm vergelten nach seinen Werken, denn er hat meine Früchte zur Unzeit gepflückt und mein Licht gelöscht und meine Blume gebrochen, den Liebreiz meiner Schönheit verdüstert und meine Ehre erniedrigt. Soll Gott richten zwischen ihm und mir. Ich aber danke jetzt Gott dafür, denn Varskens Grausamkeiten führen mich nun der Tröstung entgegen, dass er mich schlug und beleidigte, führt mich zur ewigen Ruhe. Für seine Unvernunft und Unbarmherzigkeit wird mir Gnade erweisen mein Herr Jesus Christus."

Sie aber weinten bitterlich bei jedem Wort, das Schuschanik sprach, und flehten: „Vergib uns unsere Schuld und segne uns, heilige und glückselige Märtyrerin Jesu Christi." Die heilige Schuschanik aber sprach: „Gott verzeiht euch alles, was ihr getan habt." Dann segnete sie Dshodshik und seine Frau, seine Kinder und seine Sklaven und Sklavinnen, sie segnete seinen ganzen Hof und Palast. Und sie gebot ihnen, die Wege Gottes zu gehen, und wies sie an: „Dies ganze irdische Leben ist vergänglich und veränderlich wie eine Blume auf dem Felde. Wer gesät hat, wird ernten, wer sich der Bettler erbarmte, der hat gewonnen. Wer sein Leben verliert, der wird den finden, den er verherrlicht hat." Danach trennte sie sich von ihnen und hieß sie gehen in Frieden.

XVII. Dann kamen nach Dshodshik der Erste der Bischöfe, Ssamoel und sein Mitbruder, der Bischof Iowane, die sie bestärkt und sich viel um sie gesorgt hatten. Mit ihren Hausangehörigen waren sie ihr untertan und auch gleichen Sinns und beteiligt an ihren Werken; in Dankbarkeit gaben sie ihr, die in den Hafen Christi zog, Geleit. Desgleichen kamen auch hohe Asnauri und vornehme Frauen, Adelige und Nichtadelige des karthlischen Landes. Auch jene, die an ihren frommen Werken aufrichtig Anteil genommen und für die Würdige und Tapfere nun zu Christo beteten.

Um eines baten sie alle, die Bischöfe und Adeligen, einstimmig, dass sie ihnen die Fesseln ihrer Füßen überließe, allen zum Schutz und zum Segen. Darauf entgegnete die heilige Schuschanik: „Wer bin ich Unwürdige? Aber um eurer Liebe zu Gott willen möge der Priester euren Wunsch erfüllen. Und ich, was vermag ich schon, aber Gott in seiner Allmacht möge eure Gebete erhören, die ihr euch um mich bemühtet und an meinen Leiden, Schmerzen und Qualen Anteil nahmt. Ich aber, ihr Lieben, gehe auf den ewigen Weg, der mir bereitet ist. Statt meiner Leiden möge Christus mir Freude schenken, statt dieser Qualen die Ruhe, statt der Schläge, Beschimpfungen und Erniedrigungen möge im Himmel mir ewige Ehre und Achtung zuteil sein." Und als sie von ihr schieden, priesen jene mit Tränen Gott den Herrn für Schuschaniks Sieg, traten aus der Festung und gingen fort.

XVIII. Und es kam der Tag ihres Hinscheidens. Und sie rief zu sich den Bischof ihres Hauses, Apoz, und dankte ihm als ihrem Vater und Erzieher für sein Mitleid und bat ihn für mich, den

Sündhaften und Armseligen. Und vertraute ihm ihre sterblichen Überreste an und bat, sie dort hinzulegen, von wo sie verschleppt worden war am Anfang und sagte: „Tut dies, wenn ich etwas wert bin, die letzte Arbeiterin im Weinberg um die elfte Stunde, seid alle gesegnet in Ewigkeit."
Und sie dankte Gott und sagte: „Gesegnet ist der Herr, mein Gott, denn ich liege und schlafe ganz in Frieden." Und sie befahl dem Herrn, der allen ein guter Vater ist, ihre Seele.

XIX. Und sofort holte der fromme Bischof Iowane ein geweihtes Leichentuch, um ihre heiligen und ehrwürdigen Reliquien einzuhüllen, und wir anderen nahmen ihren Leichnam, den gequälten, verhärmten, von Würmern zerfressenen, und wuschen sie von den irdischen Würmern und dem Eiter rein und kleideten sie in Leinwand. Und die beiden Bischöfe, Iowane und Agoz, hoben ihre ehrwürdigen sterblichen Überreste auf und trugen sie gleich zwei starken Stieren, von der Kraft des Himmels angeschirrt, mit der ganzen Versammlung und mit geistlichen Liedern und wohlriechendem Weihrauch hinaus und in die heilige Kirche. Und wir begruben diese Heilige und die herrlichen und ehrwürdigen Gebeine der heiligen Schuschanik an der vorbereiteten Stätte. Jene Nacht durchwachten wir wie Engel und rühmten Gott, den Allmächtigen, mit Davids Harfe und rühmten seinen Sohn, unseren Herrn Jesus Christus, der da wirkt und alles in allen bewirkt und Männer und Frauen ermutigt, und den Seinen den Sieg verleiht über die Mächtigen, allen, die ihn mit Hingabe suchen.

XX. Und der Anfang der Qualen der heiligen Schuschanik war im Monat Agnissi[14], am achten Tage des Monats, am Mittwoch, und zum zweiten Mal wurde sie geschlagen nach dem Osterfest, am Montag, und wieder im Rosenmonat[15], am neunzehnten Tag, und ihr Ende war am siebzehnten Oktober, am Tage der heiligen und seligen Märtyrer Cosmus[16] und Damiens. Und es war der Donnerstag, den wir bestimmt haben zum Gedenken der heiligen Schuschanik, um Gott, den Vater und den Sohn und den Heiligen Geist, zu verherrlichen und zu lobpreisen, Ehre sei Gott nun und in alle Ewigkeit. Amen.

[1] Verwalter einer Grenzprovinz in Georgien

[2] *Vardan*, genauer Vardanducht, führte Mitte des 5. Jahrhunderts Krieg gegen den Iran

[3] *Kartli*, auch Karthli- ostgeorgische Provinz

[4] *Hereti*, auch Herethi - ostgeorgische Provinz

[5] Freie, Adelige

[6] Residenz des Pitiachsch in Südkartli

[7] Bethaus der Feueranbeter, in dem ein nie verlöschendes Feuer brennt.

[8] *Martyrion* - griechisch, Grab oder Grabkirche eines christlichen Märtyrers

[9] Die ersten Christen bewahrten in ihren Häusern Heiligenreliquien auf

[10] Menschenfeindliches, mythisches Wesen

[11] Es sind Hunnen gemeint, die die nordöstliche Küste des Kaspischen Meeres bewohnten
[12] Name eines Ortes und des Derbentipasses
[13] Ort in Südkarthli, auch Südkartli
[14] *Agnissa* - altgeorgischer Name für den Jänner
[15] Mai
[16] Märtyrer zur Zeit des römischen Kaisers Diokletian

Schota Rusthaweli
(12. Jh.)

Der Recke im Tigerfell

Prolog

1

Der den Weltenbau erschaffen, groß in grenzenlosem Walten,
ließ aus hohem Himmels-Odem alles Leben sich entfalten,
und er gab uns Menschen diesen Erdkreis bunter Vielgestalten,
wo die Antlitze der Fürsten ihm als eignes Abbild galten.

2

Du, all-einziger Herr und Bildner, formst der Körper Urgestalt.
Gegen den Versuch des Bösen schütz mich, leih mir Kraft und Halt!
Gib mir bis ans Lebensende liebesfeurige Gewalt,
mindre du die Last der Sünden, die mit mir ins Jenseits wallt!

3

Jenen Löwen, der so ruhmvoll trägt Thamarens Speer und Schwert
Schild der Fürstin, die ihr Antlitz sonnenschön uns zugekehrt,
bin ich ihn zu rühmen würdig, bin ich ihn zu preisen wert?
Selig, wer des Helden Zauber, seines Anblicks Huld erfährt!

4

Lasst Thamaren mich, die Fürstin, blut- und tränenschwer besingen!
Preisgesänge, streng erlesene, ließ ich einst schon für sie klingen,
für den Rohrstift musste Tinte dem Achatsee schwarz entspringen.
Wer mein Lied vernimmt, dem soll es wie ein Speer ins Herze dringen.

5

Zarte Weisen wählend, soll ich nun mit meinem Herzen wund
schildern die achatnen Flechten, Brauen, Wimpern, Augen, Mund,
die kristallnen, feingereihten Zähne, weiß und perlenrund.
Unterm bleiern-weichen Hammer geht auch harter Stein zugrund.

6

Meisterkraft, Gefühl und Wortkunst brauch ich, soll mein Werk ersprießen.
Steh mir bei, mein Geist und Genius, lass den Quell der Bilder fließen!
Recke Tariel soll den Wohlklang unsres Lobgesangs voll genießen
und ein Dreigestirn von Helden, die einander Freunde hießen.

7

Lasst uns Tariel denn beweinen, setzt euch all um mich im Kreise,
dass dem Edelsten der Edlen man die rechte Ehr erweise.
Ich, Rusthweli, wunden Herzens, reihe nun zu seinem Preise,
aus erzählter Sage schöpfend, Vers an Verse perlenweise.

8

Ich, Rusthweli, ein Besessner, setz der Töne Satz mit Kunst:
Herrscherin der großen Heere, sieh den Wahnwitz meiner Brunst!
Ich vergeh, und keine Heilung bannt den giftig-süßen Dunst.
Lass dem Grabe mich geweiht sein oder heile mich durch Gunst!

9

In georgischer Wiedergabe fand ich unter Persiens Sagen
dieser Perle sanft durch unsre Hände rollendes Behagen.
Hab sie in gediegne Verse ohne Tadel übertragen,
dass der Schönen sie gefiele, die die Wunde mir geschlagen.

10

Seht, mein Blick, den sie geblendet, wünscht sich neu von ihr erhellt.
Keine Rettung dem Entflammten, flieht er auch ins ferne Feld.
Wer erbarmt sich, mir die Seele rettend, da mein Leib zerfällt!
Dreier Edlen Heldentugend trag mein Vers in alle Welt!

11
Jedermann soll drein sich fügen, was das Schicksal ihm bescheide.
Schaffender, dein Werk lass taugen! Krieger, tüchtig sei im Streite!
Liebender, bleib immer glühend, treu bleib deinem innern Eide.
Tu auch andern nichts zuleide, dass man dir kein Leid bereite.

12
Seit jeher ein Zweig der echten Weisheit ist die Poesie.
Himmelsgabe, ward zur Labe dem Gehör der Menschen sie,
die auch irdischen Verstehen Hochgenüsse reich verlieh.
Verse lobt man, drin die Rede zu gerafftem Spruch gedieh.

13
Kein Poet ist, wer nur einmal, zweimal Zufalls-Verse flicht.
Soll sich keinen Dichter wählen. Meisterschaft, hier wohnt sie nicht.
Mögen sich auch Zeilen reimen, geben sie doch kein Gedicht,
ob der Stümper maultierstörrisch auch von höchster Wortkunst spricht.

14
Wie man eines Trabers Kräfte an der langen Strecke misst,
wie beim Ballspiel auf dem Rundplatz Sieg den sichern Wurf erliest,
so des Dichters Kunst im langen Wellengang der Verse fließt,
wo er, neu und weit ausholend, immer unerschöpflich ist.

15

Seht den Meister: wenn die Verse einmal strauchelnd ihm
erschlaffen, müht er sich, die Muttersprache in erneutem Griff
zu raffen;
seiner Worte Gang erlahmt nicht, hartem Ringen gleicht sein
Schaffen;
schlags verjüngt er sich zum Helden, übt die Schwungkraft
seiner Waffen.

16

Dann gibts Reimer mit gestutzten Zeilen, nur für nahe Ziele.
Nicht zu Herzen geht ihr Vers uns, kein Stilett sind ihre Stile.
Sie sind gleich dem jungen Jäger, der da jagte bloß zum Spiele;
dem, statt Großwild zu erlegen, nur die Wachteljagd gefiele.

17

Verse gibts von dritter Art noch: Knüttelreime, Scherzgesänge,
Trinksprüch und verliebte Schwänke, witzig-scharfe Wortge-
pränge.
Ja, auch sie sind recht ergötzlich, formen klar sich ihre Klänge.
Doch kein Dichter ist, wer niemals Werke großen Wurfs be-
zwänge.

18

Jene Liebe, jener Urtrieb, zur Vollendung hochgetrieben,
den ich singen will und sagen, bleibt unsäglich, unbeschrieben.
Wirkt sie auch beflügelnd, jene Kraft, hingebungsvoll zu lieben
ist doch keinem, der sie kannte, grimmes Leid erspart geblieben.

19

Ja, der Liebe heimlich Wesen übersteigt die Kraft des Weisen.
Müde würden Mund und Ohren, wenn es gälte, sie zu preisen.
Ich besang bloß Sinnestriebe und die Schönheit ihrer Weisen,
die nicht lüstern schweifen, sondern sehnsuchtsvoll nach oben
weisen.

20

Auf Arabisch nennt man jenen, der da liebt, den Liebestollen;
denn es rast, wer liebt, beim Abschied von der einzig Wunder-
vollen.
Mancher hat in brünstiger Andacht Himmelshund erflehen
wollen,
mancher will in niedrer Buhlschaft seine Gunst den Weibern
zollen.

21

Doch der wahrhaft Liebestolle ist ein Ritter, sonnengleich,
weise, gütig und gesammelt, im Gemüt freigebig-weich,
klug, beredt; wo Starke ringen, fühlt er sich in seinem Reich.
Nimmer kommt, wem all dies abgeht, einem Liebestollen gleich.

22

Dieser hohen Minne Schönheit zu erfassen ist gar schwierig.
Anders ist sie als die Wollust, ungemein und unbegierig,
eine Welt trennt sie vom Laster, das nur eitel ist und irrig.
Nicht sind beide zu verwechseln, glaubt mir, dies bezeuge hier
ich.

23

Abhold bleibt dem Rausch der Sinne, wer der Minne sich ergibt.
Seufzend geht er von der Schwelle jener Einzigen, die er liebt.
Ihr allein bleibt er ergeben, ob sie ihn auch oft betrübt.
Gräulich sind mir laue Küsse, die man lieblos tändelnd übt.

24

Nimmer wird der Liebestolle jenem leicht Vernarrten gleichen,
der bald einer, bald der andern spendet seiner Neigung Zeichen.
Solch zerstreute Liebeleien ähneln losen Jugendstreichen.
Liebestoll ist, wer nicht zögert, auch dem Tod die Hand zu reichen.

25

Erste Pflicht der Minne: Schweigen. Stirb und sprich kein Sterbenswort. Heg in dir das Bild der Liebsten sehnsuchtsvoll als teuern Hort.
Pein der Trennung, trag sie glühend, ohne dass dein Herz verdorrt.
Zürnt die Schöne, so verzeih ihr, dulde huldvoll immerfort.

26

Pflicht der Minne: schweigsam trage auch die Qual und auch den Gram.
Nie verletz durch lautes Seufzen vor der Welt der Liebsten Scham.
Nie verrate die Betörung, die dich selig überkam.
Flammend leide für die eine, die dem Leid den Stachel nahm.

27

Kann man jenem Glauben schenken, der den Minneschwur verschwätzt,
der die Würde der Geliebten und die eigne mitverletzt?
Wer das Liebessiegel löste, hat die Seele ausgesetzt.
Pflicht der Minne: dass das Heil man der Erwählten schützt und schätzt.

28

Ich begreif nicht, wie denn jemand ausposaunen kann sein Lieb.
Tödlicher ist die Entehrung als des Schwertes ärgster Hieb.
Liebst du nicht - woraus erklärt sich dann der lockern Zunge Trieb?
Hohn und Schmähung sind dem Unhold mehr als Leib und Leben lieb.

29

Weint der Liebende aus Sehnsucht, ists ein würdig Herz, das weint,
wenn auf Irrfahrt, in der Ferne, ihm das holde Bild erscheint.
Einsam wandelnd, nur der einen bleibe er im Geist vereint.
Gleichmut zeige er den Menschen, wenns das Herz auch anders meint.

30

Nicht vergeuden soll der Dichter seines Meistersanges Töne.
Eine nur soll er vergöttern: seine tiefersehnte Schöne.
Kunstreich soll er sie besingen, ob er auch im Feuer stöhne,

Wohllaut schaffend nicht erwarten, dass ein andrer Lohn ihn kröne.

31
Wisst denn: Einer und derselben dient mein Minnesang, mein treuer.
Stolz auf ihren Namen, heg ich sein Geheimnis hoch und teuer.
Grausam ist sie, doch mein Fühlen trotzt der Prüfung wie dem Feuer.
Dieser Sang sei ihr gewidmet, dass er ihren Glanz erneuer.

Nikolos Barataschwili
(1817 - 1845)

Die Abenddämmerung auf dem Mtazminda

O Mtazminda, heiliger Berg, deine Gegenden
Die mich anfallen, die bestürzenden, wüsten, öden
Wie schön sind sie, wenn der Himmelstau auf sie fällt
Wenn am milden Abend blasse Strahlen nur bleiben.

Welches Geheimnis, Mtazminda, das dann deine Umgebung einhüllt
Und welcher Anblick dem Wanderer auf deinem schön gebogenen Hügel
Unten ausgebreitet die schöne Ebene, wie zum Abendmahl schmücken sie Blumen
Und, wie Weihrauch zum Dank dir, spenden sie, Mtazminda, ihren Duft.

Wie erinnre ich doch die Zeit, die angenehme, als traurig,
Nebliger Fels, ich auf und ab deinen Pfad verfolgte
Und liebkoste dann wie einen Freund den ruhigen Abend
Da gleich mir er trauerte und betrübt war.

Ach, und wie schön und voll Sanftheit war da die ganze Natur!
Himmel, o Himmel, dein Bild, in der Brust noch immer bewahr ichs!

Sehn meine Augen, türkisblauer, dich, gleich wolln sie auf zu dir
Doch sie erreichen dich niemals und zerstreuen sich in den
Lüften!

So, erblick ich dich, ist mir das Erdenleben vergessen
Sehnlich wünsch ich mir außer dir eine Zuflucht
Oben im Himmel den Wohnsitz, die Nichtigkeit hier zu
lassen
Aber leider die Sterblichen kennen die Vorsehung nicht.

Nachdenklich stand auf dem Hügel ich und sah mit Liebe zum
Himmel
Der maiige Abend umhüllte mich, füllte die Schluchten mit
Schweigen
Dann und wann seufzten im Tal sanft wehende leichte Winde
Manchmal wars dann: Was still mich umgab, war eins mit dem
Herzen.

Berg, lebendiger, der bald lachend ist, bald weint
Wer denn säh dich, der nicht Ruhe vor den Gedanken
Sogleich fände und des Herz sich vom Kummer nicht löste
Du, einsamer Freund, mit Wolken bedeckter Berg.

Schweigend war die ganze Umgebung, in Dämmerung schlug
sich der Himmel
Wie ein Geliebter ein Stern nur folgt dem Mond, und sie sind
allein!
Saht eine Seele ihr, unschuldig noch und erschöpft von tiefem
Gebet?

Ihr glich der Mond, der sanft wandernde, dessen Sichel ge-
dämpftes Licht warf.

So nun war die Dämmerung auf dem Mtazminda!
O ihr Gegenden, ich erinnere gut, was ich dachte
Da bei euch ich war, und was ich da zu mir sprach
Und es hält das Herz, welches Glück ihr ihm schenktet.

Stiller, milder Abend! Du sinkst, du bist mir als Trost geblieben
Zu dir wenn über mich Kummer fällt, flieh ich und vertreib ihn
Des Herzens Schmerz, seine Traurigkeit, von dir wird ihnen
Trost
Dass der sonnige Morgen kommt und die Dämmerung ganz
erhellt ist.

Akaki Zereteli
(1840 - 1915)

Vor dem Heiligenbild

So wie die einsame Kerze,
Dem Bild eines Heilgen geweiht,
So wie der Docht, der das Dunkel
Mit flackernder Flamme zerstreut -

Still und geduldig verbrennend
Opfert sie sich, schwindet, fällt -
O Kreis von blendender Helle
In grenzenlos finsterer Welt!

Tief in Gedanken und Träumen,
Gefesselt wie von Magie,
Steh ich, versteinerte Geste
Zum Himmel weisend wie sie,

Fühl mich auf seltsame Weise
Der brennenden Kerze verwandt -
Ich fühle es! Unerklärbar,
Unfassbar bleibts dem Verstand.

Die Kerze: Mein Leib. Mein Leben:
Der Docht; meine Lebenszeit.
Das Licht: Mein Geist und die Seele
Im Streit mit der Dunkelheit.

Das Heiligenbild, dem ich diene:
Die Heimat. Die Nische: Das All -?
Was hindert mich noch, dass ich brenne?
Und schmelz wie die Kerze? Und fall?

Ach, nirgendwo seh ich den Küster,
Der Feuer bringt - den man erkennt
Als jenen Apostel der Zukunft,
Die Taube am Firmament.

Ilia Tschawtschawadse
(1837 - 1907)

Am Galgen

I.

Es war Hochsommer. Wiesen und Hügel waren von der Dürre völlig ausgetrocknet und verfärbt. An dem Tage, mit dem unsere Geschichte beginnt, brannte die Sonne so heftig, so eine Hitze drückte da sengend auf das Land, dass Dunst von der glühenden Erde aufstieg wie aus einer brennenden Thone[1]. Man konnte kaum atmen.

An jenem Tage standen Reihen von Weinkarren mit ausgespannten Ochsen am Rande der Lotschini[2]-Schlucht. In der Schlucht war der Wasserspiegel des Flusses durch die Dürre so gefallen, dass er kaum noch zwischen den Steinen dahinschlich. Die armen Fuhrleute streckten sich erschöpft unter den schräg hoch gestellten Karren aus. Alle schliefen, nur ein paar Jungen mit aufgeschürzten Achaluchi[3] standen am Rande einer Pfütze und gossen aus hölzernen Schüsseln Wasser auf die Büffel, die, ebenfalls von der Hitze geplagt, mit offenen Mäulern in der Lacke lagen. Neben der Pfütze standen zusammengedrängt die anderen Ochsen, käuten mit geschlossenen Augen wieder und vertrieben mit dem Schwanz die aufdringlichen Fliegen.

Die Sonne neigte sich; die warme, durch die Hitze des Tages erstarrte Luft fing an sich zu regen. An dem Ort, der bis dahin stumm da gelegen war, breitete sich Lärm aus. Die Fuhrleute erhoben sich, rieben sich die Augen, wuschen sich das Gesicht kalt ab und trieben die Ochsen, die sich mit dem Einbruch der Kälte grasend über die Wiese zerstreut hatten, zu den Karren, um sie einzuspannen.

„Noo, chio[4], Hundsvieh!" Solches und Schlimmeres hörte man die Fuhrleute rufen. Als man mit dem Einspannen fertig war und der Hauptfuhrmann die Peitsche hob, um die Ochsen vor seinem Karren anzutreiben, traten plötzlich zwei junge Leute aus der Schlucht hervor. Beide trugen Soldatenjacken aus grobem Tuch. Einer von ihnen hatte sich einen riesigen tscherkessischen[5] Hut tief ins Gesicht gedrückt. Allem Anschein nach hatte dieser Hut ursprünglich einem anderen gehört. Den Kopf des zweiten bedeckte eine altmodische schirmlose Soldatenmütze.

Der mit dem tscherkessischen Hut war etwa sechzehn, siebzehn Jahre alt, der andere vierzehn oder fünfzehn. Das Gesicht des älteren war nicht sehr sympathisch: sein kurzes spitzes Kinn, die kleinen, hurtigen und unruhig zwinkernden Augen zeugten deutlich von einer willenlosen Natur. Der jüngere war dem anderen in manchen Gesichtszügen wohl ähnlich, wirkte aber geistreicher. Seine tief liegenden schwarzen Augen blickten grob. Er war düster und verschlossen, als ob er unter etwas litte und sich zwänge, seine Bestürzung niemanden merken zu lassen. Auf rechten Wegen hätte es der Erste allem Anschein nach nie zu etwas Bedeutendem, auf krummen allerhöchstens zu einem Taschendieb gebracht. Von dem Zweiten war anderes zu erwarten.

„Seid gegrüßt", sagte der ältere zu den Fuhrleuten.

„Willkommen", war die Antwort.

„Ihr geht sicher in die Stadt."

„Du hast's erraten!", rief der Fuhrmann spöttisch.

Der ältere nahm den Spott lächelnd und scharwenzelnd hin. Der jüngere zog die Augenbrauen stärker zusammen, Wut zuckte blitzartig über sein Gesicht, aber er beherrschte sich rasch. Er schien seinen Zorn bezwungen zu haben.

„Verflucht seien alle bösen Menschen!", rief jetzt der ältere. „Wir beide sind Fürstensöhne und Brüder. Wir waren in der Tukurmischen[6] Schule..."

„Beshan[7]!", rief der jüngere mit tadelnder Stimme seinem Bruder zu und sah ihn so scharf an, dass der sofort abbrach. Dem jüngeren mochte irgendein Wort seines Bruders nicht gefallen haben, denn er wurde böse. Aber sogleich kam Beshan wieder auf seine Geschichte zurück und hatte für die Proteste seines Bruders keine Ohren mehr.

"Wir sind Brüder, Fürstensöhne", fuhr er fort, „unser Vater hat uns aus der Stadt einen Thumani[8] geschickt, - wenn man euch entlässt, hat er gesagt, mietet ein russisches Fuhrwerk und kommt heim. Und wir, - soll Gott die Bösen zunichte machen, - wir vereinbarten uns mit einem Russen, damit er uns in die Stadt brächte, und gaben ihm acht Manethi[9]. Er nahm uns mit, betrank sich unterwegs in einem Dukani[10], warf uns vom Fuhrwerk und kehrte um. So hat er uns sitzen lassen. Unser Gepäck und acht Manethi hat der Schuft mitgenommen."

Der jüngere schien plötzlich ganz verwirrt zu sein. Er kehrte den Fuhrleuten und seinem Bruder den Rücken zu, begann sinnlos umherzuschauen und starrte schließlich nur noch die untergehende Sonne an.

„Meine bebortete Tschocha[11], die fünf Thumani gekostet hat, nahm er mit", begann der ältere wieder, "aber zum Teufel mit der Tschocha. Es gibt ja noch schönere und unser Vater ist ein wohlhabender Mann."

Der jüngere wandte sich jetzt noch übelgelaunter und zorniger als zuvor dem Bruder zu.

"Schon gut, Beshan, genug!", sagte er erzürnt und flehend zugleich.

Aber Beshan hörte wieder nicht auf ihn und erzählte weiter: "Wir haben zwei Tage nichts gegessen. Das hat uns der verfluchte Kerl zugefügt. Was sollen wir jetzt in dieser fremden Gegend tun?"

"Wehe meinem Schöpfer!", antwortete ihm ein alter Fuhrmann. "Warum ist euch die Gegend fremd? Ihr seid doch nicht in Tatarenland[12]! Das hier ist Georgien, ein christliches Land! Wir werden euch Brot zum Essen und Wein zum Trinken geben, werden euch köstlich bewirten. Und wehe dem bösen Mann, der gegen euch gesündigt hat! Aber sonst ist euch ja nichts geschehen. Mit uns kommt ihr sicher in die Stadt, jeden Windstoß werden wir von euch abwenden."

Die Stirn des jüngeren glättete sich, sein finsteres Gesicht wurde heller: es drückte jetzt freudige Verwunderung aus, als sähe er die Gutherzigkeit des Menschen zum ersten Mal und wundere sich darüber.

Der alte Fuhrmann band seinen Churdshini[13] auf, gab den beiden je einen Schothi[14] und schenkte ihnen aus seinem kleinen Weinschlauch einen Tschareka[15] Wein ein.

"Wehe deinem Petre[16]!", begann er dann wieder. In unserem gesegneten Lande ist noch nicht einmal ein Hündchen vor Hunger gestorben, warum habt ihr euch so gefürchtet? Esst,

Kinder! Nehmt dieses trockene Brot nicht als Zeichen unserer Ungastlichkeit, zum Abendbrot geben wir euch solche Schafsmzwadis[17] zu essen, dass selbst ein Sultan sich danach noch die Finger ablecken würde."

Petre bat beide, sich auf seinen Karren zu setzen; man befahl dem Zug den Abmarsch und die Karrenkarawane kam in Bewegung. Der trockene Weg wurde staubig.

Am selben Tage, zur bäuerlichen Abendbrotzeit, spannten die Fuhrleute nun schon am Stadtrand ihre Karren aus, denn es war schon dunkel und sie wollten die Ausgaben für das Vieh sparen, welche zu dieser vorgeschrittenen Stunde in der Stadt immer höher waren als gewöhnlich. Jeder Mann nahm ein Holzscheit von seinem Karren und man machte ein Feuer an. Petre röstete Mzwadi für seine jungen Gäste und bewirtete sie, so gut er konnte. Man aß das Abendbrot. Die müden Fuhrleute legten sich hin und schliefen ein. Das Vieh graste auf der Wiese; ein paar Hirten hielten Wache. Petre breitete seinen Nabadi[18] aus und sagte zu den Jungen: „Ihr seid Fürstenkinder und dürft nicht so wie wir auf der Erde liegen."

Die beiden streckten sich auf der Decke aus. Petre legte sich in der Nähe auf die Erde und schlief bald wie ein Toter.

Als der Morgen kam und die Fuhrleute sich erhoben, konnte unser Petre seine Gäste nicht mehr finden. Er blickte umher, aber sie waren nirgends zu sehen.

„Oh, weh mir!", rief der alte Petre, als er überzeugt war, dass die zwei sich aus dem Staube gemacht hatten, „solch einen bejahrten Mann wie mich haben sie betrogen! Die haben sicher etwas gestohlen und sind weggeschlichen!"

Petre griff nach seinen Taschen, beide waren abgeschnitten. Der gutmütige Alte lächelte bitter:
„Also haben diese Grünschnäbel mich, einen alten Mann, doch bestohlen!", sagte er lächelnd und beleidigt zugleich. „Das geschieht mir auch ganz recht: wie konnte ich nur so tief schlafen, dass ich nichts hörte! Verdammtes Greisenalter! Nein, mein Lieber, jetzt muss ich meine Peitsche beiseite legen. Mein älterer Sohn hat mir nicht umsonst gesagt: Vater, du bist zum Fuhrmann auf weiten Straßen schon zu alt. Er hatte also doch Recht, und ich glaubte, dass ich noch nach Aghsewan[19] gehen könnte, um Salz zu holen. Haita, ta, ta[20]... - Alt bin ich geworden und gebrechlich! Nun werde ich mit Schande nach Hause kommen, ein Fuhrmann, der mit seinem Weinkarren in die Stadt wollte und dabei bestohlen wurde! Und von wem? Von solchen Grünschnäbeln! Die Taschen haben sie mir abgeschnitten, die Taschen! Weh dir, mein Haupt!"
„War viel Geld drin?", fragte ihn jemand.
„Drei Manethi und zehn Schauri[21]", - erwiderte Petre, „aber nicht das, mein Sohn, ist bedauernswert, das Geld ist nicht so wichtig. Wie soll ich nur diese Schande überstehen! Ein armes Balg hat mich bestohlen. Man wird mich auslachen, wenn ich das erzähle, die Meinigen, die Nachbarn, alle werden sich über mich lustig machen. Ei, im Schlaf hat man mir die Taschen abgeschnitten! Nein, mein Lieber, wenn der Georgier sich einen fremden Hut aufsetzt, dann steht es mit ihm schlecht! Pfui, Teufel auch! Und wer nur? Die waren noch nicht einmal hinter den Ohren trocken! Mich, einen alten Mann! Ei tai, tai, tai![22] Soll Gott es ihnen zum Nutzen gereichen lassen, mir aber bleibt nur die Schande und das Gelächter."

Er schüttelte lächelnd den Kopf, als ob er sich einen Spaß daraus machen würde, aber im Grunde seines Herzens schämte er sich sehr.

II

Vier Jahre vergingen. Der Frühling hatte gerade begonnen. Petre, älter geworden, fuhr in die Stadt, um Mühlräder zu kaufen. Und wie fuhr er dorthin? Ebenso stolz wie ehemals, nur dass diese Gemütsverfassung bei ihm jetzt einen anderen Grund hatte. Nachdem ihm nämlich jenes Missgeschick passiert war, hatte er das Fuhrwesen abgegeben.
„Ich sehe, dass ich nicht mehr dazu tauge", pflegte er seinem Sohn zu sagen, tief in der Seele verletzt. Jetzt saß sein ältester Sohn auf seinem Weinkarren mit Ochsen und Büffeln im Gespann. Petre selber aber saß stramm wie ein Khan[23] rittlings auf einem riesigen, vollen Weinschlauch. Den Wegehahn[24] hatte man auf den Karren seines Sohnes gesetzt, den man schätzte und als Ersten in der Karrenkarawane anerkannte. Petre freute sich sehr darüber und war stolz, dass sein Sohn so hoch geachtet war und von seinen Altersgenossen so verehrt wurde. Er freute sich und dachte: „Wenn ich heimkehre, werde ich meiner Alten erzählen, wie beliebt unser Sohn ist - soll sie sich mit mir darüber freuen."
In der Stadt wurde Petre ein paar Tage aufgehalten. Die Karawane hatte Geschäfte zu erledigen, die Abreise verzögerte sich. Endlich hieß es: Noch am selben Tage, bei Sonnenuntergang, müsse die Karawane wieder losziehen. Petre hatte seine Mühl-

räder auf den Karren gelegt und in die Hürde gebracht, wo die übrigen Fuhrwerke standen. Es war Mittag, am Abend wollte man aufbrechen. Petre meinte, er hätte bis dahin ohnehin nichts zu tun und wolle daher auf den Awlabari[25]-Platz, um zu erfahren, was es Neues gäbe.

Der Platz war wie immer voller Menschen. Man stand gruppenweise zusammen, überall war Stimmengewirr zu vernehmen. Petre schloss sich einer dieser Gruppen an, um zu erfahren, worum es ginge. Man sagte ihm: „Wenn ein Kanonenschuss fällt, wird man auf dem Machatha[26] einen Mann aufhängen."

Petre hatte so etwas noch nie gesehen. Sein Herz zog ihn sehr dorthin.

„Viel Kummer und Not habe ich in meinem Leben erlebt", dachte er, „da kann ich mir wohl auch einmal eine Hinrichtung ansehen."

Er folgte den Leuten zum Machatha. Dort ging es zu wie in einem Ameisenhaufen. An einem Ende war abseits ein Galgen aufgerichtet und ringsherum standen Truppen. Vor dem Galgen war ein breiter, freier Platz, den niemand betreten durfte. Petre sah sich um, der Anblick so vieler Menschen, Männer und Frauen, verwunderte ihn.

„Zugegeben, dass Männer wie mich das Schauspiel herlockt, ist klar. Was haben aber die Weiber hier zu suchen? Was geht sie das an?"

Schließlich dachte er, dass alles eigentlich nur ein Possenspiel sein könne.

„Das ist aber auch nicht schlecht", sagte sich Petre, „und sicher besser, als zuzusehen, wie man einen Mann aufhängt.

Der Mensch ist doch schließlich eine Seele Gottes und keine Katze, um genommen und erwürgt zu werden. Deshalb sind wohl auch so viele Frauen zusammengekommen! Die Augen einer Frau sehnen sich immer danach, getäuscht zu werden. Warum hat mich dann aber jener Armenier[27] belogen, als er sagte, man würde einen Mann aufhängen? Was könnte ihm das einbringen? Vielleicht dachte er, einem Dörfler sei leicht etwas vorzuschwindeln. Aber selbst wenn ich mir einen Bären aufbinden ließ - ein Schauspiel werde ich ja doch sehen. Gestehen muss ich es aber: wenn ich früher gewusst hätte, dass man hier bloß falsches Spiel treibt, wäre ich vielleicht gar nicht hergekommen, was? Das Herz des Menschen ist vergnügungssüchtig, versessen auf sündhafte Handlungen. Wie einen ungezähmten jungen Stier, so zog es mich zum Machatha, um die Hinrichtung zu sehen. Wie viel Gutes und Böses doch unser kleines Herz zugleich bewegt!"

So jammerte unser müßiger Petre im Stillen, überzeugt davon, dass es sich wegen der vielen Frauen im Publikum um nichts Ernstes handeln könne, denn sonst hätte man diese wohl weggeschickt.

Endlich schrie jemand: „Sie bringen ihn, sie bringen ihn!" Petre drehte sich um und sah, wie die Soldaten jemanden heranführten, der in einem russischen Soldatenmantel steckte.

„He, Petre!", belehrte er sich, „dass du mir nicht blöd wirst, dass dich der Teufel nicht verführt, glaub nicht, es wäre Wahrheit! Das ist nur ein Trug, man lacht dich aus und meint dann, die Bauern ließen sich betrügen.

Dennoch rückte er vor, um alles näher zu betrachten. Er kam allmählich durch die Menge bis ganz nach vorn. Die Soldaten

mit dem Manne im Soldatenmantel gingen dicht an ihm vorbei.
„Soll sie der Kuckuck holen!", murmelte Petre. „Wie ähnlich die den wahren Soldaten sind! Und wie man sie angezogen hat! Man hat ihnen sogar beigebracht, die Gewehre richtig zu halten! Was die Stadtmenschen nicht alles erfinden! Sieh an, wie sie den russischen Burschen ähneln!"
Bei diesen Gedanken warf er einen Blick auf den jungen Mann im Soldatenmantel. Der war zwanzig oder einundzwanzig Jahre alt. Sein langer Bart war nach lekischer[28] Art geschnitten. Das Gesicht war safrangelb. Ein Gedanke schoss Petre durch den Kopf.
„Warte! Dieser Junge scheint dir doch bekannt zu sein. Gott, hilf mir, mich zu erinnern: wo kann ich den gesehen haben?", fragte er sich, aber vergeblich, denn er konnte sich auf nichts besinnen.
„Das wird irgendein Stadtjunge sein", sagte er endlich. „In unsere Hürden kommen tagsüber tausende Menschen. Womöglich habe ich ihn dort gesehen und irgendwie im Gedächtnis behalten, wer weiß? Jetzt ist er so blass geworden, als ob man ihn wirklich gleich aufhängen würde. Der scheint der größte Possenreißer von allen zu sein! Nein, meine Lieben, mich betrügt ihr nicht!"
„Weh, weh deiner Mutter!", riefen die Frauen, „so ein junger Mann!"
Diese Ausrufe verwunderten Petre.
„Die Weiber haben langes Haar und einen kurzen Verstand", dachte er. „Wie leicht sie sich täuschen lassen. Sonst sind sie alle schlau und schelmisch, aber irren können sie auch. Oder wollen sie mich wirklich nur zum Narren halten, weil ich ein

Dörfler bin? Petre, pass auf, lass dich von diesen Leuten nicht zum Narren halten! Alter, blamiere dich nicht, lass dich von niemandem verspotten. Verdammt nochmal, wie schnell doch diese Stadtmenschen, egal, ob Mann oder Frau, unsereinem ansehen, dass er vom Dorf ist! Als ob wir's auf unserer Stirn geschrieben trügen!"

„Du, Unglückskind, wäre es nicht besser gewesen, du hättest nichts angestellt, dann wäre dir solch ein Unglück nicht zugestoßen", sagte eine verschleierte Frau. „Weh deiner Mutter, du Unglückseliger!"

„Ja, ja, schwatze dein dummes Zeug", sagte sich Petre, „ich glaube dir sowieso nicht. Da ich ein Dörfler bin, willst du mir etwas vormachen, aber um Gottes willen…"

„Da hast du Recht!", sagte eine Frau zur anderen. „Niemand entgeht seinem Schicksal. Er hat gesündigt und wird's bezahlen. Er stirbt und verlässt die Erde, weh seinen Eltern, die wird das ewige Feuer quälen! Gott erlöse alle Christen!"

„Hör dir das an!", sagte sich Petre, „Hier haben sich alle verabredet, oder - hol's der Teufel. Ich gehe besser weg, sonst werden mich diese Hexen vielleicht wirklich noch verwirren."

Damit wechselte er den Platz.

Jetzt stand er in einer anderen Menschengruppe. Hier waren auch viele Frauen. Er wollte fragen, was da vor sich ging, fürchtete aber, ausgelacht zu werden.

„Wie jung dieser Unglückselige ist!", sagte eine Frau. „Ihm ist der Tag noch nicht einmal richtig hell geworden und schon muss seine Sonne so früh und so schnell verlöschen!"

„Ich möchte nie erleben, was jetzt im Herzen seiner Mutter vor sich geht! Gott wird mir das ersparen!", meinte eine andere

Frau und drückte dem Delinquenten die Hände an ihre Brust.
„Nanu, nanu", dachte Petre, diesmal etwas beleidigt. „So viele Menschen spielen meinetwegen Theater, als ob sie sonst nichts zu tun hätten. Wie haben sie sich alle nur so schnell vereinbart! Nur gut, dass ich nichts gefragt habe, sonst würde man mich auch noch auslachen. Na, Petre, immer Vorsicht, lass dich nicht beschummeln. So viele Müßiggänger gibt es also unter den Städtern, und alle möchten dich am Gängelband führen!"
So sprach Petre in seinem Herzen und glaubte wirklich, dass diese Menschen nur ihn, einen Dörfler, aus Langeweile zum Narren halten wollten. Er verließ auch diese Gruppe und wechselte wieder seinen Standort. Schlimm ist es, wenn die Laune im Kopfe wie ein Zugpferd die Zügel der Vernunft zerreißt und nach einer Seite ausschlägt.

III

Inzwischen hatte man den Jüngling im Soldatenmantel hergebracht und unter den Galgen gestellt. An seiner einen Seite stand ein Priester, an der anderen ein Beamter, dahinter der Henker im roten Hemd.
„Ist der Priester verrückt?", dachte Petre. „Das ist gewiss ein Tertera[29], denn ein wahrer Priester würde sich so etwas nie erlauben. Und der im roten Hemd, wer ist denn das? Vielleicht ist das der Hauptpossenreißer."
Der Beamte nahm jetzt ein Papier und las etwas vor.
„Das wird ein Zaubergebet sein", meinte Petre, „sicher will man uns verhexen, mal sehen, vielleicht ist da was Gutes dran."

Dann sagte der Priester etwas zu dem Mann im Soldatenmantel. Obwohl Petre angestrengt lauschte und sich auf die Zehenspitzen stellte, konnte er wegen der Entfernung nichts hören.

Man nahm dem Mann jetzt den Soldatenmantel ab und zog ihm ein langes weißes Hemd über den Kopf bis hinunter zu den Füßen, so dass sein Gesicht nicht zu sehen war. Der Henker im roten Hemd rückte die Schlinge am Galgen zurecht, dann lehnte er eine Leiter an den Galgenpfahl. Nun wandte er sich zu dem Unglücklichen, trieb ihn mit einem Stoß die Leiter hinauf und zog die Schlinge herunter, um den Kopf des Verurteilten durchzustecken. Alle Leute verstummten, als ob ihnen auf einmal der Atem ausgegangen wäre, als ob der Herzschlag so vieler Menschen ausgesetzt hätte.

Der Henker warf dem Mann die Schlinge um den Hals, nahm die Leiter weg und gab ihm einen Stoß. Die Leute seufzten tief und gequält auf, als ob man ihre Köpfe plötzlich mit siedendem Wasser übergossen hätte.

Der Unglückliche blieb am Galgen hängen, begann zu schaukeln und zu strampeln. Lange stieß der Arme mit den Beinen um sich.

„Auch wenn du bis zum Morgen so mit den Beinen baumelst, werde ich dir doch nicht glauben", redete Petre vor sich hin.

Die Leute, die noch vor wenigen Minuten regungslos dagestanden waren, begannen jetzt wieder lustig durcheinander zu schreien und zu plappern. Der Menschenhaufen löste sich auf und zerstreute sich über das Feld. Alle gingen nach Hause, völlig zufrieden, so ein schändliches und widerliches Schauspiel gesehen zu haben. Petre sah sich um und bemerkte, dass niemand mehr am Platze blieb. Auch die Truppen marschierten weg, vor dem Galgen standen nur noch zwei Posten. Der Mann im roten Hemd zog sich um und verschwand ebenfalls. Am Galgen hing starr der Unglücksmensch. Petre geriet in Staunen. „Ei, das war also alles!", sagte er leise. „Ein schlechtes Schauspiel. Der ganze Trick besteht wirklich nur darin, dass man den Mann ausgetauscht und stattdessen einen Sack da aufgehängt hat! Aber er hat doch die Beine bewegt - Vielleicht hat man das mit Drähten gemacht! - Mit Drähten lässt man ja auch Puppen Karthuli[30] tanzen. Und doch ist das kein guter Spaß, ich habe meine Zeit umsonst verloren. Ja, hier habe ich mich getäuscht. Wär's nicht besser gewesen, in der Hürde zu bleiben und sich tüchtig auszuschlafen? Na gut, lassen wir das, aber all die Menschen sind doch auch betrogen worden und warum? Hör mal, und wenn man ihn wirklich aufgehängt hat! Hätt ich doch nur gefragt. Aber man würde mich verspottet haben. Die Leute sind so gut gelaunt, sie gehen nach Hause und plaudern lustig dabei! Wenn das eine wahre Hinrichtung gewesen wäre, so würde irgendjemand doch wenigstens eine Träne vergossen haben, die verfluchten Kerle sind doch nicht aus Stein. Ob so oder so, es war doch keine Katze, sondern ein Mensch, von Gott geschaffen. Was hatten nur die vielen Frauen dabei zu suchen!" Aber in seinem Herzen stieg langsam ein Verdacht auf. Er wollte jetzt nur noch eines wissen: ob das eine Täuschung gewesen war und ein scheinbares Erhängen, oder eine wirkliche Hinrichtung durch Strang. Ehrlich gestanden, betrachtete er die Täuschung als größere Demütigung: Wie konnte denn bloß ein bejahrter Mann wie er auf so ein dummes Theater hereinfallen! Dennoch wäre unser Petre viel zufriedener gewesen, hätte sich alles als bloßer Spuk herausgestellt. Jedenfalls wollte er unbedingt die Wahrheit erfahren.

Er war mehrmals schon drauf und dran, jemanden einzuholen und zu fragen; er trat auch an manchen heran, zögerte aber immer: „Nein, mein Lieber, man lacht dich doch nur aus, begnüge dich mit deinem eignen Kopf!"

In Gedanken vertieft, stolperte Petre zu den Awlabari-Hürden. Am Weg sah er einen Dukani, in dem es laut zuging. „Ich trete mal ein und höre zu, was sie dort von der heutigen Geschichte sagen", dachte er. Zudem wollte er einen kleinen Imbiss zu sich nehmen, da er seit dem Morgen nichts gegessen hatte. Er trat ein, bestellte einen halben Tschareka Wein, ließ sich ein Stück vom gedörrten Störrücken abschneiden, fand Platz in einer Ecke und fing an zu schmausen.

Er hatte sich kaum hingesetzt, als ein junger Mann im Nabadi so schnell eintrat, dass es so aussah, als sei er Petre hereingefolgt. Der Neuangekommene bat um Papier, Tintenfass und Feder, lehnte sich an die Theke und begann zu schreiben. Petre starrte ihn an. „Wo habe ich diesen Jungen schon einmal gesehen?", fragte er sich. Der junge Mann schrieb, ohne den Kopf zu heben. So verging eine lange Weile, Petre kümmerte sich wenig darum, dass es schon spät war, er betrachtete den Jungen unentwegt und kaute so langsam, dass er mit seinem Essen wahrscheinlich nicht bis zum Abend fertig geworden wäre. Seine Gedanken beschäftigten sich nur mit jenem Menschen: „Er scheint mir bekannt zu sein, aber warum erinnere ich mich nicht an ihn?", fragte er sich und konnte keinen Blick von dem Burschen wenden. Die Sonne neigte sich stark gegen Westen, der verwunderte Petre aber rührte sich nicht und fragte sich nach wie vor, wer das sein könnte.

Endlich musste Petre aber doch aufstehen. Er ging zum Medukne[31], bezahlte, warf noch einmal einen Blick auf den jungen Mann an der Theke, von dem er noch immer nichts wusste, und machte sich dann hastig auf nach Awlabari. Bis zur Hürde war es noch weit, als ihn plötzlich jemand von hinten mit der Hand an der Schulter berührte. Petre drehte sich um. Er sah den hoch gewachsenen jungen Mann vor sich, der in den schwarzen Nabadi gehüllt war und sich den Hut tief ins Gesicht gedrückt hatte.

„Da, nimm diesen Brief", sagte der junge Mann zu ihm und gab Petre ein Blatt Papier. „Wenn du nicht lesen kannst, lasse es jemanden für dich tun und höre gut zu. Was heute war, erfährst du aus diesem Schreiben."

Als der Jüngling das gesagt hatte, ging er so rasch fort, dass unser Petre ihn nicht mehr einholen konnte. Der Verwunderte hatte gerade noch Zeit, zu fragen:

„Junge, wer bist du? Nenne mir wenigstens deinen Namen."

„Der Brief sagt es dir, der Brief!", rief ihm der andere zu und eilte weiter, ohne sich noch einmal umzusehen.

Erst jetzt erinnerte sich Petre, dass zuvor beim Galgen ein Bursche im Nabadi neben ihm gestanden hatte.

„Na ja", sagte er leise, „ich habe ja sofort gewusst, dass etwas los ist. Er hat mich umkreist wie ein Kücklein die Glucke. Der hatte auch so einen Mantel an und sein Hut war auch so tief ins Gesicht gerückt. Ja, das ist derselbe, ich kann darauf wetten."

Mit wem er wetten wollte, weiß ich nicht. Er nahm aber den

Brief, drehte ihn um, steckte ihn in die Tasche und sagte sehnsüchtig:
„Ach, wenn ich nur lesen könnte! Vielleicht betrügt er mich, was dann? Dann wird er sich selbst betrügen und nicht mich. Er ist doch fort, er kann mich nicht auslachen."

IV

Petre ging noch rascher zu den Awlabari-Hürden. Er brannte nun vor Ungeduld, zu erfahren, was im Brief stand. Sein Sohn konnte gut lesen. Ein Priester hatte ihn unterrichtet. Petre eilte, aber sein Herz war schneller als seine Füße.
„Dieser verdammte Weg will kein Ende nehmen", - dachte er, „ich gehe und komme nicht an."

Endlich war er am Ziel, in Schweiß gebadet und außer Atem. Er sah sich um und bemerkte, dass niemand da war. Die Fuhrleute hatten sich zerstreut, viele waren auf den Markt gegangen, um etwas für ihre Familien zu erstehen. Das freute Petre. Sein Sohn musste alleine hier geblieben sein, denn in der Stadt hatte er nichts mehr zu tun. Tatsächlich fand er ihn. Er lag im Schatten und schlief. Petre weckte ihn.
„Steh auf und lies mir diesen Brief vor", sagte Petre und reichte ihm das Papier.
Der Sohn rieb sich die Augen, streckte sich und nahm es.
„Wo hast du das gefunden, Vater?", fragte er dann.
„Wieso gefunden?" Ich war unterwegs, da hat man mir das in die Hand gedrückt!", entrüstete sich Petre. Noch etwas hinzuzu-

fügen, hielt er für überflüssig.

Der Sohn öffnete den Brief, schlug ihn auf - Papiergeld fiel heraus. Sohn und Vater wunderten sich. Was sollte das bedeuten? Der Sohn wollte das Geld zählen, aber der Vater wurde böse und sagte ungeduldig, tadelnd:

„Das hat Zeit! Lies vor, was da steht!" Vor Ungeduld zerspringt mir das Herz fast in der Brust!"

Petres Sohn begann zu lesen:

„Der junge Mann, den man heute aufgehängt hat, war mein Bruder."

„Was?", unterbrach Petre erschüttert den Lesenden und wurde vor Schreck blass. „Aufgehängt! Also war es doch wahr! Aber warum lachten dann die Leute so? Lies, lies weiter. Hätte ich da nur nicht zugesehen!"

„Was meinst du, Vater?", fragte der erstaunte Sohn. „Warum redest du so wirr?"

„Lies, sag ich dir, was ich da rede, weiß ich selber!" sagte Petre böse und erregt. Der arme Greis zitterte, als ob er fiebern würde.

Der Sohn schüttelte den Kopf. - Er konnte nicht begreifen, was mit seinem Vater war. Dann las er weiter:

„Unser Vater war ein armer Adliger. Als er starb, waren wir zwei Brüder noch klein. Die Mutter heiratete bald, sie nahm sich einen Adligen zum Mann, der in der Stadt Angestellter war. Was uns vom Erbgut blieb - es war freilich wenig, aber doch genug, um unser Brot zu sichern - wurde uns von unserem Stiefvater weggenommen, verkauft, vertauscht und bald besaßen wir nichts mehr. Solange wir klein waren, lebten wir auf dem Lande alleine und völlig verwahrlost. Die Mutter und ihr Mann waren immer in der Stadt. Wenn sie ins Dorf kamen, so prügelten sie uns wund. Nackt, hungrig und durstig lungerten wir obhutlos auf den Dorfstraßen herum. Vom Knecht, vom Stiefvater, von allen unseren Verwandten bekamen wir nichts als Schläge. Freilich empfanden viele fremde Leute Mitleid mit uns armen Waisen, aber niemand half uns. Also wir dann etwas herangewachsen waren, schickte uns der Stiefvater, um uns loszuwerden, in die Tukurmische Soldatenschule, - da war es noch schlimmer. Man überhäufte uns mit Geschimpfe und drillte uns durch Prügel. Wir ließen das eine Zeit lang über uns ergehen, hielten es jedoch nicht lange aus, und eines Tages liefen wir dann davon. Zuerst gingen wir in unser Dorf zurück, aber wir wurden von den Hausburschen aus unserem alten Haus fortgejagt, nicht einmal für eine Nacht ließ man uns da. So blieben wir Waisen allein in der weiten Welt, ohne Brot, ohne Geld, ohne Obdach, trostlos, als Fremde unter Fremden. Wer wollte sich da noch unser erbarmen? Verbittert und gegen die ganze Welt empört gingen wir dann in die Stadt. Wir hassten die falsche Welt, wir verfeindeten uns mit allen, mit dem Stiefvater, mit der Mutter, unterschiedslos hassten wir die Schlechten und die Guten, dich und die anderen. Wir waren klein, alle sahen, dass man uns offensichtlich beraubte, aber niemand nahm uns in Schutz, niemand half uns, niemand sagte etwas dagegen. Die Verantwortung für unsere Sünden habt ihr alle zu tragen. Nicht bloß der Stiefvater, ihr alle habt uns geplündert, ihr alle habt uns zugrunde gerichtet. Solange ich lebendig bin, werde ich es euch allen heimzahlen und wenn wir nach dem Tode vor Gott bekennen müssen, dann wird es sich erweisen, wer von uns im Recht und wer im Unrecht ist. Gott prüft erst das Herz und dann die Tat, dort ist die Gerechtigkeit nicht verzerrt.

Erinnerst du dich noch, wie ihr vor vier Jahren am Rande der Lotschini-Schlucht die Karren ausgespannt habt? Erinnerst du dich an die zwei Jungen, die euch dort begegnet sind? Das waren wir; wir hatten zwei Tage nichts gegessen. Mein armer Bruder Beshan hat euch damals viel vorgelogen. Das kränkte mich, ich nahm ihm das sehr übel, aber ich konnte nichts dagegen tun. Mein unglückseliger Bruder war störrisch, eigensinnig und dabei engherzig. Gott soll ihm verzeihen, meinem Fleisch und Blut, meinem einzigen Freund, dem einzigen wohlwollenden Menschen, der mich aufopfernd liebte und treu an mir hing. Heute habe ich mit eignen Augen gesehen, dass man ihn wie eine Katze erwürgte…: Das wird mir die Welt zu büßen haben, solange man mich Mensch nennt, solange ich Ehre im Leibe habe, solange ich noch atme.

Du hattest damals Mitleid mit uns und hast für uns gesorgt. Deine Gutherzigkeit hat mich auch beinah wieder gut gemacht. Sie berührte mich tief und wärmte mein kaltes Herz. Die ganze Nacht konnte ich damals nicht schlafen, obwohl ich sehr müde war. Als mein Bruder dann aufstand, um deine Taschen abzuschneiden, empörte sich mein Herz, alles in mir sträubte sich dagegen. Aber ich sagte nichts, ich hinderte ihn nicht. Wo der Faden dünn ist, soll er reißen! 'Der Alte hat uns auch ausgeplündert', dachte ich, 'wenn er ein ehrlicher Mensch gewesen wäre, hätte er nie erlaubt, dass man uns plünderte.'

Wir haben dich bestohlen und mit deinem Geld gingen wir in die Stadt, wo Tugend und Sünde nebeneinander leben und beides einen großen Spielraum hat. Seitdem ist kein Tag vergangen, ohne dass wir jemanden ausgeraubt haben. Jeder, der uns begegnete, musste unseren Verlust bezahlen. So ernährten wir uns und eben das erleichterte unser verbittertes und viel geprüftes Herz. Es beruhigte sich jedoch nicht, wartete auf etwas, sehnte sich irgendwohin und war nicht zu besänftigen.

Vor zwei Jahren brachte uns das Schicksal dann in das Haus unseres Stiefvaters. Unsere Mutter war gerade nicht dort, der Mann hatte sie ins Dorf geschickt. Wir beide brachen bei ihm nachts ein. Er starb uns unter den Händen, wir wollten dann alles dort zerschlagen, kamen aber nicht mehr dazu. Die Polizei überraschte uns, mir gelang es zu entfliehen, meinen armen Bruder aber nahmen sie fest. Das Ende kennst du. Heute musste ich erleben, wie man meinen einzigen Bruder, meinen einzigen Wohltäter, wie eine Katze erwürgte. Ihr alle standet da und saht dem Schauspiel zu. Das verzeihe ich euch nie! Ihr alle werdet mir meinen Schaden bezahlen. Solange Leben in mir ist, werde ich das Blut meines Bruders an euch rächen. Ich hasse die Welt und die Menschen noch mehr. Ich habe alle Brücken zwischen uns endgültig abgebrochen: ich alleine bin diesseits geblieben, ihr alle jenseits. Das Jüngste Gericht wird zeigen auf welcher Seite die Gerechtigkeit, auf welcher die Ungerechtigkeit ist. Denn Gott ist allwissend: bis er alles abwägt, schaut er dem Menschen ins Herz. Meinen Weg halte ich für richtig. Ob ich Recht habe oder nicht, weiß ich nicht. Ich weiß nur, dass bis heute noch etwas Gutes in mir war und die Hinrichtung meines Bruders hat es ausgelöscht. Das hat mich endgültig von der Welt abgerissen, wie einen gebrochenen Zweig, der nur noch mit ein paar Fasern am Stamme hing. Lebe wohl! Wenn du einmal Lust hast, mich zu sehen, komm und sieh mich wie meinen

Bruder am Galgen hängen, denn das wird auch mein Ende sein. Ich weiß nicht, warum, aber mein Herz wollte sich vor dir öffnen - das ist nun geschehen und ich bin wie erlöst.
Deine drei Manethi und zehn Schauri gebe ich dir zehnfach zurück. Deine Güte erfüllte mit sanfter Trauer mein Herz und hat mich beinah überwältigt, sie glimmt noch bis jetzt in meiner Seele, wie Kohlenglut, in der Asche verborgen. Aber ich weiß: auch das wird aufhören. Bist du nicht auch von der Sorte meines Stiefvaters? Hast du nicht auch meinen einzigen Bruder miterhängt? Hast du ihn nicht auch an den Galgen gebracht?"
Der Sohn war überrascht, die Bestürzung seines entsetzten, in kaltem Schweiß gebadeten Vaters war maßlos.
„Was habe ich denn damit zu tun?", rief der erschrockene Petre stöhnend und bebend aus. Er zitterte am ganzen Leibe.
Und wirklich, unser alter Petre hatte doch damit nichts zu tun...

1 *Thone* - in die Erde gestellter zylindrischer Backofen mit Wänden aus gebranntem Ton, in dem das Brot, flach an die Wände geklebt, im Holzfeuer gebacken wird (Anmerkung der Übersetzerin).
2 *Lotschini* - Schlucht in Ostgeorgien
3 *Achaluchi* - Halbrock der georgischen Männertracht
4 *Chio* - Interjektion, anspornender Zuruf
5 *Tscherkessen* - ein im Nordkaukasus lebender Volksstamm
6 *Tukurmischi* - Ort in Georgien, früher mit Militärschule
7 *Beshan* - männlicher Vorname

⁸ *Thumani* – zehn Rubel
⁹ *Menthi* – ein Rubel
¹⁰ *Dukani* – Ausschank und Laden
¹¹ *Tschocha* – kaukasische Männertracht
¹² *Tatarenland* – Bezeichnung eines von Mohammedanern (Tataren) bewohnten Landes, meist der Türkei
¹³ *Churdschini* – Satteltasche
¹⁴ *Schothi* – längliches, flaches Brot, in der Thone gebacken
¹⁵ *Tschareka* – Tongefäß, das etwa einen Liter Wein aufnimmt
¹⁶ *Petre* – männlicher Vorname
¹⁷ *Mzwadi* – Spießbraten
¹⁸ *Nabadi* – kaukasischer Filzüberwurf
¹⁹ *Aghsewan* – Ort in Armenien, an dem es große Salzlager gibt
²⁰ *hai ta, ta, ta* – Interjektion, drückt Ärger aus
²¹ *Schauri* – fünf Kopeken
²² *tai-tai-tai* – Interjektion, drückt Ärger, Unwillen usw. aus
²³ *Khan* – Titel mittelasiatischer Fürsten
²⁴ Wenn die Karrenkarawane eine weite Reise antritt, setzt man gewöhnlich einen Hahn auf das erste Gefährt, damit er durch sein Krähen die Morgenstunde verkünden und so den Fuhrleuten als Uhr dienen kann. Der erste Karren ist immer von besonderer Bedeutung. Der Bauer, der auf ihm fährt, zeichnet sich durch besonders gute Kenntnis des Weges aus, er ist meist der geschickteste, ehrlichste und zuverlässigste unter den Bauern und hat die besten Zugtiere. (L. Tschawischawadses Anmerkung).
²⁵ *Awlabari* – alter Stadtteil in Tbilissi
²⁶ *Machatha* – Berg in Tbilissi
²⁷ *Armenier* – Im Stadtteil Awlabari wohnten viele Armenier.

[28] *Leken* - (Lesgier) - Einwohner von Dagestan (Nordkaukasien)
[29] *Tertera* - armenischer Priester
[30] *Karthuli* - georgischer Tanz (Georgier nennen sich Karthweli und ihr Land Ssakarthwelo)
[31] *Medukne* - Schankwirt und Ladenbesitzer

Erlom Achwlediani
(geb. 1933)

Wano und Niko und die Jagd

Einmal schien es Niko, Wano sei ein Vogel, er selbst aber der Jäger. Wano war betrübt und dachte: „Was soll ich tun, ich bin doch kein Vogel. Ich bin Wano!" Aber Niko glaubte ihm nicht, kaufte eine Doppelflinte und begann in den Himmel zu schauen. Er lauerte, um Wano zu töten, sobald der auffliegen würde. Der Himmel aber war leer.

Wano hatte Angst davor, wirklich ein Vogel zu werden und dann aufzufliegen; in den Taschen trug er Steine, um nicht aufzusteigen; er aß viel, um schwerer zu werden; er schaute die Schwalben nicht an, um nicht das Fliegen zu lernen; er schaute den Himmel nicht an, um das Fliegen nicht zu wünschen.

Niko, sagte Wano zu Niko, wirf deine Flinte fort und schau nicht in den Himmel. Ich bin kein Vogel, ich bin Wano ... was sollte ich denn für ein Vogel sein?

Du bist ein Vogel, und Schluss damit! Bald fliegst du auf, und ich schieße dich ab. Ich bin ein Jäger.

Niko, sagte Wano, was bin ich dann für ein Vogel, ich bin doch Wano.

Sei nicht lästig, Niko wurde böse, sei nicht lästig, sonst schieße ich dich schon auf der Erde tot, als ob du eben gelandet wärest.

Wano verstummte und ging fort.

Als Wano heimkam, aß er sich voll, hängte sich viele Taschen an, legte Steine hinein und versank in Grübeleien.

„Niko weiß wohl nicht, was ein Vogel ist, sonst hätte er mich nicht zum Vogel erklärt. Ich gehe hin, erkläre ihm, was ein Vogel ist, dann lässt er mich in Ruhe, und ich werde nicht so viel essen müssen und so viele Taschen brauchen."
Wano kam zu Niko, um ihm zu erklären, was ein Vogel ist.
Niko, begann Wano, - ein Vogel hat Füße...
Du hast ja auch Füße, rief Niko schadenfroh aus, ein Vogel bist du!
Warte, Niko, ein Vogel hat einen Körper...
Du hast ja auch einen Körper, also bist du ein Vogel.
Ein Vogel hat Augen ...
Hast du vielleicht keine Augen?! Du hast Augen und bist ein Vogel.
Ja, aber Flügel habe ich doch keine?
Niko dachte nach und rief dann erbost zu Wano:
Schweig! Bald wachsen dir die Flügel und du fliegst auf. Ich schieße, da ich ein Jäger bin, und töte dich... und wenn dir keine Flügel wachsen, dann töte ich dich auf der Erde, wie einen Vogel, der die Mauser hatte, das sollst du wissen.
Wano war betrübt und ging nach Hause. Er nahm die Steine aus den Taschen und warf sie wie Tränen auf den Weg. Die Tränen aber waren steinschwer.
„Was kann ich machen, - dachte Wano und ging, weinte und warf die Steine, - was kann ich machen, wenn ich kein Vogel bin und nicht fliegen kann. Was kann ich machen, wenn Niko ein Jäger ist und mich töten will. Was kann ich machen, wenn es ganz egal ist, ob ich auffliege oder nicht auffliege..."
Die Sonne ging unter...
Wano blickte zum Himmel. Wano hatte keine Steine in den

Taschen und fühlte Leichtigkeit. Wano schaute die Schwalben an und lernte fliegen. Wano schaute den Himmel an und wollte fliegen.
Wenn ich ein Vogel bin, so ist es besser, im Himmel zu sterben, sagte er und flog auf.
Der Himmel wurde voll.
Niko zielte und schoss. Schoss und traf. Traf und hatte ihn, Wano, heruntergeholt.
Und der sagte, er wäre kein Vogel?!, rief Niko.
Der Himmel war wieder leer.

Alexandre Abascheli
(1884 - 1954)

Meine Großmutter

1

Meine Großmutter starb mit genau achtzig Jahren,
Ihre Zeit hat sie für Kleinigkeiten verwendet:
Meistens verfolgte sie mit dem Reisigbesen die Küchlein -
    Samstags verbrannte sie Weihrauch.

Sie hegte das Obst, das Gärtchen mit dem Gemüse.
Ihr Hass galt dem Moos am grünen Abend und der Mistel.
Keiner knotete besser die Kordeln für den Achaluchi
    Und keiner so schöne Märchen!

Sie mied unsre Nachbarin, die zänkische, böse.
Nur ganz selten verließ sie das Haus und den Garten.
Ihr Brokatkleid bewahrte sie auf in der Walnusstruhe
    Seit dem Tag ihrer Trauung.

Einmal verkaufte sie hundert Eier für dreizehn Schauri,
Und sechs Paar Weihbrote brachte sie eilends zum Priester,
Sie kehrte heim und schimpfte mit ihren Küchlein
    Und legte sich hin für immer.

2

Stets genauer als andres in meinem Gedächtnis
Bleibt jener Winkel, wo meine Kindheit gewesen,

Wo es blühte, mein Leben, noch nicht von Sorgen zerfressen,
   Dem tödlichen Rost der Jahre.

Häufig denke ich jetzt: Was gehn mich die großen Sachen
Eigentlich an? – Und ich sage mir unter der Mütze:
Heimlich werde ich Weihrauch auf die Kohlenglut streuen
   Und mir ein Märchen erzählen –

Was muss ich mich totstreiten, störrische Disputanten,
Die mich mit furchtbaren Lehr- und Leitsätzen immer zernagen,
Da doch die Sonne für mich nur eine Minute lang leuchtet
   Und nur dieses einzige Leben?

Weshalb mir nehmen lassen den Rest meiner Jahre,
Bis mich meine selige Großmutter zu sich begehrt;
Oft schon habe ich sie um ihr Schicksal beneidet:
Achtzig Jahre verbrachte sie ohne Leitsatz
Und unbelehrt!

Akaki Beliaschwili
(1903 - 1961)

Der Irre

Der Pfirsich blühte.

Die Bäche rauschten lauter. Der letzte Schnee schmolz und die Bauern von drüben - der Ssergia[1], die Vollwaise Pawlia[2], der hastige Gigo[3], sie alle begannen zu pflügen. Nur Datia[4] dachte nicht daran, seine Ochsen anzuspannen. Den ganzen lieben Tag saß er finster vor seiner Hütte auf einem Stein und merkte nicht, wie fröhlich die Sperlinge lärmten, wie am Maisspeicher ein Huhn Sand scharrte und wie schön das Wetter geworden war. Muria[5] bellte, unten in der Schmiede beim Kirchenhof schärfte man Pflugmesser, und am klaren Himmel wanderte nur noch ein einziger kleiner Wolkenfetzen.

Alle arbeiteten, nur Datia arbeitete nicht. Sorgenvoll saß er da und sah nichts. Der Arme sei unter einem Unglücksstern geboren, hieß es im Dorf. Und: Was hätte sich am Lauf der Welt schon verändert, wenn der krumme, zerlumpte, arme Datia erst gar nicht auf diese Welt gekommen wäre? Nichts hätte sich geändert. Die Hügel stünden eben da, wo sie standen. Der Frühling wäre wie immer gekommen, die Amaschukeli[6] wären weiterhin Adelige, das Dorf würde wie gewohnt seinen Geschäften nachgehen, nur Datia würde nicht existieren und hätte nicht diesen schwachsinnigen Sohn, der jetzt in der Hütte auf dem langen Holzbett lag und dort so lange liegen bleiben würde, bis man ihn aufscheuchte. Tat man das, stand er danach den ganzen Tag blöd herum, ganz für sich allein, und gab wie ein Standbild keinen Laut von sich. Stieß man ihn an, ging er vorwärts und blieb nicht mehr stehen. So konnte er gehen, immer weiter, bis er auf einen Zaun stieß oder an einem Busch hängen blieb. Dann stand er wieder still.

Früher hatte Datia davon geträumt, wie es sein würde, wenn sein Sohn erwachsen war. Er hatte nur diesen einzigen Traum und dachte: Egal, wie viele Gedanken ein Bauer hat... selbst wenn der Sohn nicht lernen kann und auch nirgendwo Arbeit findet, wird er wenigstens zu Hause mithelfen, wird den Pflug führen, den zweiten Streifen Land bestellen. Aber mit fünfzehn Jahren wurde Datias Kind irrsinnig. Irgendetwas musste ihn erschreckt haben.

Der Junge war damals in den Wald gegangen, und als er auch am nächsten Tag nicht heimgekehrt war, ging Datia ihn suchen. Er fand seinen Sohn in den Boriter[7]-Bergen in eben jenem Zustand, in dem er sich auch jetzt befand. Danach wurde das Leben schwer. Datia und seine Frau mühten sich ab, versuchten alles Mögliche, aber dem Jungen war nicht zu helfen. Sie wandten sich sogar an Wahrsagerinnen, suchten selbst bei der Fürstin Elisabeth Hilfe, aber niemand vermochte zu helfen.

Wohin gehst du, Unglückskind, erscholl Ssalomes[8] Stimme aus der Hütte, Mann, hab acht auf den Unglücklichen! So pass doch auf!

Datia schaute um sich.

Eben da trat Buchuta[9] aus der Hütte und torkelte wie ein geprügelter Hund aus der Tür.

Komm her, zu mir, sagte Datia seufzend, erhob sich und ging seinem Sohn nach.

Buchuta stieß gegen den Karren, der im Hof stand, blieb stehen und starrte mit offenem Mund stumpfsinnig in die Luft.
Datia ließ ihn da stehen und begann über sein Leben nachzudenken. Er schaute auf den Hügel vor seinem Gehöft. Dort blühte der Pfirsich. Jenseits des Hügels war eine Schlucht, und durch die Schlucht führte die neu gebaute Eisenbahn. Etwas weiter weg war der Bahnhof, dort hielten die Züge. Die kamen aus der Stadt, aus Poti[10], und fuhren nach Chaschuri[11]. Unzählbar viele Menschen fuhren mit diesen Zügen hin und her. Die verschiedensten Leute saßen da drin…
Datia hob langsam den Kopf und schaute Buchuta an.
Ssalome, rief er nach seiner Frau.
Ich bin da, was willst du?
Datia stand auf und ging in die Hütte zu ihr. Ich muss mit dir reden.

Bis in die Nacht weinte Datias Frau Ssalome, als sie die Lumpen zusammennähte, die auf ihren Knien ausgebreitet lagen. Ihre Tränen rollten über den Stoff, sodass es aussah, als ob der ärmliche Anzug große, kugelrunde Perlenknöpfe bekam. Datia jedoch erschien lebhafter als sonst und arbeitete den ganzen Tag auf seinem Hof. Er deckte die Scheune ab und umzäunte den Gemüsegarten mit Flechtwerk. Zwischendurch schrie er zornig seine Frau an, wenn er ihr endloses Gejammer und Weinen nicht mehr aushalten konnte.
Frau, heule nicht, hol's der Kuckuck, so schweige doch.
Ssalome weinte weiter, lautlos schluchzend.
Am Nachmittag bedeckte sich der Himmel mit Wolken. Schwer hingen sie über den Hügeln, es begann zu regnen.

Datia zog seine abgerissene Tschocha[12] an, setzte sich seinen schäbigen Hut auf und nahm einen Stock unter den Arm.

Genug schon, lass den Jungen jetzt in Ruhe, du kleidest ihn so an, als ob ich ihn zur Hochzeit mitnähme, sagte er ungeduldig zu seiner Frau, die sich noch immer an Buchutas Bluse zu schaffen machte.

Kind, mein Sohn, ich wollte deine Hochzeit noch erleben! Doch, wie hast du mich unglücklich gemacht! Ssalome konnte sich nicht mehr beherrschen und umarmte den Sohn. Mein Sohn ist in der Irrenanstalt, muss ich jetzt antworten, wenn man mich nach dir fragt. Weh mir, mein Kind, das hat mir noch gefehlt!...

Soll er hier bleiben und uns beide auch noch wahnsinnig machen? fragte Datia böse.

Wenn Ssalome gewusst hätte, was Datia beabsichtigte! So aber …

Komm jetzt, komm doch. Datia stieß den Jungen an und führte ihn hinaus.

Draußen nahm der Tag schon ab. Es regnete.

Die beiden gingen rasch den Hang hinunter, voran Buchuta, der große Schritte machte, hinter ihm kam Datia mit dem Stock, gebeugt und von Schwindel befallen. Manchmal gab er Buchuta einen Stoß mit der Hand oder mit dem Stock, damit sie schneller gingen.

Regentropfen fielen sanft klatschend in die Pfützen. Der Weg wurde schlammig. Manchmal rutschten sie aus. Als sie zur Bahnstation kamen, war es schon dunkel. In der Ferne flimmerten Laternen. Die Station lag still mit hell erleuchteten Fenstern vor ihnen. Auf dem Bahnsteig stand ein kleiner Junge mit aufgekrempelten Hosen. Er hielt Bindfäden in der Hand, auf denen getrockneten Äpfel aufgefädelt waren. Er zitterte vor Kälte und sah ängstlich um sich.

An der Wand im Wartesaal brannten die Lampen. Die langen Bänke waren leer. Nur auf einer Bank schlummerte der Weichensteller. Neben ihm stand eine Laterne.

Datia führte Buchuta in den Warteraum, setzte ihn ans Ende einer langen Bank und blickte sich um.

An den Wänden hingen Plakate, und Datia begann sie zu studieren.

Draußen regnete es immer noch. Die Tropfen trommelten dumpf auf das blecherne Dach der Station und aus einem Nebenzimmer hörte man fortwährend: rrrau...rrrau...rrrau... ...kling...kling...Distanz...ssemdessjat tschtire[13]...rrrau...rrrau ...

Eine Frau kam in den Saal. Sie musterte alle Anwesenden, stellte dann ihren ovalen Weidenkorb in eine Ecke und ging zur Kasse.

Datia sah die Frau an, dann wandte er sich rasch nach Buchuta um, und als er sich überzeugte, dass sein Sohn still in der Ecke saß, betrachtete er beruhigt wieder die Plakate.

Die Zeit kroch langsam dahin.

Nach einiger Zeit kamen ein langbärtiger, alter Mann in den Wartesaal, eine Frau mit einem Regenschirm und ein Bauer in mittlerem Alter, der einen vollen Churdschini[14] über seiner Schulter hatte.

Kommt hierher, sagte die Frau und ihre Stimme klang seltsam im Saal, fast so wie in der Kirche, wenn die Wände in einem tiefen Basston das Echo zurückwarfen.

Sie setzten sich neben den Weichensteller und die Frau begann sofort ihr Schuhzeug zu wechseln. Sie zog die schmutzigen, flachen Schuhe und die zerrissenen baumwollenen Strümpfe aus, versteckte ihre bloßen Füße unter der Bank und zog das Kleid zurecht. Dann erst nahm sie ein Paar andere Schuhe mit abgetretenen Absätzen und rote seidene Strümpfe aus ihrem Korb, kehrte allen den Rücken zu und zog sich rasch um.
Ratternd fuhr ein Zug heran.
Ein paar Bahnarbeiter mit aufgekrempelten Hosen traten in den Saal, und ein Mann mit einer Krawatte, der Körbe trug. Er hatte einen schmalen Schnurrbart und war in Gummischuhen, die er sofort auszog, als er sich neben Buchuta setzte.
Die Arbeiter schrien laut durcheinander. Sie drehten sich Zigaretten und qualmten, ohne auf die anderen Rücksicht zu nehmen.
Wie viel Zeit haben wir noch bis zur Ankunft des Zuges? fragte der langbärtige alte Mann mit dem Khabalachi[15] auf dem Kopf, und seine Stimme schallte dumpf in den stillen Saal: bu!bu!rtr …bu!…
Der sserek ssedmoi[16] kommt in einer Stunde, antwortete ein Bahnarbeiter, als wüsste der bärtige Alte, was „sserek ssedmoi" bedeutete.
Datia betrachtete alle aufmerksam. Dazwischen blickte er immer wieder prüfend zu Buchuta hin. Der saß ruhig da, beachtete niemanden und stierte mit leerem Gesichtsausdruck auf die hohe Tür, durch die die Leute ein und aus gingen.
Datia blickte ins Freie. Weiß schimmernd beleuchtete eine Petroleumlaterne den Bahnsteig. Der Regen klatschte auf das Geleise und auf die lange, starre Reihe von Güterwaggons, die

dort standen. Anfang und Ende des Zuges verschwanden in der Dunkelheit, nur an der Spitze des Zuges war ein flimmerndes Licht zu sehen. Von dort kam auch das leise Tschach! Tschach! der Lokomotive.

Datia schlenderte über den Bahnsteig und bog dorthin ab, wo an der Wand eines kleinen Holzgebäudes das Blechschild mit der Aufschrift „für Männer" zu lesen war.

Als er wieder in den Saal kam, sah er, dass die Leute im Wartesaal einen Kreis um Buchuta gebildet hatten und ihn neugierig betrachteten.

Datia hastete heran, und obwohl Buchuta ganz ruhig dasaß, rief er ihm schon von weitem zu:

Dass du mir hier keinen Unfug treibst! Störe die Leute nicht.

Manche lachten.

Als wir fragten, wer er wäre, hat er uns nichts geantwortet. Ist das dein Sohn? fragte der Mann mit der Krawatte.

Jawohl, Batono[17].

Was fehlt ihm denn? Ist er krank?

Er ist irrsinnig!

Ach, ein Verrückter ist das, rief die Frau, die ihre Schuhe gewechselt hatte, so laut, dass alle sie ansahen.

Nein, Batono, der tut niemandem was. So wie er dasitzt, wird er sitzen bleiben, wenn man ihn nicht an der Hand nimmt und fortführt.

Die Leute drängten näher. Ist er schon von Geburt an so, oder?, fragte jetzt der Mann mit dem kurzen Schnurrbart.

Datia erzählte allen Buchutas Geschichte. Als er geendet hatte, redeten die Leute aufgeregt durcheinander.

Inzwischen setzte sich draußen der Güterzug lärmend in Bewegung. Nach einer Weile läutete es, und alle versammelten sich vor der Kasse.

Datia wartete eine Zeit lang, dann ließ er Buchuta aufstehen und führte ihn hinaus. Es regnete und regnete…

Komm, hierher, komm. Datia führte den Sohn mit kleinen Stößen aus dem Laternenlicht. Dann suchte er bei den Packhäusern einen dunklen Platz und begann dort auf den Zug zu warten.

Die Luft war kühl; Buchuta wurde vom Regen nass und begann zu zittern.

Frierst du? fragte ihn Datia, hab keine Angst! Wenn wir erst im Wagen sind, wird dir warm werden.

Buchuta stand gekrümmt, hatte die Arme über der Brust gekreuzt und zitterte immer noch.

Die Zeit kroch träge dahin. Der Zug war noch nicht zu sehen.

Das Geleise lag dunkel im Regen.

Nach langem Warten näherte sich endlich der Zug, fuhr donnernd über die Brücke, seine Lichter fraßen sich durch die Finsternis.

Komm hierher. Datia packte Buchuta und stellte ihn an die Wand.

Zischend fuhr die riesige Lokomotive an ihnen vorüber, die hellen Fenster der Abteile ließen sich nicht zählen.

Der Zug hielt. Datia entschied sich für den letzten Waggon und stieß Buchuta die Stufen hinauf.

Drinnen war die Luft stickig. Fast alle Reisenden schliefen, nur ein alter Mann saß aufrecht in der Ecke. Er hielt einen Korb zwischen den Knien und kaute mit Appetit an einer sauren Gurke.

Datia wählte einen dunklen Winkel am Wagenende (zum Glück fehlte dort eine Glühbirne) und setzte Buchuta an die Wand.

Bleib hier sitzen und rühr dich nicht, befahl er seinem Sohn, dann musterte er die Mitreisenden.

Auf dem oberen Liegeplatz schlief eine Russin, ihr Kleid hatte sich über die Knie geschoben und gab den weißen Körper frei. Ihr gegenüber lag ein Wachmann, der sorglos schnarchte.

Die unteren Liegeplätze waren frei.

Datia setzte sich.

Ist ein gutes Haus, nicht? sagte er leise zu Buchuta.

Du siehst doch, in was für ein gutes Haus ich dich gebracht habe, bleib ja hier und geh nicht fort. Siehst du das? Er zeigte auf den Liegeplatz. Da kannst du dich hinlegen. Ja, leg dich nur hin, wenn du willst…

Es läutete schon zum dritten Mal.

Na gut, bleib hübsch sitzen. Das Haus wird gleich ins Rollen kommen und fahren, aber du brauchst dich nicht zu fürchten.

Datia lief schnell durch den schmalen Wagengang, stieß in der Tür mit dem Schaffner zusammen und sprang auf den Bahnsteig.

Die Lokomotive pfiff.

Erst stießen die Wagen aneinander, dann fuhren sie, und bald tanzte das Schlusslicht vor Datias Augen.

Der Zug war fort. Sein letztes Auge leuchtete noch irgendwo in der Ferne, wurde allmählich kleiner und verschwand ganz.

An der Biegung zeigte sich noch einmal die lange Reihe der leuchtenden Fenster. Auch die rote Laterne tauchte noch einmal auf, um danach endgültig zu verschwinden.

Datia stand gebückt da, jämmerlich anzusehen und blickte in den finsteren Raum, dorthin, wo er die rote Laterne zuletzt gesehen hatte.

Lange stand er so und spürte nun erst einen brennenden Schmerz. Sein Herz krampfte sich zusammen.

Einen Kuss hätte ich ihm wenigstens zum Abschied geben können, murmelte er unter Tränen.

Es regnete ununterbrochen. In der Finsternis hörte man nur das Trommeln der Tropfen auf den Bahnhof, in der Schlucht und auf den schwarzen Hügeln ringsum.

Eh, stöhnte Datia. Mit der linken Hand wischte er sich seine Tränen und regennassen Wangen. Dann machte er sich schwankend auf den Heimweg.

[1] Geringschätzige Form des männlichen Vornamens Ssergi
[2] Geringschätzige Form des männlichen Vornamens Pawle
[3] Verkleinerungsform von Giorgi, Georg
[4] Geringschätzige Form des männlichen Vornamens David
[5] *Mura* (oder Muria) - schwarzbrauner Hund, Name für einen solchen Hund
[6] *Amaschukeli* - Name von Adeligen im feudalen Georgien
[7] Zentraldorf der Gebirgsgegend in Obermeretien mit einer Poststation
[8] Weiblicher Vorname
[9] Männlicher Vorname
[10] Hafenstadt am Meer

[11] Stadt in Ostgeorgien
[12] kaukasische Tracht für Männer
[13] *ssemdessiat tschetire* - vierundsiebzig (russisch)
[14] Eine Art Satteltasche
[15] *Khabalachi* (oder Kabalachi) - türkischer Männerhut
[16] Der Siebenundvierzigste (russisch), Nummerierung der Züge
[17] Vokativ von Herr, höfliche Anrede für einen Mann

Ssergo Kldiaschwili
(1893-1986)

Der Herbstregen

Wenn das regnerische Wetter im November anhält, ist es immer sehr langweilig im Dorf. Der Tag ist zwar kurz, aber er scheint unendlich lange zu dauern. Überall ist Nebel, und es sieht so aus, als sei die ganze Welt schon nach ein paar Schritten zu Ende. Statt der Wiesen und Berge sieht man nur Nebel und Leere ringsumher.

An einem solchen Morgen hatte man uns mehrere Körbe Hallimaschpilze gebracht. Ende Herbst wachsen sie in ganzen Familien unter Bäumen, besonders in der Nähe von Baumstümpfen. Getrocknet sind sie bis zum Frühling genießbar, und da sie sehr schmackhaft sind, werden sie eifrig gesammelt, geputzt, aufgefädelt und so aufbewahrt.

Ein ganzer Berg davon lag gerade unter unserem Balkon. Die Pilze waren erst vor kurzem gesammelt worden, strömten den Wohlgeruch aus, den sie gewöhnlich haben - jenen feinen, süßlichen Geruch nach kleinen Flüssen und faulenden Blättern.

Es regnete. Das Wasser tropfte pausenlos vom Dach. Ich saß behaglich auf dem Balkon, schaute den Frauen zu, die gerade dabei waren, die Pilze zu säubern und lauschte ihren Gesprächen.

In einer trockenen Ecke lag der Hund. Er hatte den Kopf zwischen die Füße gesteckt und zitterte vor Kälte. Plötzlich hob er den Kopf, blickte mit gespitzten Ohren um sich, schnellte hoch und stürzte bellend zum Tor.

Jemand war in den Hof getreten und ging langsam auf uns zu.

Der Hund bellte den Mann wütend an, umkreiste ihn, versuchte seine Füße zu packen, aber der Mann blieb unbeeindruckt, schwang gleichgültig seinen langen Stock und wehrte mit ihm das wütende Tier ab. Man sah, dass ihm Hunde nichts ausmachten, dass er daran gewöhnt war, in jedem Hof grimmig angebellt zu werden.

Der Mann war ein alter Bettler. Er hielt vor dem Haus, nahm den Hut ab und verneigte sich ehrerbietig vor uns. Der Regen fiel auf seinen Kopf, troff ihm vom Gesicht und aus seinem struppigen, weißen Bart. Er hatte eine schäbige durchlöcherte Jacke an, eine leere Tasche hing über seiner Schulter. Er selbst war noch ein rüstiger Greis, aber etwas gebeugt. Man sah ihm das ganze große Elend an, das ihn sein Leben lang begleitet haben mochte.

Warum stehst du im Regen? Komm herein, rief ihn die Großmutter ärgerlich an.

Meine Großmutter war eine große, magere, immer schwarz gekleidete Frau. Mit dem schwarzen Kopftuch, dem ebenso schwarzen, gestrickten Wollschal sah sie auf den ersten Blick finster und unfreundlich aus. Aber das war nur äußerer Schein. In Wahrheit hatte sie ein liebevolles, sanftes Gemüt. Allerdings pflegte sie uns, ihre Enkel, nur zu liebkosen, wenn wir schliefen und diese Zärtlichkeiten nicht merken konnten.

Der Bettler trat zögernd in den Flur. Als der Hund sah, dass der Mann eingelassen wurde, ließ er ihn in Ruhe und legte sich wieder an seinen Platz.

Der Alte musste lange durch den Regen gegangen sein. Seine Jacke war völlig durchnässt, seine Bastschuhe waren aufgeweicht und zu Lappen geworden.

Führt den Armen herein, damit er sich wärmt, sagte die Großmutter.

Es ist möglich, dass sie jeden anderen Bettler weit unfreundlicher aufgenommen hätte, dieser Alte aber hatte, obgleich er in Lumpen gehüllt war, ein wohlaussehendes, edles Äußeres, und auch seine Reinlichkeit nahm für ihn ein. Er wurde ins Zimmer geführt und bekam einen Platz am Ofen. Langsam nahm er seine Tasche von der Schulter, lehnte den Stock an die Wand und setzte sich ans Feuer.

Bei einem Herbstregen wirkt nichts so belebend wie ein gutes Feuer. Dieses Element, das Amiran[1] heimlich von den Göttern entwendet hatte, um die Menschen damit glücklich zu machen, ist unser kostbarster Schatz. Was gibt es auch Angenehmeres als den glühenden Herd, wenn das Feuer Körper und Seele Wärme spendet.

Man brachte dem Bettler Essen und stellte ihm auf einem niedrigen Tisch auch einen Krug mit etwas Wein dazu. Er begann gemächlich dieses Frühstück zu verzehren. Als er gegessen hatte, bekreuzigte er sich, stellte das Tischchen in die Ecke und ließ sich wieder am Feuer nieder. Seine Kleidung dampfte auf und verbreitete den üblen Geruch nasser Wolle.

Die Großmutter erlaubte dem Bettler, an jenem Abend im Hause zu bleiben. Eine Filzdecke wurde für ihn auf dem steinernen Boden ausgebreitet.

Am nächsten Morgen sah ich den Bettler wieder am Feuer sitzen. Mir schien, als hätte er die ganze Nacht dort zugebracht. Der Mann blieb eine Weile beim Ofen, dann legte er sich in seiner Ecke auf die Filzmatte. Den ganzen Tag schlief er. In dem Raum wurde viel gewirtschaftet, laut gesprochen, der Bettler aber hörte nichts. Er erwachte erst gegen Abend und schaute so verwundert um sich, als sähe er einen schönen Traum.

Mann, wie kannst du nur so lange schlafen, sagte die Großmutter brummend zu ihm. Ich fürchtete schon, du hättest die Füße für immer ausgestreckt. Solche Landstreicher wie dich sollte man erst gar nicht ans Feuer lassen. Die Wärme hat dich ja völlig betäubt.

Der Alte erhob sich langsam. Er näherte sich zögernd dem Ofen und setzte sich ganz nah, als wollte er so viel Wärme wie möglich ein letztes Mal in sich aufnehmen. Dann hängte er seine Tasche über die Schultern und griff nach dem Stock.

Nun, und wohin willst du gehen, du armer Vogel, ließ sich plötzlich die Großmutter vernehmen. Gießt ja immer noch wie aus Kübeln. Bald ist es Abend. In der Dunkelheit wirst du noch irgendwo stürzen und dir den Hals brechen. Soll ich etwa deines verfluchten Kopfes wegen eine Sünde auf mich laden? Bleib schon da! Wenn du wirklich gehen wolltest, wärest du besser am Morgen gegangen.

So blieb der Bettler eine zweite Nacht. Zwei Tage lang war er unser schweigsamer Gast. Was hätte er übrigens sagen sollen. Für ihn musste die Welt nichts als ein ins Leere führender Weg sein.

An jenem Abend legte sich der Alte früher zum Schlaf als wir. Diesmal machte er es sich noch bequemer. Er schob seine Tasche unter den Kopf und bedeckte sich mit seiner trockenen Jacke.

Was für einen erquickenden Schlaf er hat, sagte eine der Nachbarsfrauen lächelnd, wahrscheinlich sieht er Engel im Traum.

Ein glücklicher Mensch ist er! Hat ja auch keine Sorgen. Ich wollte nur einmal so sorglos einschlafen wie er und später überhaupt nicht mehr aufwachen, meinte eine andere.

Am Morgen stand meine Großmutter wie gewöhnlich früh auf. Der Regen hatte aufgehört. Die nassen Hühner, die in dem Hof voll Pfützen kein Futter finden konnten, kamen auf die Veranda und spazierten dort mit aufgeplusterten Federn hin und her. Irgendwo brüllte ein Kalb. Das Tier, das sich losgerissen hatte, war heimgekommen und stand nun unter einem Baum. Die letzten Blätter waren gefallen und lagen gelb am Boden. In der Nähe rauschte der Bach zwischen den Felsen.

Über der ganzen Landschaft lag Nebel. Die Bäume im Hof sahen aus wie Schatten. Das Wasser troff vom Dach. Es regnete nicht mehr, aber alles wirkte trostlos, leblos. Der trommelnde Regen hatte die Landschaft lebendig gemacht. Jetzt stand aber draußen alles unter Wasser, sah tot und öde aus.

Der Bettler war früher als die Großmutter aufgestanden und hatte das Feuer entfacht. Nun saß er wieder davor und starrte in die Flammen, als hörte er auf irgendein Geheimnis, das ihm das Feuer erzählte.

Nun hast du dich wohl einmal richtig ausgeschlafen, wie? Schöne Träume gehabt? Sind dir vielleicht Engel erschienen? Natürlich nicht. Die haben dich Unglücklichen ja schon längst verlassen.

Mit diesen Worten ging meine Großmutter an ihm vorüber und rief dann ein Dienstmädchen.

Gebt ihm etwas zu essen und lasst ihn fortgehen! Ich kann ihn doch nicht ewig hier behalten.

Der alte Bettler hatte gegessen, jetzt leerte er sein Weinglas, bekreuzigte sich, hängte die Tasche um, nahm den Stock, rührte

sich aber nicht vom Fleck. Zum Fortgehen fertig, stand er noch einige Minuten da, ohne seinen Blick vom Feuer abzuwenden.
Für dich ist jetzt schönes Wetter. Jetzt kann dir nichts mehr geschehen.
Die Worte der Großmutter rissen ihn aus seinen Gedanken. Er murmelte etwas vor sich hin und ging mit schweren Schritten zur Tür.
Mann! Die Großmutter senkte ihre Stimme. Willst du dich nicht einmal bedanken? Gehst du darum gekränkt fort, weil ich dich in mein Haus aufgenommen, gefüttert und gewärmt hab? Es ist wirklich eine Dummheit, solche Menschen einzulassen.
Der Bettler blieb stehen, und erst jetzt hörte ich zum ersten Mal seine Stimme.
Großen Dank, gnädige Frau. Gott vergelt's euch mit Güte. Er verbeugte sich noch einmal und fügte dann mit einem Seufzer hinzu:
Ach, hättet ihr mich lieber gar nicht gewärmt.
Dann ging er. Und es war gut, dass die Großmutter seine letzten Worte nicht gehört hatte. Mir schien er irgendwie verletzt und mit einem stummen Vorwurf wegzugehen.
Er durchquerte den Hof. Der Hund bellte ihn wieder an, aber der Alte achtete nicht weiter auf ihn, schwang nur seinen langen Stock hin und her und hielt sich so den Hund vom Leib, ging zum Tor hinaus, den Dorfweg entlang und war bald verschwunden.

Vielleicht lohnt es sich nicht, diese alte, unwichtige Geschichte zu erzählen. Unwillkürlich fiel sie mir diesen November wieder ein, als ich im Wald an einem Baumstumpf einen Hallimasch sah und ihn pflückte. Der Pilzgeruch rief in mir plötzlich die Erinnerung an jenen Tag wach, an dem bei Großmutter die Pilze geputzt wurden, und zugleich tauchte auch der alte Bettler vor meinen Augen auf. Womit nur mochte ihn damals Großmutter so gekränkt haben? War es, weil er bei uns jene Wärme gefunden hatte, die er so lange im Umherziehen entbehren musste? Ich lächelte bei diesem Gedanken. Wie vieles doch das Gedächtnis fasst, und wer weiß, was wir wann und wozu aus jener unendlichen, tiefen Truhe schöpfen, wo jede Minute vergangener Tage und alle Stimmen, die wir je gehört haben, verwahrt sind.

Ewig ziehen und leben sie mit uns.

[1] *Amirani* - der georgische Prometheus

Irakli Abaschidse
(geb. 1914)

Der Vater

Wenn ihr mein Dorf besichtigt habt, die Häuser paar
In Imeretien, die Straße lag im Licht,
Erinnert ihr euch jenes blinden Mannes nicht?
Mein tapfrer Vater war es und sein letztes Jahr!

Ach, einmal schlug nach ihm der Tod - er wollte mehr! -,
Die scharfe Sense löschte ihm die Augen aus.
Dann saß er fünfzehn Jahre lang in seinem Haus,
In Kummer eingehüllt und beide Augen leer.

Doch eines Tages sah man ihn im gelben Rock.
In seiner Tschocha auf der Straße - zögernd, leis.
Und zwischen Tod und Leben, zwischen Kalt und Heiß
Fand er den schmalen Weg mit einem Bambusstock.

Dann starb mein Vater bald - er hat ihn nicht gesehn,
Den Tod, der nach ihm griff mit trockner Knochenhand,
Er hat es nicht gesehn, sein lichtes süßes Land,
Als ihms mit letzter Kraft gelang, sich wegzudrehn.

Kein Schmerz um all die Schönheit fuhr mit ihm zu Grab,
Um blaue Aun und Grate, all die Herrlichkeit...

Doch mir, was aber nützt es mir in dieser Zeit,
Dass ich die Augen und noch Licht in ihnen hab?

Grigol Abaschidse
(geb. 1914)

Verse über den Hagel

1

Räubrisch stürzts heran und rauschend
Wie ein Heer unzähliger Reiter,
Und von Köchen eine Meute
Lässt das Grün des Baums aufkochen,
Wirbelstürme, vorgeschickte
Rasche Feuerüberfälle
(Wo die Blüten, wo die rosa
Fingernägel unsrer Frauen?) -
Dann die hagelnde Sekunde,
Drosch mit hunderttausend Messern:
Und geköpft stehn alle Blumen
Und die Bäume kahl als Greise,
Neun geladene Pistolen
Sind uns ins Gesicht geschossen:
Wo die Blüten, wo die rosa
Fingernägel unsrer Frauen?

2

Spritzer eisgekühlten Weines
Nenn ichs oder Bajonette
Aus Kristall, ich nenn es Körnchen
Von der Mistel, Tannenzapfen
Nenn ichs, immer ist es Hagel:

Meine Wiege stand im Himmel,
Lang hab ich sie nicht gesehen,
Sind die Hagelkörner Perlen
Von der Wiege, von der fernen?
Immer noch geht meine Mutter
Leiser, wo die Wiege schaukelt.
Ay, wie lang hab ich geschlafen!
Wie viel Blätter sind vom Baume
Abgeschlagen, seit ich einschlief!
Wo die Blüten, wo die rosa
Fingernägel unsrer Frauen?

3
Wieder Donner, wieder Hagel!
Unerbittlich mit den Worten,
Einem Sturzbach ähnlich peitschen
Uns der Himmel und die Erde,
Kurz und streng auf Mund und Hände.
Doch ich warte und bleib träge –
Wollte ich nicht Verse sagen,
Die der Wut des Hagels wert sind?
Unerbittlich wie der Hagel?
Unerschrocken wie der Hagel?
Unbedenklich wie die harten
Hagelkörner meine Stimme?
Jetzt! Fang an! Sonst wird das Leben
Dich verstoßen! Frag die Frage:
Wo die Blüten? Wo die rosa
Fingernägel unsrer Frauen?

Demna Schengelaja
(1896 - 1997)

Orowel
Für Giorgi Leonidse

Das Getreide ist reif, das Land ist voll von Getreideschobern, voll von Korn. Die hohe Sonne verbrennt die Erde, sie erstickt sie fast. Die glühenden Äcker regen sich nicht und strahlen höllisches Feuer aus. Einmal ist von hier, dann wieder von dort ein Wachtelruf zu hören. Alle Arten des Weizens haben die Ähren gesenkt - Reichtum unter der Sonne. Die Bauern hatten diese Hitze- und Erntezeit des Juli ungeduldig Tag für Tag erwartet, und doch waren die heißen, gesegneten Tage mit ihrer Sorge und Arbeit dann unerwartet und plötzlich hereingebrochen.
Heiß ist es, schrecklich heiß.
Außer den Krüppeln und Kranken ist keiner zu Hause. Wo man hinsieht, wird gemäht und gedroschen. Überall singen die Pflüger hinter den Pflügen den Orowel[1]. Alle sind fröhlich und guter Laune. Irgendwo scheint sich ein Büffel schließlich über die glühende Trockenheit, die ihn nicht atmen lässt, zu empören, er beginnt zermürbend zu schreien, als ob er den Himmel, der dem umgestürzten Deckel eines Schnapskessels ähnlich sieht, um Gnade anflehte.
Die Getreidepuppen auf den vergilbten Gerste- und Stoppelfeldern hinter dem Acker sind den Wildtauben wohl zu heiß geworden, sie fliegen alle auf einmal hoch, um sich dann, wie es scheint, in den wilden Birnbäumen daneben niederzulassen.

Dort, wo früher eine Kirche stand, pflügt man mit einem Paar Büffeln die Brache. Der Pflug geht hin und her. Das kleine Rad spielt die zweite Stimme.

„Ahai- ta- ta- ta[2], Mensch, ist das heiß!" - ruft ein alter Mann, der sich im Glasweizen aufgerichtet hat. Er reicht ihm bis an die Hüften. Mit seinem Hemdzipfel trocknet sich der Mann den Schweiß von der Stirn. Dann, als ob er zu neuem Angriff Mut gefasst hätte, schreit er noch lauter:

„Los, Junge, los, wir haben es bald geschafft!"

Die Männer schienen auf dieses Signal gewartet zu haben und legen sich von neuem ins Zeug.

„Hop-hop! Hop-Hop!"[3] schreien sie, und:

„Hoopuna! Hoopuna!"[4] - ertönt der Alte wieder.

Und die mit dem Schleifstein geschärften Sicheln fahren in die Ähren, und flammende Garben, deren rotleuchtende Tschochas[5] mit Bändern gegurtet werden, legen sich schnaubend und zischelnd nieder zu Füßen der lärmenden Frauen.

Während all des Schwitzens und Schuftens kommt allmählich die Zeit des Ochsenausspannens heran. Oben, ganz oben, beginnt die feuergesichtige Sonne sich wie ein Dreschbrett zu drehen. Seit der Morgen sich rötete, front man, ohne zu rasten, und doch fällt niemandem ein, sich irgendwo in den kühlenden Schatten zu werfen und ein wenig zu schlafen.

Die große Hitze verbrennt und vertrocknet, die Trockenheit summt. Dunst ist in der Luft, und die Heuschrecken, die aus den mehlbedeckten Fahrspuren auffliegen, wirbeln Staub hoch. Die fiebrige Hitze des Weizens, der Erde und gelben Feldblumen wird noch schwüler. Auch die Mücken schwirren in bläulich-violetten Wolken über dem Land. Von diesen Mücken und

Grillen wird man fast taub. Käfer, Würmer und winzige Fliegen krabbeln, wimmeln und schwärmen. In den glühenden Ritzen der Erde, die von der Dürre zerrissen ist, befruchten sie sich, legen Eier ab, sterben und vermehren sich wieder.

Hier aber, am Dorfende, neben dem wuchernden Garten mit seinen Korbweiden, Kürbissen, Goldamseln und Sonnenblumen, stauben die Tennen von den auseinander reißenden Garben, wie heiße Asche. Schischniaschwilis Witwe Daredshan, von der ständigen schweren Arbeit gekrümmt und vorzeitig gealtert, hat an diesem Mittag ihren Sohn, ihre einzige Freude, den felsenstarken und gewandten Tate mit seiner jungen Frau, Tscherelaschwilis Nene, verlassen und ist ins Dorf gegangen, um Vesperbrot und kaltes Wasser zu holen. Das junge Ehepaar ist also auf dem Dreschboden allein.

Diese verflixte, anmutige, wohlgeformte, braunhäutige, übermütig gesunde und kräftige Nene hat ihre Schuhe achtlos in den Schatten der Scheune zu den Holzrechen, Holzgabeln und Sensen geworfen, neben die Stiefel ihres Mannes; sie geht barfuß und dreht mit der Heugabel das Getreide um. Ihre funkelnden schwarzen Augen schauen verstohlen umher.

Diese verwünschten weichen Schuhe haben den Abdruck der zarten Füße so gut behalten, dass der dunkelhäutige Tate, der drei Jahre lang Soldat gewesen war und russischen Borschtsch[6] gegessen hatte, unwillkürlich und erschrocken hinsieht. Er hat Hosen mit engen Hosenbeinen an, deren Bänder an den Knöcheln aufgebunden sind, das grobe Leinenhemd, das in der Hose steckt, ist schweißnass und weit aufgeknöpft, über die sonnenverbrannte Stirn fällt das Haar, wild gewachsen, lockig und dicht. Eine kühne Begeisterung verzerrt sein bärtiges Gesicht.

„Pwei, hamoo!"[7] - spornt er die wie eingefettet glänzenden Büffel an und peitscht sie mit der Eschenrute, dass die Tenne, der Garten und die Sonnenblumen, die ebenso strahlende schwarze Augen haben wie seine wohlgenährte, junge Frau, sich mit dem Dreschbrett zusammen auf- und abdrehen wie eine Garnhaspel.

Orowel-el, den Grund zum Kalkofen legte ich, die steinerne Grube grub ich, oh! - singt Tate leise, die Stimme ist in der Hitze gefangen.

Sein achtzehnjähriges, braunhäutiges Weib geht wie eine junge Färse stumm und schweigt, die Lippen vorgeschoben, als ob sie ihm böse wäre. Jetzt siehst du, was das heißt, einziger Sohn. Sollen denn sie beide, Mann und Frau, diese schwere Arbeit allein schaffen? Es ist doch noch so viel zu tun. Aber da ist nichts zu machen, jeder Mann wird gebraucht, keiner wird ihnen helfen. Freilich sagt Tate immer, es wird auch den Bauern besser gehen, wenn alle kameradschaftlich zusammenarbeiten - ja, aber wann? Dieser Mann ist ihr doch kein Feind. Aber warum, wenn sie Mitleid mit ihm hat, betört sie ihn noch mehr, ihn, der doch schon von der Sonne taumelt. Hat er nicht Feuer genug, dass sie ihr weites Kleid so aufschürzen muss. Warum lassen ihre sonnenverbrannten und unter dem Rock noch mädchenhaften Beine das Herz so stark klopfen?

„Ehee, eh,[8] es ist heiß, glühend, so heiß, die Büffel wollen nicht mehr laufen, oh!", - singt Tate leise und kommt dabei kaum mit dem Atem aus. Auf seinem Dreschbrett saust er einmal von hier und einmal von dort wie ein Sturmwind an Nene vorbei... Ach, verdammt, welche böse Macht schickt die geschwätzige Nachbarin her, die zerlumpte Alte mit dem Wasserkrug auf der

Schulter, der einen Lappenpfropfen hat, wer schickt sie gerade jetzt her aus dem Dorf?

„Hai[9], Reichtum und Glück eurem Dreschplatz, Reichtum und Glück!" wünscht sie dem Paar und lächelt fein, als ob sie etwas verstanden hätte. Die beiden sind so verwirrt, dass sie sich nicht einmal bedanken. Erst als die alte Frau zu den Äckern weitergegangen und ein wenig eilig hinter dem Christdornzaun verschwunden ist, lachen sie auf.

Nene steht da und seufzt. Auf den Feldern ist es sehr laut, aber im Dorf herrscht Stille. Nicht einmal die Hunde bellen. Sie sieht zu dem Pfad hin, der zwischen zwei Zäunen verläuft und den die Apfel- und Pflaumenbäume fast ganz in ihrem Schatten halten, es ist totenstill. Die Schwiegermutter lässt sich noch immer nicht sehen. Dieser Mann aber hat einen Blick, dass sie verwirrt den Kopf senkt und beinahe die Heugabel fallen lässt. Nein, nein, vor zwei Monaten hätte sie sich das nicht vorstellen können, dass dieser dunkelhäutige Bursche, der gerade erst vom Militärdienst zurückgekehrt ist und am ersten Mai mit dem Umzug an ihrer Tür vorbeikam - die Schirmmütze achtlos schief auf dem Kopf, das Hemd aufgeknöpft - und die Panduri[10] spielte, ihr Glück und Lebensgefährte sein würde. Nene schiebt mit dem Fuß die fest ausgedroschenen, leeren Ähren beiseite und wirft einen Blick auf den glänzenden Weizen. Sie bindet ihr Kopftuch fest - und wäre beinahe von dem Dreschbrett angefahren worden.

„Komm, setz dich neben mich, du siehst ja, dass es ganz leicht ist!" Er sagt das so entschieden, dass sie nicht widerspricht. Sie wirft die Heugabel weg, verschätzt sich in der Hast, stolpert und fällt auf das Brett, anstatt sich zu setzen.

„Hatuu[11], Rechia[12], mein Büffel!" schreit Tate sofort. Und die Büffel, aufgescheucht von der Gerte, reißen das Dreschbrett auf einmal hoch. Aus Angst, heruntergeschleudert zu werden, klammert sich Nene am Bein ihres Mannes fest und zieht mit der anderen Hand das bis zu den Schenkeln hochgerutschte Kleid so heftig herunter, dass sie es beinahe zerreißt.

Und dort, von den Feldern, ist wieder der Wachtelschlag zu hören. Jemand singt laut den Orowel. Die Sonne ist wie eine Bruthenne zerzaust. Die Büffel werden langsamer. Und Tate schlägt sie aus Mitleid nicht mehr. Nene sitzt ruhig auf dem Dreschbrett und nützt die Pause, um sich zu erholen. Ihre Zöpfe haben sich gelöst und liegen schwer auf dem Schoß, ihre Augen, mit denen sie um sich blickt, sprühen Funken, so dass sie fast die Tenne in Brand setzt. Sie spürt, wie ihre Wangen glühen, und in der flatternden Hitze versteht sie nicht, was das ist. Warum steht mitten auf der Tenne wie ein Baumstumpf der alten, bis auf die Wurzeln abgehauenen Eiche dieser alte Mann, dessen Körper zottig von Ähren ist? Jilach, hol dich der Kuckuck, hol dich der Kuckuck, du, hörst du? Wenn du eine Seele hast, was grinst du dann so gemein? Was will der, sieht er denn diesen kräftigen Burschen nicht, der wie ein Wolf neben ihr steht? Was will der denn, soll er verrecken! Seine wässrigen, flimmernden Augen haben sich bei seinem schamlosen Grinsen zotig verengt, und er bewegt sich aufreizend und peinlich. Sieh dir den an: Er stützt die Ellbogen auf die Knie, die auch zottig von Ähren sind, kämmt mit den langen Fingern, die weizenfarbene Nägel haben, den Ährenbart, als ob sie Holzrechen wären, und lockt sie mit unanständigem Zwinkern und heimlichem Deuten in die Scheune hinein. Jilach! Sollen deine Augen plat-

zen! Was soll Nene tun, da ihre Hände beschäftigt sind, sonst würde sie, die Lippen aufgeworfen, ihn mit Händen voll Flüchen überschütten.
„Halt dich fest, dass du nicht fällst!"
Die ausgeruhten Büffel bekommen einen Schlag und stürzen plötzlich los. Ehe Nene zu sich kommt, fährt das Dreschbrett, das der vertrockneten Kinnlade eines Drachens gleicht, auf das mitten auf der Tenne aufgeschüttete Stroh, kippt um und wirft sie mit ihrem Mann in den Haufen hinein...

Tates alte Mutter kommt mit einem Korb auf der gebeugten Schulter keuchend den Weg vom Dorf herauf. Als sie im Schatten der Scheune die kauenden Büffel sieht, die ohne Aufsicht mit hängender Leine und umgestürztem Dreschbrett dastehen, erschrickt sie nicht.
„Natürlich, natürlich", flüstert sie nur, „soll unser Dreschboden glücklich und reich sein!" Den vollen Korb stellt sie am Zaun in die Brennnesseln ab und setzt sich vorsichtig auf eine Schiefertafel, die dabeiliegt. Und guckt umher, ob jemand kommt.
Die Trockenheit summt noch immer. Irgendwo singt wieder jemand nachlässig den lauten Orowel. Tausende Käfer, Larven, winzige Tierchen krabbeln, schwärmen umher. Und irgendwo in der heißen Erde legen sie Eier ab, begatten sie sich. Von diesen Mücken und Grillen wird man fast taub.
„Hoopuna! Hoopuna!" wird laut auf den Feldern gerufen.
Und die Sonne wühlt sich in alles hinein.
Die glühenden Äcker regen sich nicht und strahlen höllisches Feuer aus.
Heiß ist es, schrecklich heiß.

1 *Orowel(a)* - Name des Pflügergesangs in Ostgeorgien
2 *ahai* - Interjektion, um Verwunderung auszudrücken,
ta ta ta - Interjektion zum Ausdruck von Ärger oder Unwillen
3 *hop* - Interjektion zum Ausdruck von Begeisterung
4 *hoopuna* - Ausruf aus dem Mähergesang
5 Kaukasische Männertracht
6 Krautsuppe
7 Ausruf zur Aufmunterung der Büffel
8 Interjektion zum Ausdruck von Verwunderung
9 Anruf, Zuruf (he!)
10 Saiteninstrument
11 Ärgerliches, unfreundliches Ausrufen
12 Name des Büffels

Biographien

Alexandre Abascheli, eigentlich A. Tschotschia (1884-1954), geb. in Satschotschio (Westgeorgien), gest. in Tbilissi; Sohn armer Bauern; Schulbesuch in Kutaissi, Studien an der Philosophischen Fakultät der Moskauer Schanjawski-Universität; wegen Beteiligung an der revolutionären Bewegung von 1905 Verbannung; ab 1908 Lyriker, erste Veröffentlichungen 1909.

Grigol Abaschidse, geb. 1914 in Tschiatura (Imeretien); Sprachstudien an den Universitäten Moskau und Tbilissi (1931-1936); 1951-1960 Redakteur der Zeitschrift „Das Banner" („Droscha") und 1960-1967 der Zeitschrift „Leuchtstern" („Mnatobi"); seit 1967 Vorsitzender des georgischen Schriftstellerverbandes.
Seit 1934 Autor von Gedichten, Dramen und historischen Dramen; Nachdichtungen u. a. von Villon und Baudelaire.

Irakli Abaschidse, geb. 1909 in Choni (heute Tsulukidse); lebt seit 1926 als Lyriker, Essayist, Kulturkritiker und Nachdichter in Tbilissi. Studium an der philologischen Fakultät der Universität Tbilissi; 1939-1944 verantwortlicher Sekretär des georgischen Schriftstellerverbandes, 1953-1967 dessen Vorsitzender.
Abaschidse ist Leninpreisträger, war und ist Chefredakteur verschiedener Zeitschriften sowie der „georgischen Enzyklopädie".

Ashug Alesker, (1821-1926), war einer der bedeutendsten Volksdichter Aserbaidschans und Vertreter der aschugschen

Kunst. Aschug (früher Osan) vereinigt in sich Dichtung, Gesang und Tanz.

Anar, geboren 1938 in Baku; Prosaist, Dramatiker, Drehbuchautor, Übersetzer; Träger des Ehrentitels „Volksdichter der Republik Aserbaidschan".
1955-60 Studium der Philologie an der Universität Baku; Parlamentsabgeordneter; derzeit Leiter des Aserbaidschanischen Schriftstellerverbandes.

Sabir Azeri, geboren 1938 in Daghkeseman/Gasach; Prosaist.
1956-1961 Studium der Journalistik an der Universität Baku; 1976-1993 Stellvertretender Chefredakteur der Zeitschrift „Uldus" (Stern); seit 1993 freischaffender Schriftsteller.
Sein Werk ist mit vielen Literaturpreisen ausgezeichnet.

Nikolos Barataschwili (1817-1845) geb. in Tbilissi, gest. in Gandsha (Aserbaidschan), heute Kirowabad; Lyriker.
In deutscher Sprache erschien „Gedichte", Tbilissi 1968, übertragen von Rainer Kirsch.

Akaki Beliaschwili (1902-1961), Autor satirisch-humoristischer Erzählungen und historischer Romane. Er studierte Bergbau am polytechnischen Institut in Tbilissi. Seine Romane handeln von dramatischen Perioden in der georgischen Geschichte.

Harutiun Berberian, geb. 1951 im Libanon, studierte Anglistik und Literatur in Beirut. Erste Gedichte und Essays ab 1970; 1978 bis 1987 Redaktionsmitglied der bedeutenden Literaturzeitschrift „Pakin"; 1988 Emigration nach Montreal (Kanada); unterrichtet Armenisch und armenische Literatur. Bisher sind drei Lyrikbände erschienen sowie zahlreiche Essays, Kritiken und Aufsätze.

Näbi Chäsri, geboren 1924 in Chyrdalan/Baku; Volksdichter, Prosaist, Dramatiker und Übersetzer; Träger des Ehrentitels „Volksdichter der Republik Aserbaidschan".
Studium der Journalistik in Baku (1965-71); von 1974-1992 Leiter der aserbaidschanischen Gesellschaft für Freundschaft und Kulturkontakte mit dem Ausland; seither freischaffender Dichter. Sein Werk wurde mit zahlreichen Preisen ausgezeichnet.

„Dede Korkut's Buch" ist ein literarisches Kulturdenkmal, das die Geschichte des Aserbaidschanischen Volkes widerspiegelt. Es ist für das Verständnis des künstlerischen Geschmacks, der Sitten und Bräuche, der Weltauffassung, der Staatsformen der Oghusen - der Vorfahren der asderbaidschanischen Türken - von großer Bedeutung. Das Buch besteht aus einem Prolog und zwölf Kapiteln (boy), in denen mündliche und schriftliche Literaturtraditionen zu einer Einheit verschmelzen.
„Dede Korkuts Buch" ist ein allgemeintürkisches Epos, das nur auf dem aserbaidschanischen Territorium erhalten blieb. Davon zeugen die Sprache der verschiedenen Handschriften, die Ortsnamen in den Texten und auch die bis heute erhaltenen Toponyme in Aserbaidschan, die mit den Namen der handelnden Personen in „Dede Korkut's Buch" verbunden sind.

Henrik Edoyan, geb. 1940 in Jerewan, Armenien, studierte dort armenische Philologie und anschließend in Moskau Literaturtheorie, 1974 promovierte er mit einer Arbeit über „Probleme des Realismus in der armenischen Literaturkritik und Ästhetik des 20. Jahrhunderts"; seit 1971 am Institut für Literaturtheorie und Ästhetik der Jerewaner Universität tätig, zuletzt als Lehrstuhlinhaber. Edoyan hat seit 1977 mehrere Lyrikbände veröffentlicht.

Fikret Godscha, geboren 1935 in Kotanarch/Agdasch; Lyriker. 1953-57 Studium an der Fachhochschule für Eisenbahn, 1957-1959 am Moskauer Gorki-Literaturinstitut.
Zurzeit Chefredakteur der Kunstsammlung „Gobustian"; Sekretär des Aserbaidschanischen Schriftstellerverbandes.

Howhannes Grigoryan, geb. 1945 in Gjumri, Armenien; Studium der Linguistik und Theorie der maschinellen Übersetzung an der Universität Jerewan. Er arbeitete als Journalist, danach längere Jahre als Berater beim Armenischen Schriftstellerverband; Autor zahlreicher Lyrikbände, die u. a. ins Russische, Englische, Französische und Rumänische übersetzt wurden; Übersetzer (Carlos Fuentes, Julio Cortázar).
1974 wurde er mit dem Ostrowski-Preis ausgezeichnet.

Ruben Howsepyan, geboren 1939 in Jerewan, Armenien, studierte daselbst Geologie. Autor von Romanen, Erzählungen, Filmdrehbüchern, Übersetzer (Marquez, Leo Tolstoi), Kritiker.
Für seinen Roman „Die karminrote Schildlaus" (dt. Übersetzung 1986 bei „Volk und Welt", Berlin) erhielt er 1980 den Derenik-

Demirdschyan-Preis. Er ist Chefredakteur der Literaturzeitschrift „Nork" sowie Abgeordneter zum armenischen Parlament.

Awetik Issahakian (1875-1957), geb. in Alexandropol (heute Gjumri); Studien in Europa (u.a. Wien, Leipzig); mehrfach von den zaristischen Behörden verhaftet und exiliert, Aufenthalte in Europa (Wien, Berlin, Genf, Venedig, Paris), 1936 Rückkehr nach Armenien; langjähriger Präsident des armenischen Schriftstellerverbandes; Lyriker, „Abu-lala Mahari", sein Hauptwerk, erschien 1978 auszugsweise im Sammelband „Der Glockenton der Karawane" im Verlag „Volk und Welt", Berlin. Daneben schrieb Issahakian lyrische Kurzprosa, Legenden, Parabeln. Sein Werk wurde in verschiedene Sprachen übersetzt.

Ali Kärim, geboren 1931 in Göytschay, gestorben 1969 in Baku; Lyriker; Studien an der Kunsthochschule in Baku (1949-1951) und am Moskauer Gorki-Literatur-Institut (1951-1955).

Raffi Kantian, Dr. rer. nat., geb. 1945 in Istanbul, Studium der Chemie in Göttingen, Autor (unter dem Namen Raffi Kebabdjian) von vier Prosabänden und Übersetzer armenischer Lyrik und Prosa ins Deutsche. Er stellte für die Literaturzeitschrift „die horen" den Band 160 „Armenien - Macht Licht! & Freiheit!" und den armenischen Teil der vorliegenden Anthologie „Verschlossen mit silbernem Schlüssel" zusammen, publizierte in Buchform Paruyr Sewaks „Hohelied" und Zareh Krakunis „Von den Steinen Armeniens", daneben arbeitete er für deutsche Rundfunkanstalten, zuletzt für den Südwestfunk Baden-

-Baden, sowie das Literarischen Colloquium Berlin und die literaturWERKstatt Berlin.

Silva Kaputikian, geb. 1919 in Jerewan, Armenien, ist eine der populärsten Lyrikerinnen Armeniens. Bereits 1933 reüssierte sie mit ihrem ersten Gedicht, der erste Gedichtband folgte 1942. Veröffentlichungen: mehrere Lyrikbände, Reisetagebücher. Sie wurde vielfach übersetzt, vorwiegend in den Ländern des ehemaligen sozialistischen Blocks.

Raffi Kebabdjian, s. Raffi Kantian.

Movses Kertogh (ca. 470?-530?) wird entweder mit dem Geschichtsschreiber Movses Chorenatzi (5 Jh.) oder dem Lehrer von Stepanos Sjunetzi (8. Jh.) identifiziert. Übersetzer und Dichter. Ihm werden in der kirchlichen Tradition die Theophanie-Hymnen des „Scharaknotz" und die berühmten altarmenischen Übersetzungen der „Grammatik" des Dionysios Thrax, der Werke des Philo und „Progymnasmata" von Aphtonios zugeschrieben.

Zorair Khalapian, geb. 1933 bei Martakert (Berg-Karabach), studierte in Jerewan Naturwissenschaften und arbeitete danach in Forschungseinrichtungen. Ein erstes Prosastück, die Novelle „Jedem sein Platz", erschien 1962; Verfasser zahlreicher Dramen. Seine Werke wurden vielfach übersetzt, so ins Russische, Tschechische, Bulgarische und Polnische.

Nahapet Khutschak hat vermutlich im 16. Jahrhundert in der Provinz Van gelebt und gewirkt. Er soll als Aschughe (Troubadour) in armenischer wie türkischer Sprache gedichtet haben. Mit seinem Namen werden die sog. mittelalterlichen Hayrens in Verbindung gebracht, wobei die Forschung in der Zwischenzeit zeigen konnte, dass diese nicht von ihm stammen. Die Hayrens bestehen aus vier Fünfzehnsilbern. Die Verszeile teilt sich in eine sieben- und eine achtsilbige Halbzeile, wobei in der ersten die 2., 5. und 7. Silbe betont wird und bei der zweiten die 3., 5. und 8.

Zareh Krakuni, geb. 1926 in Istanbul; Studium der Philosophie, Psychologie und Soziologie. Er begann Ende der 40er Jahre zu schreiben. Sein erster Gedichtband „Steinerne Tropfen" erschien 1964. An die zwanzig Lyrikbände, mit denen er die Lyrik der armenischen Diaspora, zusammen mit Zahrad, erneuerte; viele Auszeichnungen, seine Gedichte liegen in mehreren Sprachen vor. Die Auswahl „Von den Steinen Armeniens" erschien 1990 bei der Edition Orient Berlin.

Dshalil Mamedkulisade, geboren 1866 in Nachtschivan, gestorben 1932 in Baku; Prosaist, Dramatiker und Publizist; Pseudonym „Molla Nesreddin"; Herausgeber der ersten satirischen Zeitung im Nahen und Mittleren Osten. Molla Nesreddin ist einer der Begründer der asserbaidschanischen realistischen Dichtung.

Mesrop Maschtotz (362? in Hatzekatz/Taron - 440 in Vagharschapat, heute Edschmiatzin). Erfinder des armenischen Alphabets (405), Begründer des christlich-armenischen Schrifttums, Übersetzer, Mitautor mehrerer liturgischer Bücher und Dichter. Innerhalb eines Zeitabschnitts von ca. 35 Jahren, der als „Goldenes Zeitalter" der altarmenischen Literatur bekannt ist, übersetzte er gemeinsam mit seinen Schülern die Bibel und die wichtigsten Werke der frühchristlichen Autoren in die armenische Sprache. Ihm werden die ältesten kirchlichen Gesänge des „Scharaknotz" (Hymnariums der Armenischen Apostolischen Kirche), die Fastenhymnen, zugeschrieben.

Misak Medsarenz (Medsadurian), geb. 1886 im Dorfe Bingian (Ostanatolien). 1902 Umzug nach Istanbul; eine Tuberkuloseerkrankung verhinderte den Schulabschluss; 1901 erste literarische Versuche, 1907 erschienen die Bände „Regenbogen" und „Neue Verse". In seinen Gedichten finden sich Anklänge an die Romantik und den Symbolismus. Der Grundzug seiner Lyrik ist von pantheistischer Weltsicht geprägt. 1908 starb er in Istanbul an Tuberkulose.

Hagop Mnzuri (Demirdschian), geb. 1886 in Armdan (Ostanatolien), dort nach dem Schulbesuch in Istanbul Lehrer; Vor dem Ausbruch des Ersten Weltkrieges kehrte er nach Istanbul zurück und entkam so dem Genozid. In seinen Erzählungen thematisierte er oft das untergegangene ländliche Leben. Erst ab 1958 erschienen sie in Buchform. Mnzuri starb 1978 in Istanbul.

Nässimi (eigentl. Seyid Ali), geboren 1369 in Schamachy/Aserbaidschan, gestorben 1417 in Häläb/Syrien; Lyriker, Begründer der Gasel-Gattung mit philosophischem Gehalt.

Nässimi gilt als einer der größten Anhänger und Verbreiter der islamischen Zahlenmystik. In seinen Gedichten besang er Liebe, Schönheit und den Menschen als Abgott.

Gregor von Narek (Grigor Narekac'i) (951-1010?), in einem Dorf am Nordufer des Vansees geboren, verlebte seine prägenden Jahre im Kloster Narek, nach dem er benannt wird. Vor allem durch das „Buch der Elegien" (Matean Oghbergut'ean) ist er bekannt geworden. Das Werk besteht aus elegischen Betrachtungen einer von Sündenlast gepeinigten Seele. „Eine ausgeprägt poetische Sensibilität und reiche Imaginationsgabe inspirierten den Autor zu einem mystisch-ekstatischen Wortkunstwerk voll persönlicher Unmittelbarkeit, das innerhalb der altarmenischen theologischen wie weltlichen Literatur nicht seinesgleichen hat." (Kindlers Literatur Lexikon)

Sayat Nowa (1712?-1795), in Tbilissi als Sohn einer armenischen Familie geboren; Reisen nach Persien, Indien und ins Osmanische Reich; größter Aschugh (Troubadour) seiner Zeit, seinen Gedichten lagen persische Formen zugrunde; Berufung an den Hof des georgischen Königs Irakli II.
Auf Befehl des Königs musste er 1759 den Hof verlassen und war danach als Geistlicher tätig. Von ihm sind über 230 Aschughengedichte erhalten, darunter über 100 auf Tatarisch (= Aserbaidschanisch), an die 70 auf Armenisch und etwa 35 auf Georgisch.

Rassul Rsa, geboren 1910 in Göytschay, gestorben 1981 in Baku; Dichter und Dramatiker; Träger des Ehrentitels „Volksdichter der Republik Aserbaidschan".
1938-39 Leiter des aserbaidschanischen Schriftstellerverbandes, sein Werk wurde mit zahlreichen Preisen ausgezeichnet.

Schota Rusthaweli (12./13. Jh.) stammte aus Rustawi (Südwestgeorgien), lebte am Hof der Königin Tamar, stand vermutlich wegen seiner humanistischen Weltsicht in Opposition zu den Machthabern und starb im Kloster zum Heiligen Kreuz in Jerusalem.
„Der Recke im Tigerfell" entstand zwischen 1198 und 1212, erstmals gedruckt wurde das Versepos 1712 in Tbilissi.

Jussif Samedoglu, geboren 1935 in Baku, gestorben 1998; Prosaist. 1953 Studium am Moskauer Gorki-Literatur-Institut, 1957-58 Studium der Philologie an der Universität Baku; von 1990 bis zu seinem Tod Parlamentsmitglied.

Waghif Sämädoglu, geboren 1939 in Baku, Lyriker, Dramatiker, Publizist. Studium an der Bakuer Musikakademie, Fortbildungskurse am Moskauer Tschaikowski-Konservatorium; zurzeit freischaffender Dichter und Politiker.

Schahan Schahnur, geb. 1903 in Istanbul; 1922 Emigration nach Paris als Flucht vor einem Massaker; 1929 Romandebut mit „Der stumme Rückzug", 1933 folgte der Erzählband „Der Verrat der Chimären". Danach reüssierte er als französischer Autor unter dem Pseudonym Armen Lubin. Mehrere Lyrik- und

Prosabände in französischer Sprache; viele Auszeichnungen, er wurde von Max Jacob hochgeschätzt; Ende der 60er Jahre Rückkehr zur armenischen Literatur.
Wegen eines Knochenleidens verbrachte er mehrere Jahre in Sanatorien. Er starb 1974 und ist in Père Lachaise beigesetzt.

Demna Schengelaia (1896-1982), Prosaist, Schriftsteller, Philosoph. Von 1918-22 studierte er Philosophie an der Universität Tbilissi, von 1932-37 Geologie am dortigen polytechnischen Institut. Er gehörte lange zur Vereinigung der Futuristen.

Nerses Schnorhali (1102?-13.8.1173) war von 1166 bis 1173 Katholikos von Armenien. Die „Rhapsodische Elegie nach der Heiligen Schrift" ist um 1150 entstanden und allgemein unter ihren Anfangsworten „Jesus, der Sohn" bekannt geworden. Sie ist die „letzte große subjektive Dichtung des altarmenischen Mönchtums, deren sanfte Trauer weit von der asketischen Strenge Gregor von Nareks entfernt ist." (Kindlers Literatur Lexikon)

Paruyr Sewak, geb. 1924 in Tschanachtschi, Armenien; Studium der armenischen Literatur in Jerewan; 1951 bis 1956 Besuch des Maxim-Gorki-Institutess für Weltliteratur in Moskau, wo er auch lehrte; seit 1963 am Institut für Literatur der Armenischen Akademie der Wissenschaften tätig; Erneuerer der armenischen Lyrik in den 60er Jahren. Sewak starb 1971 bei einem Autounfall.
Seine Gedichte wurden in viele Sprachen übersetzt. Die deutsche Fassung seines „Hohelieds" erschien 1983 in München.

Sibil (Zabel Asadur), geb. 1863 im Istanbuler Stadtteil Üsküdar (Skutari); erste literarische Versuche in Prosa und Lyrik um 1880; Romandebut 1891, 1902 folgte der erste Lyrikband. In zweiter Ehe war sie mit Hrant Asadur verheiratet, den der Völkermord von 1915 um den Verstand brachte. Sibil starb 1934 in Istanbul.

Rafig Tagh, geboren 1950 in Massally; Prosaist. 1966-1972 Studium an der medizinischen Universität Baku; seit 1993 Chefredakteur der Zeitschrift „Dede Korkut"; Autor von 3 Büchern; zurzeit als Arzt tätig.

Ilia Tschawtschawadse (1837-1907) geb. in Kwareli (Kachetien), starb als Opfer eines Attentates; Dichter, Dramatiker, Journalist, Kritiker, Historiker und Politiker; Schulbesuch in Tbilissi, Studium der Literatur, Philosophie, Geschichte, Jura, Soziologie und Politökonomie in St. Petersburg; nach seiner Rückkehr nach Georgien als Richter tätig.
Tschawdschawadse gilt als die zentrale Gestalt im literarischen und gesellschaftlichen Leben Georgiens in der zweiten Hälfte des 19. Jahrhunderts.

Howhannes Tumanian (1869-1923), Lyriker, Autor von Kurzprosa, Essays; viele Nacherzählungen von Legenden und Volksmärchen. Sein erster Gedichtband erschien 1890.
Die Hauptwerke des wegen seines starken sozialen Engagements populären Dichters sind das Poem „Anusch" und die literarisierte Fassung des armenischen Volksepos „Dawit von Sassun". Eine Auswahl seiner Essays, Gedichte und Verslegen-

den erschien 1972 auf Deutsch unter dem Titel „Das Taubenkloster" beim Verlag Volk und Welt, Berlin.

Bedros Turian (1851-1871), litt zeitlebens an Tuberkulose. Berühmter Lyriker, weniger bekannt sind seine Dramen; in Armenien außerordentlich populär.

Daniel Varushan, geb. 1884 bei Sivas, Ostanatolien, bedeutendster Vertreter der westarmenischen Lyrik. Schulbesuch in Venedig; Studium in Gent, Belgien; ab 1909 Lehrer in Sivas; 1912 Umzug nach Istanbul, am 24. April 1915 Deportation.
Im August 1915 wurde Daniel Varuschan ermordet.

Bachtiyar Wahabzade, geboren 1925 in Scheki, Dr. phil.; Dichter, Dramatiker und Literaturwissenschafter; Professor an der Universität Baku; Sein Werk wurde mit zahlreichen Preisen ausgezeichnet. Zurzeit freischaffender Dichter.

Samed Wurgun, geb. 1906 in Schychly/Gasach, gestorben 1956 in Baku; Lyriker, Dramatiker, Übersetzer, Literaturwissenschaftler und Publizist; Träger des Ehrentitels „Volksdichter der Republik Aserbaidschan".
Von 1958-65 war er Leiter des aserbaidschanischen Schriftstellerverbandes. Sein Werk wurde mit zahlreichen Preisen ausgezeichnet.

Zahrad (Zareh Yaldizciyan), geb. 1924 in Istanbul, wo er auch lebt. Einer der originellsten, bedeutendsten und am meisten gedruckten wie übersetzten zeitgenössischen armenischen Lyriker. Sein Bruch mit den sprachlichen Mitteln, der Form und der Thematik der westarmenischen Lyrik erregte in seiner Heimat ursprünglich Anstoß, heute ist er der anerkannte Vertreter dieser „Poesie der Alltags". Er ist vielfach ausgezeichneter Autor zahlreicher Bände.

Akaki Zereteli (1840-1915) geb. und gest. in S'chwitori (Imeretien); Lyriker, Nachdichter, Dramatiker, Publizist sowie Autor von Erzählungen; Schulbesuch in Kutaissi, Sprachstudium an der Orientalischen Fakultät der Universität St. Petersburg; 1864 Rückkehr nach Georgien.

Jakob Zurtaweli (Beiname: Chuzessi, was auf georgisch „Priester" bedeutet), Schriftsteller, Hagiograph der 2. Hälfte des 5. Jahrhunderts; Hofpriester von Varsken Pitiachsch, später vermutlich Bischof von Zurtawi und Teilnehmer an der kirchlichen Synode von 506.
„Das Martyrium der heiligen Königin Schuschanik" wurde nach deren Tod 476-483 geschrieben, bevor Varsken vom König Wachtang Gorgassali zum Tode verurteilt wurde. Das Werk, dessen erste handschriftliche Ausgabe aus dem 10. Jh. stammt, ist der Beginn der georgischen Literatur und von unermesslichem Wert für die georgische Kultur.

Inhalt

5   Geöffnet mit silbernem Schlüssel
Vorwort der Herausgeber

ARMENIEN

10   Ein Blatt, übriggeblieben vom weisen Zweig
der Alten Welt
Von Raffi Kantian

17   Mesrop Maschtotz: Erbarme Dich
*Übersetzung: Armenuhi Drost-Abgarjan und
Hermann Goltz*

19   Movses Kertogh: Lasst uns preisen
*Übersetzung: Armenuhi Drost-Abgarjan und
Hermann Goltz*

21   Gregor von Narek: Buch der Elegien
Übersetzung: Raffi Kantian

23   Nerses Schnorhali: Jesus, der Sohn
Übersetzung: Paul Vetter

25   Nahapet Khutschak: Vier Hayrens
*Übersetzung: Levon Mkrtschjan, Horst Teweleit
Nachdichtung: Annemarie Bostroem*

27   Sayat Nowa
     Übersetzung: Levon Mkrtschjan, Horst Teweleit
     Nachdichtung: Annemarie Bostroem

29   Bedros Turian: Mein Tod
     Übersetzung: Raffi Kantian

31   Sibil: Leben!
     Übersetzung: Raffi Kantian

33   Howhannes Tumanian: Bruder Axt
     Übersetzung: Raffi Kantian

35   Awetik Issahakian: Die große Wahrheit
     Übersetzung: Raffi Kantian

38   Daniel Varuschan: Mohnblumen
     Übersetzung: Raffi Kantian

40   Misak Medsarenz: Namenlos
     Übersetzung: Raffi Kantian

41   Hagop Mnzuri: Das Gold
     Übersetzung: Raffi Kantian

54   Schahan Schahnur: Der Wächter vom Jardin de Luxembourg
     Übersetzung: Raffi Kantian

66	Silva Kaputikian: Suchen meine Augen dich
Übersetzung: Raffi Kantian
67	Paruyr Sewak: Ich beeile mich nicht
Übersetzung: Raffi Kantian
68	Zahrad: Sehr gerne
Übersetzung: Raffi Kantian
70	Zareh Krakuni: Geschichte
Übersetzung: Raffi Kantian
71	Zorair Khalapian: Die Schildkröte
79	Ruben Howsepyan: Das achte Quadrat
Übersetzung: Raffi Kantian
90	Henrik Edoyan: Ophelias allerletztes Lied
Übersetzung: Raffi Kantian
91	Howhannes Grigoryan: Dort das ferne Europa
Übersetzung: Raffi Kantian
93	Raffi Kebabdjian: Das Warten
Übersetzung: Raffi Kantian
102	Harutiun Berberian: Phönizische Überlebende
Übersetzung: Raffi Kantian

ASERBAIDSCHAN

106   Literatur aus Aserbaidschan

111   **Nässimi: Der Mensch ist Gott**
Nachdichtung: Martin Remanè

113   **Dede Korkut's Buch**
Übersetzung: H. Achmed Schmiede

131   **Ashug Alesker**
Nachdichtung: Sepp Österreicher

132   **Dshalil Mamedkulisade: Der Briefkasten**
Übersetzung: D. Dshafarow

144   **Samed Wurgun: Ich eile nicht...**
Nachdichtung: Rainer Kirsch

146   **Rassul Rsa: Du sagst**

147   **Näbi Chäsri: Die Höhe**
Übersetzung: Jussif Ssawalan

148   **Bachtiyar Wahabzade: Echo**
Nachdichtung: Jens Gerlach

149   **Ali Kärim**
Übersetzung: Nehmet Rahmati

150	**Fikret Godscha: Das ist die Freiheit, Bruder**
	Übersetzung: Jussif Ssawalan, Uli Rothfuss
151	**Jussif Samedoglu: Der kalte Stein**
	Übersetzung: Wilayet Hadschiyev
160	**Waghif Sämädoglu: Das ist keine Liebe**
	Übersetzung: Nehmet Rahmati
161	**Anar: Die rote Limousine**
	Übersetzung: Wilayet Hadschiyev
183	**Sabir Azeri: Der grüne Duft der Wiesen**
	Übersetzung: Wilayet Hadschiyev
195	**Rafig Tagh: Der Verrückte**
	Übersetzung: Wilayet Hadschiyev und Sena Dogan

GEORGIEN

204	**Georgische Literatur aus fünfzehn Jahrhunderten**
	Nelly Amaschukeli
209	**Jakob Zurtaweli: Das Martyrium der heiligen Königin Schuschanik**
	Übersetzung: Nelly Amaschukeli

232	Schota Rusthaweli: Der Recke im Tigerfell
Nachdichtung: Hugo Huppert
241	Nikolos Barataschwili: Die Abenddämmerung auf dem Mtazminda
Nachdichtung: Rainer Kirsch
244	Akaki Zereteli: Vor dem Heiligenbild
Nachdichtung: Adolf Endler
246	Ilia Tschawtschawadse: Am Galgen
270	Erlom Achwlediani: Wano und Niko und die Jagd
273	Alexandre Abascheli: Meine Großmutter
Nachdichtung: Adolf Endler
275	Akaki Beliaschwili: Der Irre
Übersetzung: Nelly Amaschukeli
286	Ssergo Kldiaschwili: Der Herbstregen
293	Irakli Abaschidse: Der Vater
Nachdichtung: Adolf Endler
295	Grigol Abaschidse: Verse über den Hagel
Nachdichtung: Adolf Endler

297   **Demna Schengelaja: Orowel**
Übersetzung: Nelly Amaschukeli

307   **Biographien**